시대의 양심 20인

세상의 진실을 말하다

시대의 양심 20인 세상의 진실을 말하다

지은이 | 노암 촘스키, 하워드 진 외 18인
인터뷰 | 데이비드 바사미언
옮긴이 | 강주헌
펴낸이 | 김성실
편집기획 | 최인수 · 여미숙 · 이정남
마케팅 | 곽홍규 · 김남숙 · 이유진
편집디자인 | 하람 커뮤니케이션(02-322-5405)
제작 | 한영문화사
펴낸곳 | 시대의창
출판등록 | 제10-1756호(1999. 5. 11)

초판 1쇄 | 2006년 9월 18일 펴냄
초판 3쇄 | 2011년 10월 10일 펴냄

주소 | 121-816 서울시 마포구 동교동 연희로 19-1 (4층)
전화 | 편집부 (02) 335-6125, 영업부 (02) 335-6121
팩스 | (02) 325-5607
이메일 | sidaebooks@daum.net

ISBN 978-89-5940-223-6 (03300)

책값은 뒤표지에 있습니다.
잘못된 책은 바꾸어 드립니다.

시대의 양심 20인

Louder than Bombs : The Progressive Interviews

세상의 진실을 말하다

데이비드 바사미언이 인터뷰 하고 강주헌이 옮기다

시대의창

감사의 글

나와 인터뷰를 허락해준 모든 분에게 감사의 뜻을 전한다. 세계사회포럼의 주제는 '새로운 세계는 가능하다Another World is Possible'이다. 이 책을 위해 기꺼이 인터뷰를 허락해준 사람들도 똑같은 가능성을 말한다. 그런데 안타깝게도 에크발 아흐마드와 에드워드 사이드, 두 분은 지금 우리 곁을 떠났다. 친구이자 동료였던 두 사람은 그람시의 격언 '비관적 지식, 낙관적 의지Pessimism of The intellect, Optimism of The will'를 모토로 삼았다. 그들이 남긴 글과 기억은 잊히지 않을 것이다. 『프로그레시브』의 편집장직을 오랫동안 지켰던 고故 어윈 놀은 내게 언제나 용기를 북돋워주시던 분이다. 그의 후임자, 매튜 로스차일드와 함께 일하는 것도 내게는 큰 즐거움이었다. 사우스엔드 출판사와 조이 폭스는 이 책을 발간하는 데 지원을 아끼지 않았다. 최고의 지역방송국 중 하나인 콜로라도 불더의 KGNU에게도 깊은 감사의 뜻을 전한다. 또한 산타페의 랜넌 재단, 그리고 조언과 우정을 아낌없이 보여준 앤서니 아노브에게도 감사의 말을 전하고 싶다.

콜로라도 불더에서
데이비드 바사미언

나는 인터뷰 기사를 좋아한다. 잡지나 신문에서 우리 사회를 다룬 기사들을 읽고, 또 시론들을 읽고 나면 나는 한숨을 돌릴 준비를 한다. 인터뷰! 깔끔하게 진행된 인터뷰는 그런 산소를 내게 공급해준다. 그러나 인터뷰는 그 이상의 역할을 한다. 인간의 면모에 초점을 맞추고, 인터뷰 상대의 흥미로운 버릇까지 보여주며, 구어의 산뜻하고 짜릿한 멋을 그대로 전해준다. 또한 두 지식인이 주고받는 말에서 우리는 영감까지 얻는다.

데이비드 바사미언은 인터뷰의 대가다. 1997년 『프로그레시브The Progressive』를 대신해 인터뷰를 진행한 이후로 바사미언은 여러 언어를 구사하는 능력과 박학한 지식을 발휘하며 다양한 주제의 인터뷰를 너끈히 감당해냈다. 에두아르도 갈레아노가 이 책에 실린 인터뷰에서 '쿠리오소curioso'라고 자신을 평가했듯이, 바사미언도 그에 못지않은 '쿠리오소'다. 즉 지적으로, 문화적으로, 또 정치적으로 호기심이 충만한 사람이다.

바사미언의 인터뷰를 한 권의 책으로 편집하자, 우리 시대를 대표하는 저명한 사회평론가들의 목소리로 빚어낸 콜라쥬와 같은 작품이 되었다. 바사미언이 『프로그레시브』를 대신해서 가진 첫 인터뷰가 저명한 미디어 평론가인 벤 바그디키언이었다는 점도 적잖은 의미를 갖는다. 무엇보다 바사미언이 기업의 미디어 지배에 꾸준한 관심을 보여 왔을 뿐 아니라 돈을 벌면서도 비용 절감을 외쳐대는 신문사들의 이율배반적인 행태에 대해 "진수성찬이 차려진 식탁에 앉아 비프스테이크가 다양하게 준비되지 않았다고 투덜대는 뚱보의 경제학이라 할 수 있다"는 바그디키언의 평가를 끌어내고 있기 때문에 적잖은 의미를 갖는다.

또한 바사미언과 마찬가지로 바그디키언이 아르메니아 계 미국인이란 점도 첫 인터뷰로 의미가 있었다. 두 사람은 아르메니아 계로 20세기 초에 있었던 동포의 대량학살이란 슬픈 역사를 공유하며, 인간의 잔혹성을 뼈저리게 인식하고 있다. 이런 슬픈 과거의 기억은 도덕적 사람이 되기 위한 필요조건인 듯하다. 히틀러는 "아르메니아 인의 학살을 누가 말할 수 있겠는가?"라고 물었다. 바사미언은 첫 인터뷰 상대인 바그디키언과의 대담에서 그 학살을 언급했다.

때로는 좋은 질문이 단순한 질문일 수도 있다. 바사미언은 하워드 진에게 "가르치던 시절이 그립습니까?"라는 단순한 질문을 던졌고, 이 질문에 진은 "강의실이 그립고, 학생들과 만나던 시간이 그립습니다. 하지만 내가 가르치는 일을 완전히 그만둔 것은 아닙니다. 이제 정식으로 가르치지는 않지만 전국을 돌아다니면서 젊은이들에게 강연하고 있으니까요. 이런 것도 가르치는 행위라 할 수 있겠죠. 나는 고등학생들에게 강의하기를 좋아합니다. 내가 가르치는 일에서 완전히 손을 떼고 테니스나 치고 있다면 그 시절이 한없이 그립겠지만, 다른 식으로 강의하고 있으니 그 시절이 생각만큼 그립지는 않습니다"라고 대답했다.

적어도 내 상상력으로는 반바지를 입고 테니스를 치는 진의 모습은 어울리지 않는 듯하다. 같은 인터뷰에서 진은 암울한 시대에 정치적 행동주의자에게 요구되는 인내심에 대해 말하면서, "도화선에 불을 붙여야 합니다. 그렇게 하기를 반복해야 합니다. 바지직대고 꺼지더라도 실망해서 행동을 멈춰서는 안 됩니다. 불이 확실하게 커질 때까지 계속해서 불을 붙여야 합니다"라는 충고를 아끼지 않았다.

바사미언은 노암 촘스키가 남몰래 간직하던 비밀스런 꿈을 고백하게 만들기도 했다. 촘스키는 "운동을 하는 손자가 있습니다. 그 녀석 덕분에 프로농구 경기장에 가고 싶었던 은밀한 꿈을 성취한 것 같습니다. 하여간 인정해야 할지는 모르겠지만 내가 근 50년 만에 처음 농구장을 찾은 것은 사실입니다"라고 말했다. 또한 제프 그린필드가 「나이트라인」을 진행할 때 촘스키를 그 프로그램에 초대하지 않은 이유로 지적한 두 가지 이유가 모두 맞다고 인정하기도 했다.

"첫째는 내가 해왕성Neptune에서 왔기 때문이고, 둘째는 내가 정신적으로 정화淨化되지 않다는 것이었습니다. 맞는 말인 것 같습니다." 바사미언은 촘스키에게 해왕성에서 온 사람이라고 그린필드가 말한 이유를 물었다. 촘스키는 어떻게 대답했을까? 촘스키와의 인터뷰를 읽으면 그 이유를 알 수 있다.

바사미언이 인터뷰 상대의 비밀을 끌어낸 순간은 또 있었다. 아이티계 미국 작가 에드위지 댄티캐트는 가면에 열광하는 이유를 말하면서, "수줍은 어린시절부터 나는 가면을 좋아했습니다. 어른이 되어서는 안경을 썼습니다. 안경이 내 가면입니다. 누군가를 처음 만나러 갈 때 나는 언제나 안경을 씁니다. 그래야 나와 그 사람 사이에 뭔가 특별한 것이 생길 듯한 기분이기 때문입니다. … 소설가에게 이야기는 가면입니다. 우리가 창조하는 인물들도 가면입니다. 나는 소설의 매력이 여기에 있다고 생각합니다"라고 덧붙이지 않았는가.

대니 글로버와의 인터뷰에서도 바사미언은 "댄젤과 할리가 오스카상을 받아서 세상이 변하기라도 했나요? 그래서, 우리가 에이즈를 퇴치하는 데 필요한 관심을 갖게 되기라도 했나요? 그래서, 노숙자homeless people가 조금이라도 줄어들었나요?"라는 글로버의 불만어린 속내를 끌어냈다.

바사미언은 인터뷰 상대가 저항의 세계로 처음 입문하게 된 동기에도 관심을 가졌다. 생물학적으로 조작된 식량을 끈질기게 고발하는 반다나 시바는 여섯 살 때 인도의 다른 여자아이들과 마찬가지로 나일론 옷을 갖고 싶었다고 고백하면서, "나도 생일선물로 나일론 옷을 받고 싶었습니다. 그때 어머니는 '나일론 옷을 사주는 건 문제가 아니란다. 하지만 네가 어떻게 살고, 무엇을 먹고, 무엇을 입는지 생각해 보거라. 그럼 먹을 것이 직공의 손에 들어가는 게 낫겠니, 이익이 산업자본주의자의 손에 들어가는 게 낫겠니?'라고 말했습니다"라고 덧붙였다. 또 반다나 시바는 "나는 대기업들과 싸우면서 그들이 겉으로는 막강한 힘을 지닌 것처럼 보이지만 안으로 한없이 공허한 존재라는 사실을 깨달을 때마다 짜릿한 전율감마저 느낍니다"라고 말하기도 했다.

반다나 시바와 마찬가지로 아룬다티 로이도 어머니에게 큰 영향을 받았다며, "인도 중산층의 소녀가 정상적으로 살았더라면 뒤집어썼어야 할 조건들에서 내가 자유로웠던 것을 하느님께 감사드려야 할 겁니다. 내게는 아버지가 없었습니다. 나를 돌봐주며 그 대신에 간혹 매질하겠다고 떳떳하게 말하는 그런 남자의 존재가 내게는 없었습니다. 나는 카스트도 없었고 계급도 없었습니다. 종교도 없었고 전통적인 속박도 없었습니다"라고 말했다.

바사미언의 장점은 상대에게 핀잔을 받을 질문까지도 서슴지 않는다는 점이다. 그 증거는 아룬다티 로이와의 인터뷰에서 찾아진다.

바사미언 : 당신을 부르는 침묵의 목소리들에게 책임감을 느끼는 모양입니다.

로이 : 그렇지는 않습니다. 나는 아무런 책임감을 느끼지 않습니다. 이제 책임이란 단어는 듣기에도 지겹습니다.

한편 아주 흥미로운 말도 찾을 수 있다. 에두아르도 갈레아노는 "내가 지옥에 가리라는 것도 잘 알고 있습니다. 나는 열대의 나라에서 훈련되어 지옥의 불이라도 견디어낼 겁니다"라고 말했고, 커트 보네거트는 "부시는 '공화당 슈퍼볼' 게임으로 우리를 즐겁게 해주고 있어요. 공화당 슈퍼볼 게임이 뭐냐고요? 가난한 사람들이 실탄을 사용해서 진짜로 벌이는 전쟁놀이!"라고 빈정대듯 말했다.

또한 바사미언과의 인터뷰를 통해 자기인식을 갖는 사람도 있었다. 1960년대의 기억에 머물러 있기를 거부하는 안젤라 데이비스가 그런 경우였다. 그는 1960년대의 사람들이 "나를 통해서 그들의 젊은 시절을 생각하는 듯한 느낌을 받습니다"라고 말하며, "상관없습니다. 하지만 나는 실제로 그렇지 않거든요. 오히려 약간 억지스럽다는 느낌이 듭니다. 나는 그때부터 지금까지 줄곧 성장하고 발전하려고 애써왔습니다. 지금의 나는 1970년 초의 안젤라 데이비스, 즉 당시에 사람들이 내 이름에서 떠올리던 그런 사람이 아닙니다. 급격한 사회변화의 동력은 어느 시대에나 젊은이입니다. 내 세대의 일부 사람들이 고집하는 것처럼, 나는 내가 모든 대답을 가진 대단한 사람인 양 비춰지는 것을 원하지 않습니다"라고 덧붙였다.

파스키탄 계 미국인 학자 에크발 아흐마드는 1998년 11월에 "오사마 빈 라덴이 그 증거 중 하나입니다"라는 섬뜩한 예언으로 우리 등골을 써늘하게 만들었다. 아흐마드는 탈레반 치하의 아프가니스탄을 방문했을 때 한 소년이 테니스공을 갖고 놀았다는 이유로 처형당하는 모습을 생생하게 표현하며, 탈레반과 워싱턴의 관계를 지적했다. 또한 그는 9월 11일에 있었던 테러의 동기를 설명하면서 "아랍인들은 굴욕감과 좌절감을 느낍니다. … 아랍인들에게는 이제 두 가지 선택 방향밖에 없습니다. 하나는 싸워서 죽더라도 잃어버린 권위, 잃어버린 주권, 잃어버린 땅을 되찾는 것이고, 다른 하나는 그런 시도가 실패하면 기꺼이 노예가 되겠다는 비장함입니다. 테러에도 역사가 있습니다"라고 말했다.

에드워드 사이드는 9·11 테러 당시를 돌이켜보면서 "대화와 정치 조직과 설득에는 조금의 관심도 없다는 일종의 악마적 심성이 폭발한 것"이라 평가했다. 또한 부시가 충분히 주의를 기울이지 않아 우리 모두가 피해를 본 것이라 경고하면서, "빈 라덴을 합당한 벌로 응징해야 합니다. 그러자고 우리 세계까지 파괴해서는 안 됩니다"라고 인터뷰를 끝맺었다.

이 책에 실린 인터뷰들은 우리가 살고 있는 위기의 세계에 대한 깊은 통찰력을 보여주고, 이 험난한 세계에서 살아남는 방법에 대한 소중한 조언들이며, 각 대담자들의 자서전 중 한 부분이라 할 수도 있다.

끝으로 한두 마디만 덧붙이면, 데이비드 바사미언과 일하는 것은 내게 언제나 큰 즐거움이다. 그는 인터뷰의 주제를 집요하게 추적해서, 테이프나 녹취록을 내게 건네줄 때까지 쉬는 법이 없다. 실수를 용납하지 않는 그는 나만큼이나 편집자적 자세를 지니고 있으며, 모든 것이 확실하고 정확한지 몇 번이고 확인한다.

나는 그의 인격과 신념을 존경한다. 지칠 줄 모르는 정력가이고 낙천적인 성격을 지닌 바사미언은 참신하고 포괄적인 시각으로 진보적인 정치관에 접근하며, 분파적인 다툼을 못마땅하게 여긴다. 언젠가 그는 분파적 다툼에 매몰된 좌파의 인물들을 "먼지가 되려고 작은 것을 두고 다투는 소아병에 걸린 사람들"이라며 매몰차게 비판했다. 이 책에 소개된 인터뷰에서는 그런 편협함이 없다. 너그러움이 있고 지적 호기심이 있을 뿐이다. 우리 시대를 대표하는 사회 비평가들의 인터뷰를 마음껏 즐기기 바란다.

매튜 로스차일드 Matthew Rothschild

에드위지 댄티캐트는 1998년 소설 『뼈 농사The Farming of Bones』(소호 프레스)로 미국도서상American Book Award을 수상했다. 1969년 아이

1981년 브루클린으로 이주해, 몇 해 전에 그곳에 정착한 부모와 함께 살기 시작했다. 아버지는 택시 운전기사로 일했고 어머니는 직물공장 직공이었

후, 에드위지는 숙모 밑에서 자랐다. 숙모는 에드위지를 무척 사랑했다.

댄티캐트는 이민자로서의 경험과 고향의 역사를 소설로 써냈다. 첫 소설 『숨, 눈, 기억Breath, Eyes, Memory』(소호 프레스)은 1994년에 발표되었

모은 『크릭? 크락! Krik? Krak!』(소호 프레스)이 전미도서상 후보까지 올랐다. 그녀는 『크릭? 크락!』에서 "글을 쓸 때는 머리카락을 땋는 기분이다" 라

긴 머리카락을 한 줌씩 쥐고 가지런히 정리하는 것 … 땋은 머리카락이 어떤 곳은 길고 어떤 곳은 짧다. 어떤 곳은 굵고 어떤 곳은 가늘다. 어떤 곳은

다"고 덧붙였다.

지난 해, 그녀는 소설이 아닌 『춤을 춘 후: 아이티 자크멜에서 카니발 산책After the Dance: A Walk Through Carnival in Jacmel, Haiti』을 썼다. 풍부

책은 훌륭한 여행서이면서도 사회학적 통찰력이 돋보인다. 그리고 『이슬을 부수는 자The Dew Breaker』를 곧 발표할 예정이다. 현재 그녀는 아이티거

족 족장이었던 여인, 아나카오나를 주인공으로 한 어린이책을 집필 중이다.

에드위지 댄티캐트는 아이티 계 미국인들의 예언자나 중계자로 여겨지는 것을 좋아하지 않는다. 언젠가 그녀는 "나는 그런 역할을 부여받았다고 생각

게 미국인의 세계를 대변하는 목소리라고 생각해본 적은 없다"고 말하며 "많은 사람이 있다. 나는 그 중 한 명일 뿐이다" 라고 덧붙였다.

댄티캐트가 1990년대 중반 불더에 들렀을 때 나는 그녀를 처음 인터뷰했다. 그때 나는 그녀의 예리한 지성과 모든 것을 정확히 말하려는 열정에 감동

머감각도 쉽게 잊혀지지 않았다. 그 인터뷰에서, 그녀는 상투적인 대답을 조금도 하지 않았다. 그 때문에 나는 2003년 8월 초, 그녀가 지금 살고 있는

인터뷰를 다시 요청했다.

이민자가 말하는
내 조국 아이티

에드위지 댄티캐트 Edwidge Danticat

interview date | 2003년 10월

카니발은 살아 있는 역사와 더불어 숨쉬는 시간입니다.
사람들은 흔히 아이티를 어떤 즐거움도 누릴 수
없는 곳이라 생각합니다. 하지만 나는 아이티도 즐거움이 있는
곳이란 사실을 사람들에게 보여주고 싶었습니다.

에드위지 댄티캐트는 1998년 소설 『뼈 농사 The Farming of Bones』(소호 프레스)로 미국도서상American Book Award을 수상했다. 1969년 아이티에서 태어난 댄티캐트는 1981년 브루클린으로 이주해, 몇 해 전에 그곳에 정착한 부모와 함께 살기 시작했다. 아버지는 택시 운전기사로 일했고 어머니는 직물공장 직공이었다. 부모가 아이티를 떠난 후, 에드위지는 숙모 밑에서 자랐다. 숙모는 에드위지를 무척 사랑했다.

댄티캐트는 이민자로서의 경험과 고향의 역사를 소설로 써냈다. 첫 소설 『숨, 눈, 기억Breath, Eyes, Memory』(소호 프레스)은 1994년에 발표되었다. 다음 해에는 단편소설을 모은 『크릭? 크락! Krik? Krak!』(소호 프레스)이 전미도서상 후보까지 올랐다. 그녀는 『크릭? 크락!』에서 "글을 쓸 때는 머리카락을 땋는 기분이다"라고 말하며 "거칠고 헝클어진 머리카락을 한 줌씩 쥐고 가지런히 정리하는 것 … 땋은 머리카락이 어떤 곳은 길고 어떤 곳은 짧다. 어떤 곳은 굵고 어떤 곳은 가늘다. 어떤 곳은 묵직하고 어떤 곳은 가볍다"고 덧붙였다.

지난 해, 그녀는 소설이 아닌 『춤을 춘 후: 아이티 자크멜에서 카니발 산책 After the Dance: A Walk Through Carnival in Jacmel, Haiti』을 썼다. 풍부한 자료를 바탕으로 쓴 이 책은 훌륭한 여행서이면서도 사회학적 통찰력이 돋보인다. 그리고 『이슬을 부수는 자The Dew Breaker』를 곧 발표할 예정이다. 현재 그녀는 아이티가 독립하기 전에 아라와크 족 족장이었던 여인, 아나카오나를 주인공으로 한 어린이책을 집필 중이다.

에드위지 댄티캐트는 아이티 계 미국인들의 예언자나 중계자로 여겨지는 것을 좋아하지 않는다. 언젠가 그녀는 "나는 그런 역할을 부여받았다고 생각한다. 하지만 내가 아이티 계 미국인의 세계를 대변하는 목소리라고 생각해본 적은 없다"고 말하며 "많은 사람이 있다. 나는 그 중 한 명일 뿐이다"라고 덧붙였다.

댄티캐트가 1990년대 중반 불더에 들렀을 때 나는 그녀를 처음 인터뷰했다. 그때 나는 그녀의 예리한 지성과 모든 것을 정확히 말하려는 열정에 감동받았다. 그녀의 뛰어난 유머감각도 쉽게 잊혀지지 않았다. 그 인터뷰에서, 그녀는 상투적인 대답을 조금도 하지 않았다. 그 때문에 나는 2003년 8월 초, 그녀가 지금 살고 있는 마이애미까지 전화를 걸어 인터뷰를 다시 요청했다.

새 소설 『이슬을 부수는 자』는 어떤 소설입니까?

—『크릭? 크락!』처럼 단편소설 모음집입니다. 하지만 소설들이 서로 관련성을 갖습니다. 30년 간 계속된 뒤발리에의 독재체제에서 고문 전문가로 일한 사람이 주인공이라 할 수 있습니다. 그러니까 그에 대한 이야기인 동시에 그에게 고문당한 피해자들에 대한 이야기이기도 합니다. 그 주인공은 지금 브루클린에서 살면서 이발소를 운영하고 있습니다. 나는 그런 사람이 지금 어떻게 살아가고, 그의 피해자들은 독재의 상처를 안고 어떻게 살고 있는지 살펴보고 싶었습니다. 이민자들을 둘러보면 이런 사람들이 어렵지 않게 눈에 띕니다. 더구나 고문하던 사람들과 고문당한 사람들이 한 동네에서 어울려 사는 경우까지도 있습니다.

특히 CIA의 지원을 받아 FRAPH(아이티 진보전선)란 준군사조직을 이끌었던 엠마뉘엘 콩스탕Emmanuel Constant의 경우가 내 관심을 끌었습니다. FRAPH는 1990년대 초에 수천 명의 아이티 인을 죽였습니다. 그런데 콩스탕은 지금 퀸즈에 버젓이 살고 있지만 다른 아이티 인들은 추방당하고 있습니다. 콩스탕과 같은 사람들에게 상처 입은 사람들이 그 가해자들과 얼굴을 마주치는 상황에 어떻게 대처하는지 살펴보고 싶었습니다.

포크너는 "과거는 결코 죽지 않는다. 과거는 지나간 옛일도 아니다!"라고 말했습니다.

— 맞습니다. 다른 땅에서 이민 온 사람들에게는 특히 그렇습니다. 과거의 어떤 부분은 잊으려 하지만 결코 잊지 않고 영원히 간직하려는 부분도 있습니다. 하지만 선택하기 쉽지 않을 때가 많습니다. 우리는 아름다운 기억을 간직하려 애쓰지만, 잊고 싶은 것들이 우리 기억에 슬며시 파고들기도 합니다. 과거는 우리 머리 위에 돋은 머리카락과도 같습니다. 나는 열두 살에 뉴욕에 건너왔습니다. 하지만 내가 어디에서 건너왔든 내 육신은 고향을 떠났지만 고향은 나를 버리지 않았다는 느낌을 항상 간직하고 살아갑니다.

콩스탕은 아이티에서 수배 중이지요?

— 콩스탕은 아이티 인에게 가한 범죄 행위로 궐석재판을 받았고 종신형을 선고받았습니다. 하지만 그는 지금 미국에서 편안히 살고 있습니다. 물론 아이티의 살인광들만 이곳 미국에 피신하고 있는 것은 아닙니다. 발칸 반도, 중앙아메리카, 인도네시아에서 대학살을 저지른 사람들도 이 나라에서 편히 살아가고 있습니다. 테러리스트에 대한 미국 정부

의 판단은 너무 자의적입니다.

당신의 소설 『뼈 농사』는 아이티 역사에서 중요하지만 거의 잊힌 사건을 추적했습니다. 즉 1937년 도니미카의 독재자 트루히요Rafael Trujillo가 자행한 대학살을 다루었습니다. 도미니카 군부가 본국 송환을 미끼로 내걸며, 당시 도미니카 공화국에 살고 있던 수만의 아이티 인을 검거했습니다. 그때 얼마나 많은 아이티 인이 목숨을 잃었습니까?

— 대략 추정만 할 뿐입니다. 적게는 1만 4000명, 많게는 4만 명이 죽은 것으로 추정됩니다. 제 생각으로는 그보다 훨씬 많은 수가 죽었을 겁니다. 그 후 도미니카 공화국은 아이티 정부에게 사망자 1인당 50센트 상당의 배상금을 제안했습니다.

그 소설을 쓰면서 특별히 찾아낸 새로운 사실이라도 있었습니까?

— 그 사건이 현재의 아이티 상황과 밀접한 관계가 있다는 사실을 깨닫고 너무 안타까웠습니다. 아직도 도미니카 공화국의 사탕수수밭에서 일하고 있는 아이티 사람들이 있습니다. 지금도 도미니카 공화국에서 아이티로 송환되는 사람들의 발길이 이어지고 있습니다. 아이티 사람으로 보인다는 이유로 버스에서 강제로 끌려 내려와 송환되는 사람들도 있었습니다. 몇 세대를 도미니카 공화국에서 살았는데 말입니다.
　도미니카 공화국에서 태어난 아이티 아이들은 학교에도 다니지 못하고 사탕수수밭에서 일해야 합니다. 이런 비극은 과거의 기억이 아닙니다. 지금도 계속되는 사건일 뿐입니다. 그곳의 아이티 인들은 대학살이

다시 일어날까 항상 두려워하며 살아가고 있습니다.

그러나 아이티와 도미니카 공화국 간의 역사적 관계는 무척 복잡합니다. 우리는 히스파니올라 섬을 나눠 갖고 있습니다. 프랑스와 에스파냐가 되돌아와 노예제도를 되살릴까 두려워서, 아이티는 1804년부터 22년 동안 도미니카 공화국을 지배한 적이 있었습니다. 따라서 하나의 섬에 두 독립 국가가 있는 독특한 상황이지만, 두 나라는 서로에게 원한을 품고 있습니다. 심지어 요즘에도 두 나라 사람들은 서로 얼굴을 노려보면서, "너희가 우리를 지배했지!"라거나 "트루히요가 내 가족을 죽였어!"라고 원망합니다.

제임스C.L.R. James는 "아이티는 세계에서 가장 큰 식민지였고 프랑스의 자부심이었으며, 모든 제국적 국가가 탐내던 땅이었다"라고 말했습니다. 오늘날 아이티가 처해 있는 상황, 즉 세계에서 상흔이 가장 깊은 나라이며, 가난과 절망, 폭력과 보트피플, 에이즈와 거의 동의어로 해석되는 상황과는 너무나 다른 설명입니다.

— 우리는 한때 '앤틸리스 제도의 진주'라고 불렸습니다. 가장 생산적인 식민지였습니다. 하지만 누구를 위한 생산이었습니까? 플랜테이션에서 허리가 휘도록 일하던 노예들을 위한 생산은 아니었습니다. 아이티는 풍요로운 식민지였습니다. 하지만 식민 지배자들이 떠나면서 모든 것을 가져가버렸습니다. 물론 그것으로 모든 것이 변명되지는 않습니다. 우리가 잘못하기도 했습니다. 하지만 처음부터 부정적인 면이 너무 많았습니다. 그 잔재가 아직도 우리를 괴롭히고 있습니다.

아이티 혁명은 미국의 적대적 반격에 부딪쳤습니다. 노예인 흑인들이
혁명을 일으켜 프랑스 인을 쫓아냈다는 사실이 미국의 심기를 건드린
셈이었죠.

— 미국의 노예들에게 '나쁜' 전례를 보여준 셈이었으니까요. 아이티는
미국의 제재를 받았습니다. 미국은 다른 나라들까지 끌어들여 새 공화
국의 탄생을 인정하지 않았습니다.

혁명의 지도자가 투생 루베르튀르Toussaint L'ouverture였던 것으로 알
고 있습니다. 그런데 미국에서는 거의 알려지지 않은 인물입니다.

— 그는 여러 지도자 중 한 명이었습니다. 1791년, 자유가 아니면 죽음
을 택하겠다며 자유를 위한 투쟁을 맹세한 보두Vodou 의식을 주도한 자
메이카 인 부크만Boukman이 있었고, 마캉달Mackandal이란 지도자도 있
었습니다. 플랜테이션의 노예이던 루베르튀르는 노예들을 조직화하고
군사훈련을 시켰습니다. 또 "그들의 머리를 베어라! 그들의 집에 불질러
라!"라고 외쳤던 장 자크 데살린Jean-Jacques Dessalines이란 지도자도 있
었습니다.

　루베르튀르는 아이티에서 체포되어 프랑스까지 끌려가 감옥에 갇혔고,
결국 프랑스 감옥에서 목숨을 잃었습니다. 워즈워스William Wordsworth
는 그를 기리는 시를 쓰기도 했습니다. 루베르튀르는 프랑스에서 죽음을
맞기 직전에 이런 말을 남겼습니다. "너희가 자유라는 나무에서 몇 가지
를 잘라낼 수는 있겠지. 하지만 그 뿌리는 지독히 강하고 지독히 많기 때
문에 뿌리까지 없앨 수는 없을 거다!" 루베르튀르가 남긴 말 중 가장 자주

인용되는 말이기도 합니다.

그가 대단한 지도자였던 것은 틀림없습니다. 그러나 다른 사람을 인정하는 것도 중요합니다. 지금이든 과거든 한 사람이 혁명을 해낼 수 있다고 생각하는 우리의 자세가 문제인 듯합니다.

미국은 1915년 아이티를 침략해서 1934년까지 그곳을 점령했습니다. 그 후로는 수십 년간의 독재가 뒤따랐고요. 그것은 어떤 유산은 아이티에 남겼을까요?

— 지금 이 순간까지도 계속되는 깊은 상처가 남았습니다. 예컨대 미국의 점령으로 아이티에는 1990년대 초까지 군사 문화가 존재했습니다. 남부의 백인 장교들이 고위층을 독점하고 군부를 지휘하면서, 토착민의 저항을 무자비하게 짓밟았습니다. '도둑놈cacos'이라 부르면서 말입니다. 한 미국의 고위 장교는 "이 깜둥이들이 프랑스 어를 한다고 생각해!"라고 소리치기도 했습니다.

그 후 아이티 장교들이 포트 베닝에 있는 '아메리카 수련원School of the Americas, SOA'에서 훈련을 받았습니다. 아이티 사람들은 미국의 위협을 항시 두려워합니다. 그래서 우리가 적절히 행동하지 않으면 다시 미국에게 점령당할지도 모른다고 생각합니다.

조금 전에 부크만을 언급했는데요. 아이티 풀뿌리 음악을 연주하는 것으로 널리 알려진 부크만 엑스페리안스Boukman Eksperyans라는 그룹도 있는 것으로 알고 있습니다. 문화와 저항은 어떤 관계에 있다고 생각하십니까?

— 부크만은 민중을 상대로 말합니다. 문제의 근원을 노래로 표현합니다. 그들의 공연은 그야말로 민중 중심이라 말할 수 있습니다. 노래하고 춤을 추지만 거기에서 어떤 메시지를 얻습니다. 부크만 그룹은 과거의 보두 의식을 변형시켜 공공의 장으로 끌어냈습니다. 잠깐만요! 보두의 철자는 v-o-d-o-u입니다. 아름답고 축제의 성격을 띠지만 저항의 음악이기도 합니다.

보두의 철자를 그렇게 힘주어 말한 까닭이 뭐지요?

— 대부분의 사람이 이 종교를 말할 때 '부두voodoo'로 발음하고, 할리우드 영화가 보여준 식으로 인형에 바늘을 꽂는 종교쯤으로 생각합니다. 하지만 아프리카의 조상에서 아이티로 건너온 종교인 '보두교'는 결코 그런 종교가 아닙니다. '주술 경제학voodoo economics'이나 '부두교는 이러저런 것'이라고 일반인에게 인식된 마법적 종교와 보두교는 구분되어야 마땅합니다. 보두교는 아이티의 토속 종교 중 하나이며, 인간 중심적인 종교입니다.

『춤을 춘 후』에서 당신은 에이즈를 "우리 아이티 인에게 너무나 큰 고통을 안겨주는 복잡한 문제"라고 하셨는데, 그 이유를 말씀해주시겠습니까?

— 1980년대 에이즈가 사람들의 입에서 처음 오르내리기 시작했을 때 극히 위험한 사람들은 서너 부류로 정리되었습니다. 즉 동성애자, 혈우병 환자, 헤로인 상습자, 그리고 아이티 인이었습니다. 우리 아이티 인

이 국적으로 지정된 유일한 부류였습니다. 그 때문인지 언론에서는 아이티 인은 전부 에이즈 환자인 것처럼 떠들어댔습니다.

당시 내가 아이티에서 막 미국으로 건너온 때였습니다. 나는 열두 살이었고, 내가 살던 건물의 거주자는 대부분 아이티 인이었습니다. 많은 아이티 인이 해고당했습니다. 학교에서, 때로는 체육관에서도 우리는 외톨이가 되어야 했습니다. 우리가 피를 흘리면 감염될지도 모른다는 우려 때문에요. 정말 견디기 힘든 차별이었습니다.

FDA(미국 식품의약국)는 우리를 헌혈할 수 없는 사람 목록에 올려놓았습니다. 에이즈는 우리에게 지워진 짐이었습니다. 우리는 에이즈와 동일시되었습니다. 부당하고 부조리한 선입견이었습니다. 그래서 나는 "우리는 에이즈와 더불어 살아가는 사람들이다"라고 입버릇처럼 말합니다. 에이즈는 우리가 벗어날 수 없는 운명과도 같은 것입니다. 에이즈는 우리 세계의 한 부분입니다.

당신은 아이티 이민자들의 처우를 면밀하게 조사했습니다. 존 애쉬크로프트John Ashcroft 법무장관은 아이티 난민자가 미국의 안보를 위협한다고 말했습니다. 이런 발언을 어떻게 생각하십니까?

— 나는 최근에 플로리다로 이사했습니다. 아이티 난민과 쿠바 난민의 대우가 현격하게 다르다는 사실을 두 눈으로 확인할 수 있었습니다. 두 난민 모두 똑같이 절망적인 삶을 이기지 못하고 미국으로 피신해온 사람들입니다. 그러나 아이티 인은 도착하는 즉시 감금되고, 일부는 곧바로 송환됩니다. 반면에 쿠바 인은 어렵지 않게 정착해서 시민권을 취득할 자격까지 얻습니다. 그렇다고 쿠바 인이 보호받을 자격이 없다고 말

하는 것은 아닙니다. 하지만 안보가 문제라면, 항공기를 납치해서 이 나라로 건너오는 쿠바 인이 더 문제가 아닐까요? 설령 항공기를 납치해서 오더라도 그런 것이 안보와 무슨 상관이 있단 말입니까?

얼마 전에도 법무장관은 충격적인 발언을 했습니다. 파키스탄 테러리스트들이 아이티에서 보트를 타고 침투할 가능성이 있다고 말입니다. 하지만 지금까지 아이티에서 바다를 헤치고 넘어온 보트에 파키스탄 인이 있었던 적은 없습니다. 애쉬크로프트 장관도 실제 사례를 한 건도 지적하지 못했습니다.

당신은 플로리다에 있는 이민자 수용소에 다녀왔습니다. 수용소의 실태는 어떻던가요?

— 나는 한 시민단체와 함께, 가장 큰 수용소인 크롬에 다녀왔습니다. 남자 수용소였습니다. 우리는 휴게실에서 이민자들과 면담했습니다. 아주 먼 나라에서 온 사람들을 만난 듯한 기분이었습니다. 많은 사람이 침울한 표정이었고, 모두가 이곳까지 오려고 했던 것에 죄의식을 느끼고 있는 것 같았습니다. 실제로 많은 사람이 자살하고 싶다고 말하기도 했습니다. 1년 이상 수용소에 갇혀 지내는 사람도 적지 않았습니다. 그들의 운명이 어떻게 될지 모르는 채 말입니다.

부시의 이라크 침공에 대해서는 어떻게 생각하십니까?

— 다른 식으로도 그 상황을 해결할 수 있었으리라 생각합니다. 미국은 다른 나라를 침략하고, 다른 나라 사람들의 운명을 결정할 권리가 있다

는 주장이 놀라울 뿐입니다. 그런 주장으로 이라크 침공이 정당화 될 수는 없습니다. 이라크 점령의 미래가 걱정될 뿐입니다. 아이티의 경우에 비춰본다면, 이라크에서 지금 어떤 일이 벌어지고 있겠습니까? 앞으로 20년 후, 또 40년 후에는 어떻게 되겠습니까? 미국인들은 우리가 하루에 24시간씩 CNN을 보지 않기 때문에 점령의 아픔이 사라질 것이라 믿는 듯합니다. 하지만 점령 하에 살아야 하는 사람들은 잊지 못합니다. 그들의 자식, 자식의 자식 세대까지 잊지 못합니다.

아리스티드Jean Bertrand Aristide는 어떻게 평가하십니까?

— 상당한 지략가입니다. 하지만 그가 선거를 통해 대통령이 되었다는 것은 틀림없는 사실입니다. 1990년 이후로 아이티가 얼마나 변했는지 판단하기는 어렵습니다. 그를 지지하는 사람도 있지만 비난하는 사람도 있습니다. 브레히트를 인용해서 말하면, "나는 민중의 편입니다." 민중이 그에게 어떤 결정을 내리더라도 나는 민중의 결정을 따를 겁니다.

지금 아이티의 삶은 지극히 어렵습니다. 한 사람의 힘으로 미래가 결정되지 않기 때문에 더더욱 어렵습니다. 아리스티드에게 많은 기대를 걸고 있지만 그가 아이티를 구할 수는 없습니다. 누구도 혼자 힘으로는 아이티를 구할 수 없습니다. 그가 모든 일을 해결할 수는 없습니다. 그가 모든 것을 더 낫게 변화시킬 수는 없습니다. 한 사람이 아이티를 구할 수 있겠습니까? 이런 질문은 자칫하면 개인숭배가 되어버립니다.

내 느낌이겠지만 아리스티드를 평가하는 데 상당히 조심스런 것 같군요

— 솔직히 그를 잘 모르기 때문에 그에 대해 뭐라고 말하기가 어렵습니다. 아이티의 현 상황도 정확히 모릅니다. 일부에서는 그를 악마라고 말하고, 일부에서는 그를 구세주라 말하지만… 나는 잘 모르겠습니다.

당신의 재능에 대해 이야기를 나눠보도록 하지요. 당신은 아주 어린 나이에도 글쓰기가 일종의 '안식처'였다고 말했습니다. 또 어렸을 때부터 '예술을 향한 열망'을 남몰래 품었다고도 말했습니다. 당신의 모델이 있었다면 누구였습니까?

— 내 모델은 옛날이야기를 해주는 사람들이었습니다. 내 할머니와 숙모 같은 사람들이었습니다. 사실 내 주변 사람들은 엄격한 의미에서 글을 읽거나 쓸 줄 몰랐습니다. 하지만 그들은 이야기를 구수하게 할 줄 아는 사람들이었습니다. 나는 그들의 머리 꼭지에서 이야기가 술술 풀려나오는 것을 지켜보는 기분이었습니다. 나는 그런 분위기가 좋았습니다. 이야기 하는 사람은 이야기를 듣는 사람과 하나가 되었습니다. 듣는 사람의 얼굴빛을 읽어내며, 그의 이야기가 상대의 마음을 사로잡는지 확인했습니다. 지루한 빛이 감돌면 이야기의 속도를 높였고, 너무 빠르다 싶으면 속도를 늦췄습니다. 이렇게 이야기하는 사람과 듣는 사람 간의 관계 전체가 내게 큰 영향을 미쳤습니다.

내가 학교에 다니기 시작했을 때 글쓰기 자체는 정말 고통스런 시간이었습니다. 하지만 프랑스의 어린 소녀가 주인공인 『매들린Madeline』과 같은 책을 읽기 시작하면서, 그 책의 이야기가 할머니의 이야기와 비슷하다는 걸 깨달았습니다. 책 속의 이야기는 언제나 똑같은 이야기였지만 말입니다.

하지만 내가 글을 쓰고 싶다는 생각, 나도 글을 쓸 수 있다는 생각이 언제쯤 내 마음에 자리잡았는지는 정확히 모르겠습니다. 하여간 나는 글을 쓰기 시작했습니다.

나는 『춤을 춘 후』를 읽고 저널리즘적 성격이 강하다는 인상을 받았습니다. 이런 책을 어떻게 쓰게 되었는지요?

— 『춤을 춘 후』는 소설이 아닌 첫 작품입니다. 나는 카니발에 참여해본 적이 없었습니다. 그래서 정말 가보고 싶었습니다. 정말 재밌을 것 같았습니다. 그리고 아이티의 행복한 모습, 아이티의 축제를 글로 표현하고 싶었습니다. 카니발은 내게 그런 꿈을 실현할 기회를 주었습니다. 아이티에서 모두가 계급의 차이를 잊고 하나가 되는 흔치 않은 기회였으니까요.

가면은 카니발에서 큰 부분을 차지합니다. 당신의 글을 보면 가면에 애착을 가진 듯합니다. 그 이유가 뭘까요?

— 소설을 쓸 때 나는 일종의 거짓말쟁이가 됩니다. 이야기꾼이 됩니다. 비교해서 말하면, 뜨개질하는 사람이 됩니다. 내 이야기에서 얼마나 많은 부분이 독자의 삶과 비슷할지 생각합니다. 이야기는 우리가 가면 뒤에서 우리 삶을 풀어가는 한 방법입니다. 하지만 모두가 익명의 존재가 되는 군중 속에서 가면을 쓴다는 생각은 내게 너무 흥미롭게 느껴졌습니다. 누구나 가장 감춰질 때 가장 대담해지는 법이니까요.
　수줍은 어린 시절부터 나는 가면을 좋아했습니다. 어른이 되어서는 안경을 썼습니다. 안경이 내 가면입니다. 누군가를 처음 만나러 갈 때 나는 언제나 안경을 씁니다. 그래야 나와 그 사람 사이에 뭔가 특별한 것이 생길 듯한 기분이 들기 때문입니다.

시인 로렌스 던바Laurence Dunbar는 "우리는 가면을 쓰고 있다"고 말했습니다. 그렇습니다, 나는 우리 모두가 어떤 형태로든 가면을 쓰고 있다고 생각합니다. 우리를 타인에게서 보호해주는 가면도 있지만, 우리에게 용기를 북돋워주는 가면도 있습니다. 카니발에서는 이런 가면을 볼 수 있습니다. 숫기 없는 아이도 가면을 쓰면 어떤 일이라도 해낼 수 있습니다. 따라서 우리는 가면을 쓰고 우리 자신을 최대한 감추려 합니다.

내가 작가인 것도 이와 관계가 있다고 생각합니다. 우리는 더 큰 진실을 말하려고 거짓말을 합니다. 소설가에게 이야기는 가면입니다. 우리가 창조하는 인물들도 가면입니다. 나는 소설의 매력이 여기에 있다고 생각합니다. 이런 점을 제외하더라도 카니발에서 가면은 아름답고, 아이티의 창조적 비전을 보여주는 매개체입니다.

『춤을 춘 후』에서, 당신은 카니발에 참석한 미국 대사를 깜짝 놀라게 만든 장면을 언급했는데요.

— 귀빈석에는 외국의 고위 인사들, 카니발의 여왕, 상원의원들, 멀리서 온 중요인물들이 앉아 있었습니다. 그 해 카니발에서 가장 큰 장식배에는 아이티 난민들과 해안경비원처럼 보이는 사람들이 그려져 있었습니다. 사람들로 넘쳐흘렀습니다. 군중이 바다 역할을 하면서 배를 앞으로 밀고 나갔습니다. 그런데 갑자기 군중이 민중가요를 부르기 시작했습니다. '우리가 우리나라를 달러에 팔아넘기고 있다!'는 노래였습니다. 미

국 대사도 그 노래를 분명히 들었을 겁니다. 그야말로 카니발과 삶이 하나로 어우러진 순간이었습니다.

카니발은 역사적 축제입니다. 아라와크 족에서 노예로, 그 후 식민시대를 거쳐 오늘날에 이르기까지 우리가 누구인가를 보여주는 축제입니다. 카니발은 살아있는 역사와 더불어 숨쉬는 시간입니다. 사람들은 흔히 아이티를 어떤 즐거움도 누릴 수 없는 곳이라 생각합니다. 하지만 나는 아이티도 즐거움이 있는 곳이란 사실을 사람들에게 보여주고 싶었습니다.

2월 23일, 나는 맨해튼 미드타운에 위치한 커트 보네거트의 집 계단을 올라가 초인종을 눌렀다. 환한 미소와 잿빛 곱슬머리를 가진 사내가 나를 맞이

는 소리가 들렸다. 보네거트의 발 옆에는 흰색의 작은 애완견이 얌전히 서있었다. 주인의 명령에도 아랑곳없이 그 개는 나를 올려다보며 따분한 표정으

개조차 그의 명령에 따르지 않는다며 투덜거렸다.

지금 80세인 이 천부적인 이야기꾼에 대해 들었을지도 모를 소문은 모두 사실이다. 그는 무례하고 무사태평한 사람이다. 무척 재밌는 사람이기도 하

지는 않았다고 솔직히 말하자, 그는 "그럼 나가주게"라고 말했다. 우리가 그의 거실에서 함께 지낸 오후 내내 그는 펠멜 담배를 쉴 새 없이 피워댔다

워서 되겠냐고 말하자, 그는 "나는 죽으려고 노력 중이네. 근데 효과가 없구먼"이라고 말했다. 그리고 껄껄대고 웃었다.

그는 최근에 잡지 「당대In These Times」에 칼럼을 기고했다. 여기에서 그는 독자들의 질문을 재치 있게 받아넘기며 부시에 대한 경멸을 숨김없이 드러

가 쿠데타를 일으키기 전부터 미국은 세계 곳곳에서 미움을 받았다. 부시라면 이렇게 말하고 싶겠지만 우리가 요구하는 자유와 정의 때문에 세계에서

우리 기업이 마약에 취한 듯한 문화와도 같은 새로운 테크놀로지와 경제 시스템을 앞장서서 전달하고 강요하기 때문에 우리가 덤으로 미움을 받는 것

보네거트는 1944년 12월 발지 대전투에서 독일군의 포로가 되어, 드레스덴의 전쟁포로 수용소로 이송되었다. 그곳에서의 경험을 바탕으로 그는 「

Five」(1973)을 썼다. 이 소설은 반전 문학의 대표적인 작품으로 손꼽힌다. 그 밖에도 「고양이 요람Cat's Cradle」(1963) 「챔피언의 아침식사Breakfast

과거Jailbird」(1979) 「푸른 수염Bluebeard」(1987) 또 그가 자서전격 콜라주라 자평하는 「죽음보다 더 나쁜 운명Fates Worse than Death」(1991)은 특히

내가 보네거트를 만난 그날, 그는 뉴욕시 와이 스트리트 92번지에서 모어 하워드 진을 축하하려 모인 군중들을 사로잡았다. 하워드 진의 대표작 「미

History of United States」의 100만 부 돌파를 축하하는 행사였다. 그날, 보네거트는 앨리스 워커, 게임스 얼 존스, 대니 글로버, 알프레 우다드, 마리사

책을 군중 앞에서 낭송했다.

유머러스한 글쓰기로 미국을 비판하는 시대의 양심

커트 보네거트 Kurt Vonnegut

interview date | 2003년 6월

> 우리에게 유일한 희망이 있다면, 미국민 대다수가 미국 정부가 얼마나 우둔한가를 깨닫는 것입니다. 미국 정부가 얼마나 탐욕스럽고 부도덕한가를 깨닫는 것입니다. 그런 텔레비전 때문에 우리는 그런 깨달음을 가질 기회를 상실하고 있습니다.

{ 2월 23일, 나는 맨해튼 미드타운에 위치한 커트 보네거트의 집 계단을 올라가 초인종을 눌렀다. 환한 미소와 잿빛 곱슬머리를 가진 사내가 나를 맞아주었다. 그리고 "물어!"라는 소리가 들렸다. 보네거트의 발 옆에는 흰색의 작은 애완견이 얌전히 서있었다. 주인의 명령에도 아랑곳없이 그 개는 나를 올려다보며 따분한 표정을 지어보였다. 보네거트는 개조차 그의 명령에 따르지 않는다며 투덜거렸다.

지금 80세인 이 천부적인 이야기꾼에 대해 들었을지도 모를 소문은 모두 사실이다. 그는 무례하고 무사태평한 사람이다. 무척 재밌는 사람이기도 하다. 내가 그의 책을 모두 읽지는 않았다고 솔직히 말하자, 그는 "그럼 나가주게"라고 말했다. 우리가 그의 거실에서 함께 지낸 오후 내내 그는 펠멜 담배를 쉴 새 없이 피워댔다. 내가 그렇게 줄담배를 피워서 되겠냐고 말하자, 그는 "나는 죽으려고 노력 중이네. 근데 효과가 없구먼"이라고 말했다. 그리고 껄껄대고 웃었다.

그는 최근에 잡지 『당대In These Times』에 칼럼을 기고했다. 여기에서 그는 독자들의 질문을 재치 있게 받아넘기며 부시에 대한 경멸을 숨김없이 드러냈다. 그는 "미키 마우스가 쿠데타를 일으키기 전부터 미국은 세계 곳곳에서 미움을 받았다. 부시라면 이렇게 말하고 싶겠지만 우리가 요구하는 자유와 정의 때문에 세계에서 미움을 받은 것이 아니다. 우리 기업이 마약에 취한 듯한 문화와도 같은 새로운 테크놀로지와 경제 시스템을 앞장서서 전달하고 강요하기 때문에 우리가 덤으로 미움을 받는 것이다"라고 말했다.

보네거트는 1944년 12월 발지 대전투에서 독일군의 포로가 되어, 드레스덴의 전쟁포로 수용소로 이송되었다. 그곳에서의 경험을 바탕으로 그는 『제5도살장Slaughterhouse-Five』(1973)을 썼다. 이 소설은 반전 문학의 대표적인 작품으로 손꼽힌다. 그 밖에도 『고양이 요람Cat's Cradle』(1963) 『챔피언의 아침식사 Breakfast of Champions』(1973) 『전과자Jailbird』(1979) 『푸른 수염Bluebeard』(1987) 또 그가 자서전적 콜라주라 자평하는 『죽음보다 더 나쁜 운명Fates Worse than Death』(1991)은 특히 많이 알려진 작품이다.

내가 보네거트를 만난 그날, 그는 뉴욕시 와이 스트리트 92번지에서 모여 하워드 진을 축하하려 모인 군중들을 사로잡았다. 하워드 진의 대표작 『미국 민중저항사A People's History of United States』의 100만 부 돌파를 축하하는 행사였다. 그날, 보네거트는 앨리스 워커, 제임스 얼 존스, 대니 글로버, 알프레 우다드, 마리사 토메이 등과 함께 진의 그 책을 군중 앞에서 낭송했다.

조지 부시를 못마땅하게 생각하시는 이유가 무엇입니까?

— 역사가 뭔지도 모르는 대통령이니까요. 게다가 주변에 있는 보좌관들도 역사에 도무지 관심이 없는 사람들입니다. 모두가 뭔가 새로운 것을 만드는 위대한 정치가라도 된 듯한 착각에 빠져 있어요. 하지만 알고 보면 낡아 빠진 것, 즉 전제정치로 되돌아가고 있어요. 그런데도 자기들은 창조적인 사람들이란 착각에 빠져 있다고요.

1946년 헤르만 괴링은 뉘른베르크 재판에서 "물론 국민은 전쟁을 원하지 않습니다. … 하지만 정책을 결정하는 사람은 그 나라의 지도자입니다. 민주주의 국가든, 파시스트 독재국가든, 의회주의 국가든, 공산주의 독재국가든 국민을 끌어가는 건 간단한 문제입니다"라고 말했습니다. 미국도 마찬가지일까요?

― 그렇다고 말할 수 있습니다. 헌데 내가 이제부터 하려는 말을 부시가 이해할지 모르겠습니다. 부시는 역사를 모르니까요. 하지만 우리는 독일 역사에서 '의사당 방화사건'(1933년 2월 27일 밤 베를린에 있는 의회 의사당에서 일어난 화재 사건. 나치 독재정치 확립의 결정적인 계기가 되었다 ―옮긴이)과 비슷한 상황에 있습니다.

1차 대전 이후, 독일은 민주국가를 건설하려고 노력했습니다. 그 후 의사당이 1933년에 불탔을 때, 이 사건은 인권을 유예시켜야만 하는 비상사태로 여겨졌습니다. 이와 비슷하게, 세계무역센터의 테러 공격으로 부시와 그 일당은 어떤 짓이나 할 수 있게 되었습니다. 지금 우리가 어떤 상황입니까? 정말로 코드 레드가 떨어지면 우리는 머리가 잘린 닭처럼 사방을 헤집고 다녀야 할 겁니다. 하지만 나는 우리가 정말로 위험에 처했다고는 생각지 않습니다.

요즘 전쟁은 텔레비전용으로 제작한 사건처럼 방송되고 있습니다. 마치 방에 틀어박힌 텔레비전 중독자들을 위한 비디오 게임과도 같습니다.

― 뭐 국민을 즐겁게 해주는 것이 대통령의 의무니까요. 이런 면에서는 클린턴이 훨씬 나았죠. 추잡한 스캔들까지 용서받았으니. 부시는 '공화당 슈퍼볼' 게임으로 우리를 즐겁게 해주고 있어요. 공화당 슈퍼볼 게임이 뭐냐고요? 가난한 사람들이 실탄을 사용해서 진짜로 벌이는 전쟁놀이!

선생님은 유엔에서 몇 블록 떨어진 곳에 살고 계십니다. 지난 2월 15일 뉴욕에서 대단한 시위가 있었고, 선생님도 거기에 참여하신 걸로 알고 있는데요.

— 그랬습니다. 하지만 연설까지는 하지 않았습니다.

그렇게 민중이 항의하고 행진하는 것이 효과가 있다고 생각하십니까?

— 나는 이제 늙었습니다. 나는 베트남 전쟁 기간에도 반전시위를 했습니다. 충성스런 미국인이 한 명 죽을 때마다 우리는 50명의 아시아 인을 죽였습니다. 그 전쟁이 실패한 전쟁이고 무의미한 살육에 불과하다는 사실이 자명해진 순간부터 이 나라에서 예술을 한다는 사람은 모두가 그 전쟁을 극렬히 반대했습니다. 화가, 작가, 코미디언, 작곡가, 소설가, 시인 모두 똑같은 목소리로 반대했습니다.
　그런데 그 후로는 시위라는 놀라운 신무기의 위력이 사라지고 말았습니다. 이제는 직경 1미터의 바나나 크림 파이가 1.2미터 높이의 간이 사다리 위에서 떨어진 것처럼 우스꽝스럽게 변해버렸습니다. 국민이 평화롭게 모여서 정부에게 불만을 토로하는 권리가 이제는 따뜻한 가래침을 모은 주전자 정도의 가치밖에 안 됩니다. 텔레비전이 그런 권리를 비중 있게 다뤄주지 않기 때문입니다. 텔레비전이 정말로 문제입니다.
　정부가 비난받을 짓을 자초합니다. 우리에게 유일한 희망이 있다면, 미국민 대다수가 우리 정부가 얼마나 우둔한가를 깨닫는 것입니다. 우리 정부가 얼마나 탐욕스럽고 부도덕한가를 깨닫는 것입니다. 그런 텔레비전 때문에 우리는 그런 깨달음을 가질 기회를 상실하고 있습니다. 아, 그래도 텔레비전이 좋은 점도 있군요. 그럴 리야 없겠지만 혹시 당신이 카메라 앞에서 누군가에게 두들겨 맞아죽는다면 남들에게 즐거움을 줄 것이기 때문에 헛된 죽음은 아니게 만들어 주는군요.

『제5도살장』에서, 선생님은 드레스덴 폭격과 그로부터 2개월 후에 있었던 히로시마와 나가사키의 원폭 공격을 다뤘는데요.

— 노예제도를 제외한다면 이 나라가 저지른 가장 인종차별적이고 가장 간악한 짓은 나가사키 원폭 공격입니다. 히로시마 원폭 공격은 군사적인 의미를 갖겠지만 그 정도로 부도덕한 짓은 아니었습니다. 하지만 나가사키 원자폭탄은 남자와 여자, 어린아이를 완전히 쓸어버렸습니다. 내가 과학자가 아니었던 걸 하느님께 감사드립니다. 그렇지 않았다면 지금쯤 죄책감에 시달리며 살고 있을테니까요.

뉘른베르크 재판에서, 미국 측 수석 검사였던 로버트 잭슨 대법원 판사는 침략 전쟁의 도발은 최고의 국제 범죄라고 말했습니다.

— 높은 사람들은 우리 미국이 얼마나 흉포한 나라인가에 대해 틈만 나면 거짓말을 해댑니다. 좀더 자세히 알아볼까요. 우리는 지금도 구역질 나는 짓을 저지르고 있습니다. 미친 친척이 날뛰는 모습을 옆에서 지켜보는 기분입니다. 누군가는 "찰리 아저씨가 미친 것 같다"고 말할 수 있어야 합니다. 우리는 지금 이상한 짓을 하고 있습니다. 조지 부시와 그의 일당은 자기들이 정치적 수호신이라고 착각하고 있습니다.

당신은 젊어서 위대한 대통령을 경험하지 못했겠지만 나는 그런 대통령을 보았습니다. 존경받아 마땅한 자질을 모두 갖춘 사람이었습니다. 바로 프랭클린 루스벨트입니다. 그는 정말 인간적이었고 현명했으며 수완도 좋았습니다. 주변 사람들에게는 배신자라 불렸지만 말입니다. 조지 부시는 그런 욕조차 어울리지 않는 대통령입니다.

부시가 이라크 카드를 휘두르기 시작한 때가 글로벌 크로싱, 엔론, 할리버튼 등 월스트리트의 스캔들에 국민의 관심이 집중된 때이기도 했습니다. 이라크를 침공해서 국민의 관심을 기업계에서 돌리려고 했던 것이라 생각됩니다.

— 인디애나폴리스 교육위원회 덕분에 내가 하나 배운 것이 있다면, 폭군이나 정부가 골치 아픈 일이 생기면 다른 일을 벌인다는 겁니다. 바로 선전포고! 그 후로 다른 어떤 것도 중요하지 않습니다. 체스 게임과 같습니다. 일단 우리가 살아야 합니다.

여론조사를 보면, 텔레비전에서 뉴스를 얻는 미국인의 50퍼센트가 사담 후세인이 9·11 테러의 배후라고 생각합니다. 절반의 진실을 아는 셈입니다. 텔레비전 덕분에! 그래서 나는 텔레비전을 민주주의의 재앙이라 생각합니다.

독서의 중요성에 대해서는 어떻게 생각하십니까?

— 글을 읽고 쓴다는 게 쉬운 일은 아닙니다. 누군가에게 책 읽기를 기대하는 것은 콘서트 장에 가서 곧장 바이올린을 건네받아 무대에 올라가라고 말하는 것이나 마찬가지입니다. 글을 읽는 데도 특별한 기술이 필요합니다. 글을 잘 읽어야 합니다. 글을 제대로 잘 읽는 사람은 별로 없습니다. 예를 들어, 나는 풍자적으로 글을 쓰기 때문에 내 글을 읽을 때는 아주 신중해야 합니다. 어떤 경우에는 정반대의 뜻으로 단어를 사용하니까요. 『제5도살장』은 고등학교에서 읽힙니다. 간혹 교사들이 학생들에게 작가에게 편지를 쓰라고 하는 모양입니다. 사건의 시간 순이

맞지 않다고 지적하는 학생들이 있습니다. 월요일 다음에 수요일이 오는 책을 읽기가 힘든 거지요.

선생님의 아버지는 건축가였습니다. 하지만 선생님은 아버지가 책 읽는 모습을 한 번도 본 적이 없다고 말하신 걸로 기억합니다. 대신, 보험 영업사원이던 알렉스 삼촌의 영향을 받아 책을 읽게 되었다고….

— 맞습니다. 알렉스 삼촌이 내게 책을 많이 읽으라고 권해주셨습니다. 삼촌이 권하는 책은 물불을 가리지 않고 읽었습니다.

어떤 책이었습니까?

— 나는 조지 버나드 쇼George Bernard Shaw 희곡들의 서문에서 많은 영향을 받았습니다. 물론 그의 희곡에서도! 지금도 서문 중 하나의 제목을 뚜렷이 기억합니다. '기독교, 왜 한번 믿어보지 않는가?' 입니다.

선생님이 개인적인 영웅이라 생각하는 쇼도 사회주의자였습니다.

— 사회주의자인 것은 너무나 당연한 일입니다. 사회주의자의 편에 서는 것은 지극히 정상적입니다. 과거엔 경제 정의를 위해 내 한 표를 던질 수 있었지만 요즘에는 그런 선택의 자유조차 누릴 수 없습니다. 처음 투표권을 얻었을 때 나는 내 표를 사회주의 후보자로 기독교 성직자이던 노먼 토마스Norman Thomas에게 던졌습니다. 부재자 투표용지로 말입니다. 하여간 지금껏 나는 사회주의를 표방한 세 정당에 내 표를 던졌

습니다. 사회주의 노동당, 사회주의 노동자당, 그리고 나머지 한 곳은 이름을 잊었네요.

인디애나 출신인 것을 무척 자랑스럽게 생각하는 것 같습니다.

— 우리 미국인에게 유진 뎁스Eugene Debs(미국 사회민주당의 창설자이며 노동운동 지도자 —옮긴이)를 선물로 준 곳이니까요.

와바슈 테르 오트Wabash Terre Haute의 유진 뎁스를 말씀하시는지요.

— 티모시 맥베이Timothy McVeigh(1995년 4월 19일 오클라호마 연방건물을 폭파한 범인 —옮긴이)가 처형된 곳이기도 합니다. 유진 뎁스는 "하층계급이 존재하는 한 나는 그 계급에 속한 사람입니다. 범죄자가 있는 한 나는 범죄자와 함께 할 것입니다. 감옥에 한 사람이라도 있는 한 나는 자유인이 아닙니다"라고 말했습니다. 예수의 산상수훈을 다른 식으로 풀어 말한 것일 뿐입니다. 예수의 산상수훈이야말로 사회주의 이념의 진수니까요. 이런 말이 뭐가 잘못됐습니까? 하여간 예수는 이런 말을 한 이유로 십자가에 못 박혀 죽었습니다.

지금 이 순간에도 미국의 교도소에는 200만 명이 갇혀 있습니다. 뎁스가 살아 있다면 눈코 뜰 새 없이 바빴을 겁니다.

— 뎁스는 어떤 일도 할 수 없다고 절망감에 자살을 했을 겁니다.

그런데 선생님은 인디애나폴리스 출신으로 세상에 전혀 알려지지 않은 파워스 해프굿Powers Hapgood이란 인물에 대해 쓰기도 했는데요. 대체 그 사람이 누구입니까?

— 파워스 해프굿은 부잣집 아들이었습니다. 아버지가 인디애나폴리스에서 상당히 큰 통조림 공장을 갖고 있었으니까요. 그런데 파워스는 사회주의자가 되었습니다. 하버드를 졸업한 후 그는 탄광에서 일하면서 노동자의 삶을 직접 체험했습니다. 그는 노동운동 조직자가 되었습니다. 사코와 반체티의 처형을 반대하는 시위를 주도하기도 했습니다. 그가 말년에 산업별 노동조합회CIO의 지역 대표가 되었을 때 나는 그를 처음 만났습니다.

그 후 언젠가 피켓라인에서 소동이 벌어지면서 경찰이 투입되었습니다. 파워스가 소동을 일으킨 CIO 회원들을 대신해서 그런 소동을 벌일 수밖에 없었던 이유를 법정에서 증언하고 있었습니다. 그때 판사가 재판을 잠시 중단시키고, 파워스에게 "해프굿 씨, 당신은 부자고 가문도 괜찮으며 하버드 대학까지 졸업한 사람이 어째서 그런 식으로 사십니까?"라고 물었습니다. 파워스 해프굿은 "산상수훈을 실천하는 겁니다"라고 대답했습니다. 멋지죠, 그렇지 않습니까?

말을 시작한 김에 덧붙이면, 나는 위대한 공상과학작가이자 생화학자인 아이작 아시모프의 뒤를 이어 '미국 인본주의 협회' 명예회장 노릇을 하고 있습니다. 신앙심이 깊은 존 업다이크John Updike는 내가 신학자보다 하느님을 훨씬 알기 쉽게 설명한다고 하더군요. 사실 사회주의는 기독교의 한 형태입니다. 사람들이 그리스도를 닮고 싶어한다는 점에서 그렇습니다.

기독교 정신이 몸에 배인 듯합니다.

— 물론입니다. 성경에는 좋은 말이 많습니다. 하느님의 말이든 않든 간에 나는 그런 것에 신경 쓰지 않습니다. 어쨌든 산상수훈은 걸작 중 걸작입니다. 주기도문도 마찬가지입니다. "우리가 우리에게 죄지은 자를 용서해 준 것같이 우리 죄를 용서해 주십시오." 얼마나 멋진 말입니까!

인간의 관습적인 사고방식을 깨뜨린 가장 혁신적인 생각 두 가지를 들라면 질량과 에너지는 같은 종류의 것이라 말한 "$E = mc^2$"과 "우리가 우리에게 죄지은 자를 용서해 준 것같이 우리 죄를 용서해 주십시오"입니다.

1844년 카를 마르크스는 "종교는 민중의 아편이다"라고 말했습니다. 당시는 아편과 아편의 부산물이 유일한 진통제였기 때문에 그렇게 말했던 겁니다. 마르크스는 아편이 조금은 도움이 된다고 말했습니다. 요즘이었다면 마르크스는 "종교는 민중의 아스피린이다"라고 말했겠지요.

하여간 마르크스가 이 끔찍한 말을 했을 때, 미국은 노예제도를 합법적으로 지닌 나라였습니다. 자비로운 하나님의 눈에도 누가 더 밉게 보였겠습니까? 마르크스였겠습니까, 미국이었겠습니까?

언젠간 선생님은 대공황이나 2차 대전을 무슨 일이 있어도 잊지 않겠다고 말씀하셨습니다. 이렇게 말씀하신 이유가 뭔가요?

— 나는 두 시기를 모두 몸으로 경험했습니다. 따라서 그에 관련된 책을 읽을 필요도 없었습니다. 나는 현장에 있었습니다. 바로 이런 이유에서 나는 세상 사람을 위해서라도 두 사건을 절대 잊지 않겠다는 겁니다. 나는 보병으로 근무했습니다. 그래서 보병이 뭔지 글로 읽을 필요는 없었

습니다. 내 자신이 바로 보병이었으니까요.

자존심의 문제이기도 합니다. 나는 『시카고 시티 뉴스 뷰로』에서 경찰서 담당 기자를 지냈고, 이때의 경험을 바탕으로 희곡 『1면 기사』를 썼습니다. 나는 기자의 신분으로 시카고의 온 거리를 헤집고 다녔습니다. 정말로 그랬습니다. 나는 선생 노릇도 했습니다. 그 밖에도 많은 직업을 가져보았습니다. 덕분에 많은 것을 볼 기회를 가졌던 것에 항상 감사하며 지냅니다.

대학에서 강연하실 때는 주로 20대의 청년에게 하십니다. 반응은 어떻습니까?

— 아주 뜨겁습니다. 아주 열광적이기도 하고요. 최상급 코카인을 흡입하면 그런 기분일까요? 젊은 대학생들과 함께 하는 시간은 언제나 즐겁습니다.

아흐메드 라시드는 파키스탄 라호르를 근거로 활동하는 기자다. 지난 20년 동안 『파 이스턴 이코노믹 리뷰』와 『데일리 텔레그라프』를 위해 아프가니

아시아를 취재했다. 100만 부 이상 팔리고 20개 이상의 언어로 번역된 『탈레반Taliban』(2000)의 저자기도 하다. 최근작으로는 『지하드 : 중앙아시아어

Jihad : The Rise of Militant Islam in Central Asia』(예일대학 출판부, 2002)가 있다.

탈레반에 대한 최고 권위자 중 한 명으로 인정받는 라시드는 9·11 테러 이후 사방에서 인터뷰 요청을 받았다. 덕분에 라디오와 텔레비전에 자주 출연

강연을 했으며, 미 국무부의 자문까지 받았다.

그러나 라시드는 2001년 12월 미국의 냉랭한 분위기에 익숙해져야 했다. 워싱턴에서 강연을 하려고 덜레스 공항에 내렸을 때 그는 보안원에게 붙잡혔

회상한다. "내게 몇 가지를 질문했고, 컴퓨터를 두들겨 가면서 나를 2시간 동안이나 붙잡아 두더군요. 그리고는 사과 한마디 없이 나를 풀어주었습니

각되었다기보다는 오히려 웃음이 나더군요. 탈레반에 대한 책을 썼고, 미국의 권위 있는 기관들로부터 강연해달라는 요청까지 받은 사람을 의심하는

습니까."

파키스탄 국적을 가진 라시드는 조국의 장래를 잠시도 포기한 적이 없었다. "파키스탄에는 민주주의와 인권, 언론의 자유를 쟁취하기 위해서 끈질기게

다. 파키스탄은 나날이 건강한 시민사회로 성장해가고 있습니다."

라시드는 아프가니스탄에서도 시민사회를 건설하려는 사람들을 돕고 있다. 그는 '아프가니스탄 인을 위한 언론광장기금'을 설립하는 데 『탈레반』의 인

다. "이 기금은 아프가니스탄 전역에서 탈레반에 의해서 완전히 금지되었던 잡지와 신문을 발간하는 데 작은 역할을 하고 있습니다. 여성용 잡지도 있고

다. 헤라트에는 재건을 집중적으로 다룬 신문이 있습니다. 이런 작은 출발이 아프가니스탄의 언론을 되살리는 데 큰 역할을 해내리라 믿습니다."

미국의 침공 이후, 아프가니스탄

아흐메드 라시드 Ahmed Rashid

interview date | **2002년 12월**

미국은 지상에서 테러와의 전쟁을 어떻게 끌어가야 할지를 몰랐습니다.
지상에서의 테러는 다른 형태를 띠니까요.
알카에다와 같은 대규모 조직이 더 이상 존재하지 않다는 것은
B-52와 같은 폭격기가 필요없다는 뜻일 뿐입니다.

아흐메드 라시드는 파키스탄 라호르를 근거로 활동하는 기자다. 지난 20년 동안 『파 이스턴 이코노믹 리뷰』와 『데일리 텔레그라프』를 위해 아프가니스탄과 파키스탄 및 중앙아시아를 취재했다. 100만 부 이상 팔리고 20개 이상의 언어로 번역된 『탈레반Taliban』(2000)의 저자기도 하다. 최근작으로는 『지하드 : 중앙아시아에서 투쟁적 이슬람의 대두Jihad : The Rise of Militant Islam in Central Asia』(예일대학 출판부, 2002)가 있다.

탈레반에 대한 최고 권위자 중 한 명으로 인정받는 라시드는 9 · 11 테러 이후 사방에서 인터뷰 요청을 받았다. 덕분에 라디오와 텔레비전에 자주 출연했고, 전세계의 대학에서 강연을 했으며, 미 국무부의 자문까지 받았다.

그러나 라시드는 2001년 12월 미국의 냉랭한 분위기에 익숙해져야 했다. 워싱턴에서 강연을 하려고 덜레스 공항에 내렸을 때 그는 보안원에게 붙잡혔다. 그는 당시를 이렇게 회상한다. "내게 몇 가지를 질문했고, 컴퓨터를 두들겨 가면서 나를 2시간 동안이나 붙잡아 두더군요. 그리고는 사과 한마디 없이 나를 풀어주었습니다. 그런 일이 불쾌하게 생각되었다기보다는 오히려 웃음이 나더군요. 탈레반에 대한 책을 썼고, 미국의 권위 있는 기관들로부터 강연해달라는 요청까지 받은 사람을 의심하는데 누구를 의심하지 않겠습니까."

파키스탄 국적을 가진 라시드는 조국의 장래를 잠시도 포기한 적이 없었다. "파키스탄에는 민주주의와 인권, 언론의 자유를 쟁취하기 위해서 끈질기게 투쟁하는 사람이 많습니다. 파키스탄은 나날이 건강한 시민사회로 성장해가고 있습니다."

라시드는 아프가니스탄에서도 시민사회를 건설하려는 사람들을 돕고 있다. 그는 '아프가니스탄 인을 위한 언론광장기금'을 설립하는 데 『탈레반』의 인세 중 4분의 1을 기증했다. "이 기금은 아프가니스탄 전역에서 탈레반에 의해서 완전히 금지되었던 잡지와 신문을 발간하는 데 작은 역할을 하고 있습니다. 여성용 잡지도 있고 아동용 잡지도 있습니다. 헤라트에는 재건을 집중적으로 다룬 신문이 있습니다. 이런 작은 출발이 아프가니스탄의 언론을 되살리는 데 큰 역할을 해내리라 믿습니다."

아흐메드 라시드

Ahmed Rashid

미국 언론의 보편적 주장에 따르면 아프가니스탄 전쟁은 성공작입니다. 탈레반이 축출되었고 알카에다는 뿔뿔이 흩어졌습니다. 미국 측 사상자는 소수에 불과합니다. 하미드 카르자이Hamid Karzai가 미국의 강력한 지원 아래 카불에서 국가수반으로 선출되었습니다. 2000명 가량의 시민이 안타깝게 목숨을 잃었습니다. 펜타곤이 오사마 빈 라덴이나 물라 오마르를 찾아내진 못했지만 미국은 대체로 테러와의 전쟁에서 승리의 길을 걷고 있는 듯합니다. 당신 생각은 어떻습니까?

— 탈레반과 알카에다가 완패당한 1월, 혹은 2월까지는 그랬습니다. 하지만 그때부터 전략의 부재라는 진정한 문제가 발생했습니다. 미국은 지상에서 테러와의 전쟁을 어떻게 끌어가야 할지를 몰랐습니다. 지상에서의 테러는 다른 형태를 띠니까요. 알카에다와 같은 대규모 조직이 더 이상 존재하지 않다는 것은 B-52와 같은 폭격기가 필요없다는 뜻일 뿐

입니다. 대신 정보력과 특수부대가 필요합니다.

더욱 중요한 것은, 문자 그대로 폐허로 변해버린 아프카니스탄을 복구해서 정상적인 나라로 바꿔가는 것입니다. 물론 아프가니스탄이 원하는 방향이어야 하겠죠. 평화 구축을 위한 전략으로는 경제 원조, 복구, 국제평화유지군이 필요합니다.

이런 관점에서 볼 때 미국은 신속하지 못했습니다. 심지어 카불에서 다른 도시로 평화유지군을 확대 배치하는 것을 방해하기도 했습니다. 시원찮은 경제 원조에, 미국의 융통성 없는 군사 전략 때문에 아프가니스탄 사람들은 절망감까지 느껴야 했습니다. 안타깝게도 미국은 경제와 정치의 재건을 위한 치밀한 전략을 갖고 있지 못합니다.

아프가니스탄 태생으로 부시의 특사로 아프가니스탄에 파견된 잘마이 할리자드Zalmay Khalilzad에 대해서는 어떻게 생각하십니까?

— 할리자드는 하마드 카르자이와 상의해서 대부분의 중요한 결정을 내릴 것이기 때문에 아프가니스탄 총독이라 할 수 있습니다. 할리자드가 어떻게 처신하느냐에 따라서 말썽이 생기기도 하겠지만 문제가 해결될 수도 있습니다. 하여간 할리자드는 국가안전보장회의와 국무부의 의견을 따를 것입니다.

할리자드와 아프가니스탄 인 사이에는 일종의 애증 관계가 있습니다. 그는 아프가니스탄을 부시 행정부의 의제에서 우선적으로 다뤄야 할 문제로 부각시키며 부시의 관료들에게 아프가니스탄에 관심을 갖도록 유도했다는 점에서 상당히 큰일을 해냈습니다. 나도 할리자드의 이런 노력을 높이 평가하고 싶습니다.

하지만 그는 지난 로야 지르가Loya Jirgah(일종의 족장회의 —옮긴이) 동
안에 옛 왕인 자히르 샤가 다른 역할을 맡는 것을 방해하는 월권 행위를
저지르면서 아프가니스탄 종족들을 화나게 만들었습니다. 한마디로 '잡
종개' 같은 짓을 했습니다. 그래도 현재 할리자드가 아프가니스탄에서
가장 강한 힘을 지닌 사람임에는 틀림없습니다.

할리자드는 랜드 연구소에서 일했고, 그 후에는 중앙아시아의 투르크
메니스탄에서 아프가니스탄을 지나 파키스탄까지 이어지는 파이프
라인을 건설하고 싶어하던 유노컬 사의 컨설턴트를 지냈지요?

— 세 나라, 즉 투르크메니스탄과 아프가니스탄 그리고 파키스탄의 지
도자들은 각기 다른 이유에서 이 사업에 지대한 관심을 기울이고 있습
니다. 하지만 아직까지 착공조차 못한 지경입니다. 하지만 완공되면 투
르크메니스탄에서 아프가니스탄을 지나 파키스탄과 인도의 시장에서
마무리되는 대단한 파이프라인이 될 겁니다.
　하지만 산유국들이 조만간 아프가니스탄에 20~30억 달러를 투자하
기를 기대하기란 무척 어렵고, 이 사업이 완성될 것이라 자신하기도 어
렵습니다. 안보 문제가 걸려 있으니까요. 또 파키스탄과 인도가 석유와
천연가스의 주된 시장이란 점도 큰 문제입니다. 두 나라가 거의 전쟁 상
태지 않습니까. 달리 말하면, 시장이 아주 취약하다는 뜻입니다. 따라서
이 파이프라인이 모색 단계를 넘어서 실현되려면 상당한 시간이 걸릴
것입니다.

아프가니스탄에 주둔한 미군 사령관 토미 프랭크 장군은 앞으로도

'수년 간' 그 나라에 미군이 주둔할 것이라고 말했습니다. 정확한 의미가 무엇일까요?

— 아주 중대한 발언이라 생각합니다. 아프가니스탄의 주변국들은 미국의 의도를 의심하고 있습니다. 특히 이란은 아프가니스탄에 주둔한 미군에 타격을 주려고 이미 시도하고 있고, 러시아는 중앙아시아에 상주하려는 미국의 의도를 무척 불안하게 받아들이고 있습니다. 중국도 미국이 오랫동안 그들의 국경 가까이 근접해 있는 것을 달갑게 생각지 않을 겁니다. 미군이 오랜 기간 아프가니스탄에 주둔한다면 그 지역의 긴장 관계가 격화될 것이 불을 보듯 뻔합니다.

게다가 경제적 지원과 달리, 군의 상주는 미국에 대한 반감까지도 불러일으킬 가능성이 무척 높습니다. 남부의 파슈툰 족에게서는 이미 그런 반감이 강하게 확인되고 있습니다. 그렇다고 파슈툰 족이 친탈레반 세력이나 친알카에다 세력으로 돌았다는 뜻은 결코 아닙니다. 파슈툰 족의 강한 민족주의가 재확인된 것일 뿐입니다. 파슈툰 족의 정치적 역사는 거의 수백 년에 이릅니다. 파슈툰 족은 두 가지 이유에서 미국을 미워합니다. 첫째는 미국이 지금도 그 지역을 폭격해대고 있기 때문이고, 둘째는 현재 카불에서 군부와 보안군을 지배하는 타지크 파가 미국의 지원을 받고 있다고 생각하기 때문입니다.

내가 워싱턴의 고위 관리들에게 지적했듯이, 미국이 아프가니스탄에 어떤 경제적 지원도 하지 않는다는 점이 당면한 문제입니다. 아프가니스탄에서는 누구도 "아, 저 도로는 미국이 놓고 있는 거야. 미국인들이 전화 시설도 해줄 거야. 발전소도 지어주고 말이야" 라고 말하지 않습니다. 실제로 지금까지 어떤 복구 시도도 없었기 때문입니다.

카르자이가 얼마 전에 암살을 겨우 모면했는데요. 그가 안전할까요?

— 상황이 매우 안 좋습니다. 파슈툰 지역 전체에 카르자이 정부와 미국
에 대한 분노가 팽배합니다. 파슈툰 족이 탈레반을 지원했기 때문에 미
국이 그들을 차별한다고 생각합니다. 그래서 미국이 그 지역을 계속 폭
격하는 거라고 생각하기도 하고요. 그들의 인종적 경쟁자인 타지크 족
이 카불에서 보안군을 장악하고 정치적 실권까지 움켜쥔 것도 못마땅할
겁니다. 카르자이가 파슈툰 족이지만 대부분의 파슈툰 족은 카르자이를
타지크 족과 미국의 인질쯤으로 생각합니다.

하지만 파슈툰 족이 아프가니스탄에서 가장 큰 종족이란 사실을 잊
어서는 안 됩니다. 물론 대다수의 파슈툰 족이 탈레반을 지지한 것은 사
실입니다. 하지만 모든 파슈툰 족을 탈레반이라 생각해서는 안 됩니다.
정부의 모든 부문에서 가장 효과적인 인종 배분을 찾아야만 합니다. 카
르자이가 당장에 해결해야 할 가장 큰 문제입니다.

군벌들의 계속된 위협도 문제가 아닐 수 없습니다. 그들은 공공연히
카불에 도전하고 있습니다. 카불의 권위를 인정하지 않을 뿐 아니라 그
들의 기득권까지 계속 유지하려 합니다. 또한 자체의 수입원을 증대시
키고 자체의 군대까지 유지시키려 합니다.

미국은 국제평화유지군의 활동을 다른 도시까지 확대시키는 것을 방
해하고, 아프가니스탄의 재건을 돕는 데 선도적 역할을 못했으며, 서구
의 선진국들에게 약속한 원조금을 신속히 지원해달라고 설득조차 못했
기 때문에 미국이 이런 불안한 상황을 자초했다고 말씀드릴 수 있습니
다. 그야말로 궁지에 몰린 셈입니다. 군벌들은 몇 달 전보다 더 강해졌
습니다. 또한 지배력을 강화하고 결정권을 움켜쥔 타지크 족은 다루기

가 쉽지 않습니다. 따라서 중앙정부의 권위가 현격하게 약화되어 카불 밖에서는 영향력이 거의 없습니다.

미국이 서구 지원국들 사이에서 기꺼이 선도적 역할을 할 때, 또 온갖 수단을 다해서 평화유지군을 확충하고 원조금을 거둬들여 재건 프로젝트를 아프가니스탄에서, 특히 파슈툰 지역에서 시행할 때, 그때야 상황을 조금씩 호전시킬 수 있을 겁니다.

과거 탈레반 군벌이라면 북쪽 지방 우즈벡 족의 지도자 압둘 라시드 도스툼, 헤라트의 이스마일, 칸다하르의 굴 아그하 시즈라이 같은 사람이었나요?

— 카르자이의 전략은 애초부터 문제가 적지 않았습니다. 그 군벌들을 카불로 데려와 봉토를 포기하라고 설득하려 했으니까요. 카르자이는 그들에게 요직을 제안했지만 대다수가 카르자이의 제안을 거부했습니다. 예컨대 이스마일 칸은 부통령직을 제안받았지만 헤라트의 영지를 떠나려하지 않았습니다. 도스툼은 정부에서 북쪽 지역의 특별대표직으로 지명했지만 역시 여전히 북쪽에 머물고 있습니다.

카르자이의 진정한 문제는 중앙정부의 권한을 확대하려는 데 있습니다. 이 문제는 정치적 문제이기도 하지만 더 나아가 경제 문제이기도 합니다. 카르자이가 "얌전히 굴어라. 그럼 내게 돈이 많으니까 너희 땅에 도로를 건설해주겠다. 너희가 얌전히 굴지도 않고, 중앙정부에 참여해서 내게 협조하지도 않는다면 나는 이 도로를 건설하지 않겠다. 다른 곳에 길을 내는 데 내 돈을 쓰겠다"라고 말할 수 없으면 군벌들에게 아무런 영향력도 갖지 못합니다. 그런데 그에게는 돈이 없습니다. 이런 지경이 계속되고 있어 군벌들은 카르자이를 조금도 무서워하지 않습니다.

도스툼에 대해 좀더 묻겠습니다. 그는 가장 강력한 힘을 가진 군벌 중 하나로 국방부 차관이기도 합니다. 최근 도스툼에 대한 새로운 정보를 폭로한 『뉴스위크』의 기사에 따르면 그의 군대가 전쟁 범죄를 저지른 듯합니다. 마자르 에 샤리프 지역에서 생포한 수백 명의 포로들을 학살했다는 겁니다. 이 사건에 대해 더 알고 있는 것이 있습니까?

— 새삼스런 이야기는 아닙니다. 마자르 에 샤리프와 쿤두즈가 북부동맹에 함락된 직후, 엄청난 수의 탈레반 포로들이 밀폐된 컨테이너에 갇혀 쿤두즈와 마자르에서 셰베르간으로 이송되는 과정에서 질식해 죽었다는 보도도 있었습니다. 국제사면위원회와 미국에 본부를 둔 인권단체인 휴먼 라이츠 워치Human Rights Watch가 이 사실을 발표했지만, 전쟁이 계속되고 있었고 탈레반을 축출하는 것이 최우선 과제였기 때문에 이런 잔혹행위는 무시되었습니다.

그런데 이번에 『뉴스위크』가 새로운 증거들을 다시 제시했습니다. 휴먼 라이츠 워치의 의사들이 집단 매장지를 찾아낸 겁니다. 잔혹행위가 있었다는 분명한 증거였습니다. 아프가니스탄 정부는 이와 관련된 집단 학살을 비난하면서, 진상을 조사하는 데 협조하겠다고 약속했습니다. 그러나 말처럼 쉽지는 않은 일입니다. 가해자가 정부의 한 축이니까요.

요즘 아프가니스탄 여성의 상황은 어떻습니까? 여성 인권이 조금이라도 나아졌나요?

— 크게 개선된 점이 눈에 뜨입니다. 300만 명가량의 어린이가 학교로 돌아갔고, 5만 명가량의 여교사가 복직되었습니다. 이것만으로도 큰 성과라 할 수 있습니다. 탈레반의 여성에 대한 억압, 탈레반이 많은 아프가니스탄 사람들에게 심어준 문화적 세뇌를 깨뜨리려면 여성을 일자리로 복직시키는 방법이 최선입니다.

현재까지는 괄목할 만한 속도로 진행되고 있습니다. 재건 지원을 받지 못하는 다른 지역에 비해 카불에서 그런 변화가 훨씬 더 빨리 진행되고 있습니다. 게다가 최고위직은 아니지만 서너 명의 여성이 정부에서 일하고 있습니다. 로야 지르가가 이런 점을 비난하고 있지만 말입니다.

탈레반이 1996년 정권을 잡기 전까지 아프가니스탄은 헤로인의 주요 공급처였습니다. 탈레반이 집권하는 동안에는 양귀비의 재배가 크게 줄었습니다. 그래서 2001년 5월 콜린 파월 국무장관은 마약과의 전쟁에 협조한 데 감사한다는 뜻으로 탈레반에게 4300만 달러를 지원하기도 했습니다. 요즘 상황은 어떤가요?

— 서구 세계는 마약과의 전쟁 방법을 편향된 시각으로 이해해왔습니다. 카불에 정부가 구성되었을 때가 마침 양귀비를 수확하는 시기였습니다. 미국과 영국은 5000만 달러를 조달해서 농부들에게 건네주며 수확을 포기하도록 종용했습니다. 하지만 이 프로젝트는 성공적이지 못했습니다. 부패가 있었던 겁니다.

아프가니스탄 농부들에게는 다른 곡물의 종자種子가 공급되지도 않고, 관개시설과 농기구도 변변치 않습니다. 게다가 다른 유인책도 없어서 농부들이 암시장 경제의 유혹을 버리기가 상당히 어렵습니다. 이런 유혹의

끈을 끊는 것도 재건 계획의 일부가 되어야 합니다. 양귀비가 대규모로 재배되는 지역의 농부들에게 돈과 유인책이 좀더 빨리 투자되었더라면 올해 수확까지는 몰라도 작년 수확은 중단시킬 수 있었을 겁니다.

지금이 내년 수확을 위해 씨를 뿌리는 시기입니다. 그런데도 농업 분야에는 눈에 띄는 움직임이 아직까지 전혀 없습니다. 어쨌든 농업에 신중한 투자가 있었더라면 이 문제가 가장 먼저 다뤄질 수 있었을 겁니다. 설령 아프가니스탄 전역은 아니더라도 양귀비를 집중적으로 재배하는 지역에서라도 변화가 있었을 겁니다.

2001년 10월 7일 전, 그리고 미국이 폭격을 시작했을 때 나는 우르두어로 '아프가니스탄, 미국인의 무덤!'이라 쓰인 간판들을 보았습니다. 또 당신이 미국의 살육에 대한 거센 저항이 있을 거라고 예측한 것을 기억하고 있습니다. 헌데 그런 저항은 전혀 없었습니다. 왜 그랬을까요?

— 탈레반이 국민의 지지를 거의 못 얻고 있었다는 사실을 모두가 간과한 탓입니다. 심지어 파슈툰 지역에서도 탈레반은 평판이 좋지 않았습니다. 나와 같은 사람들은 탈레반이 북쪽 지역에서부터 아주 급속히 축출될 거라고 줄곧 주장해왔습니다. 그러나 탈레반의 주된 지지 기반이 파슈툰 지역에 있었기 때문에 그곳에서는 대단한 저항이 있을 거라고 주장한 것도 사실입니다. 하지만 그런 저항은 없었습니다. 탈레반은 심각할 정도로 인기가 없었습니다. 북부 지역만 아니라 파슈툰 지역에서도 버림받은 처지였습니다. 하여튼 내 생각에 탈레반이 다시 복귀하기란 불가능합니다.

아프가니스탄과 국경을 이룬 파키스탄의 부족 지역에서는 어떤 일이 벌어지고 있습니까? 탈레반과 알카에다 전사들이 그곳으로 피신했다는 보도가 있던데요.

― 알카에다가 부족 지역뿐 아니라 파키스탄으로 피신했다는 것은 다 아는 사실입니다. 알카에다는 10년 전부터, 특히 탈레반이 카불을 통치하기 시작한 6년 전부터 파키스탄과 밀접한 관계를 맺어왔습니다. 일부 파키스탄 인이 탈레반의 편에 서서 싸우기도 했고, 파키스탄 과격 단체는 알카에다에게 하부조직을 제공했습니다. 또 알카에다 전사와 지도자가 아프가니스탄과 파키스탄 국경을 수시로 오가기도 했습니다. 알카에다가 아프가니스탄을 탈출해 파키스탄으로 피신해서, 그곳 과격 단체들과 접촉을 시도했고 그 과격 단체들이 알카에다에게 국경 부근에서만이 아니라 도심에서도 안전가옥과 자동차를 제공한 것이 사실입니다. 따라서 이제는 파키스탄에서 알카에다를 색출하는 전쟁으로 바뀌어가고 있는 실정입니다. 성과를 기대하기가 무척 어려운 전쟁입니다.

무라샤프 파키스탄 대통령과 첩보기관 ISI의 말과 행동이 사사건건 충돌하는 듯한데요.

― 그렇다고 파키스탄 군부 내에 파벌 문제가 심각하다고는 생각하지 않습니다. 무라샤프가 진실하지 못한 것이 더 큰 문제입니다. 예컨대 지금 무라샤프는 알카에다를 엄격히 단속하고 있고, 300~900명을 체포해서 미국의 관타나모 수용소에 넘겼습니다. 한마디로, 무라샤프는 알카에다 사냥꾼입니다. 또 지금은, 몇 달 전에 파키스탄의 기독교인과 서구인을

무참하게 살해한 과격 종교 단체의 회원들을 잡아들이고 있습니다.

무라샤프는 이슬람 종교 단체들을 견제하겠다며 파키스탄 국민과 서방세계에 공약한 약속을 지키지 않고 있습니다. 무라샤프가 약속을 지키지 않는 이유는 이해가 됩니다. 그 종교 단체들이 카슈미르 분쟁에 관련되어 있고, 카슈미르에서 전쟁을 벌이면서 인도를 견제하려면 그 종교 단체들의 지원이 필요하기 때문입니다. 그야말로 뒤죽박죽이 아닐 수 없습니다. 무라샤프는 외줄타기를 하고 있는 셈입니다.

부시 행정부는 지금 이라크에 온 신경을 집중하고 있습니다. '정권교체regime change'라는 말을 주문처럼 되뇌고 있습니다. 이제 아프가니스탄에서의 쇼는 기본적으로 끝났다고 생각하는 모양입니다. 조만간 소탕작전이 있겠지만 미국은 새로운 전쟁터로 떠나고 있습니다.

— 아프가니스탄 국민에게는 너무나 안타까운 일입니다. 미국이 이라크를 침공하면, 아프가니스탄은 텔레비전 스크린에서 사라질 것이고, 세계인의 관심 밖으로 멀어질 테니까요. 그렇게 된다면 아프가니스탄 사회를 복구하는 데 필요한 지원과 원조를 얻기가 더 힘들어질 겁니다. 하지만 전략적으로 더 큰 문제는 테러와의 전쟁도 뒷전으로 밀리고 말 거란 점입니다.

미국이 이라크와 전면전을 벌여야 할 하등의 이유가 없습니다. 인도네시아, 필리핀, 파키스탄, 게다가 유럽 등 많은 나라에서 알카에다 조직과 똑같이 싸워야 할 이유도 없습니다. 부시 행정부는 아프가니스탄에서 승리했다고 많은 곳에서 동시에 전쟁을 벌여도 어디에서나 승리할 수 있다는 환상에 젖어있는 듯합니다.

랜덜 로빈슨Randall Robinson이 창설한 '트랜스 아프리카 포럼' 은 아프리카와 카리브 지역에 관련된 문제를 집중적으로 다루는 비영리기구다. 대니

이사회 의장이다. 그는 세계 각지를 여행하면서 아프리카 국가들의 복구와 외채 경감을 위해 노력하고 있다. 아프리카에 닥친 에이즈 위기를 위해서

사의 임기를 연장하기도 했다. 또한 그는 인권운동가 밥 모세스Bob Moses가 전개하는 수학력 증가 프로그램인 앨지브러 프로젝트Algebra Project의

글로버는 샌프란시스코 주립대학을 다니면서, 아메리칸 컨설버토리 시어터의 흑인배우 강습회에서 연기 훈련을 받았다. 그 후 그는 여러 편의 연극이

라는 이름을 전국으로 알리게 된 계기는 뉴욕에서 남아프리카 극작가 아톨 푸가드Athol Fugard의 「해롤드 선생과 아이들」에 출연한 것이었다. 글로

지금까지 배우로 남게 된 것은 푸가드 덕분입니다'라고 말했을 정도였다.

「리셀 웨폰Lethal Weapon」('치명적 무기' 라는 뜻) 시리즈 이외에, 그는 「마음의 고향」, 「칼라 퍼플」, 「비러브드Beloved」 등과 같은 영화에서 탄탄한

립영화 「포트 워싱턴의 성자」에서 맡은 무숙자 역할은 단연 발군이었다. 글로버는 모든 것을 상품화 시키고 사회적 관심을 십아 토크쇼로 모아가는

적 정치관과 예술적 감수성을 지닌 특이한 인물이다. 그는 「리셀 웨폰」에 감취진 주제 중 하나가 무엇인지 잘 알고 있다. 바로 '무불한 봉급' 이다! 하

미 있는 곳에 쓴다.

나는 지난 8월 말 토론토에 있던 글로버에게 전화를 걸었다. 당시 그는 토론토에서 촬영 중이었다. 그의 트레이드 마크와도 같은 가르랑대는 목소리와

는 활달함에 반해 나는 더 오랜 시간을 함께 나누고 싶었지만 그의 촬영 순서를 한없이 미룰 수는 없었다.

진보적 정치관을 지닌 영화배우

대니 글로버 Danny Glover

interview date | 2002년 12월

던젤과 할리가 오스카상을 받아서 세상이 변하기라도 했나요?
그래서, 우리가 에이즈를 퇴치하는 데 필요한 관심을 갖게 되기라도 했나요?
그래서, 노숙자가 조금이라도 줄어들었나요?

랜덜 로빈슨Randall Robinson이 창설한 '트랜스 아프리카 포럼'은 아프리카와 카리브 지역에 관련된 문제를 집중적으로 다루는 비영리기구다. 대니 글로버는 현재 이 기구의 이사회 의장이다. 그는 세계 각지를 여행하면서 아프리카 국가들의 복구와 외채 경감을 위해 노력하고 있다. 아프리카에 닥친 에이즈 위기를 위해서 그는 유엔개발계획 친선대사의 임기를 연장하기도 했다. 또한 그는 인권운동가 밥 모세스Bob Moses가 전개하는 수학력 증가 프로그램인 앨지브러 프로젝트Algebra Project의 현 이사기도 하다.

글로버는 샌프란시스코 주립대학을 다니면서, 아메리칸 컨설버토리 시어터의 흑인배우 강습회에서 연기 훈련을 받았다. 그 후 그는 여러 편의 연극에 출연했지만, 대니 글로버라는 이름을 전국으로 알리게 된 계기는 뉴욕에서 남아프리카 극작가 아톨 푸가드Athol Fugard의 「해롤드 선생과 아이들」에 출연한 것이었다. 글로버는 한 인터뷰에서 "내가 지금까지 배우로 남게 된 것은 푸가드 덕분입니다"라고 말했을 정도였다.

「리쎌 웨폰Lethal Weapon」('치명적 무기'라는 뜻) 시리즈 이외에, 그는 「마음의 고향」「칼라 퍼플」「비러브드Beloved」 등과 같은 영화에서 탄탄한 연기를 선보였다. 특히, 독립영화 「포트 워싱턴의 성자」에서 맡은 무숙자 역할은 단연 발군이었다. 글로버는 모든 것을 상품화하고 사회적 관심을 심야 토크쇼로 모아가는 산업에서 활동하면서 진보적 정치관과 예술적 감수성을 지닌 특이한 인물이다. 그는 「리쎌 웨폰」에 감춰진 주제 중 하나가 무엇인지 잘 알고 있다. 바로 '두툼한 봉급'이다! 하지만 그는 돈을 벌어서 의미 있는 곳에 쓴다.

나는 지난 8월 말 토론토에 있던 글로버에게 전화를 걸었다. 당시 그는 토론토에서 촬영 중이었다. 그의 트레이드 마크와도 같은 가르랑대는 목소리와 옆 사람까지 즐겁게 만드는 활달함에 반해 나는 더 오랜 시간을 함께 나누고 싶었지만 그의 촬영 순서를 한없이 미룰 수는 없었다.

작년 말 뉴욕 시에 있었던 「평화를 그리며」라는 행사에서 당신은 마틴 루터 킹 목사의 역사적인 1967년 리버사이드 교회 연설 「베트남을 넘어서」를 인용했습니다. 특히 "내면의 진리가 압박을 가할 때라도 한 나라의 국민이 정부 정책에 반대하는 입장을 취하기란 쉽지 않습니다. 더구나 전시戰時에는 말입니다"라는 구절을 인용했습니다. 킹 목사 연설에서 그 구절을 인용한 특별한 이유라도 있었습니까?

—9·11 테러가 있고 3개월이 지난 때였습니다. 우리는 언제까지 계속될지 모를 전쟁, 더구나 선전포고 없는 전쟁의 한복판에 있었습니다. 심지어 지금도 대부분의 사람이 이해하기 어려운 전쟁을 벌이고 있습니다. 나는 그 전쟁을 과거의 사건들과 연결시키고 싶었습니다. 그런데 요즘 전쟁의 북소리가 다시 점점 더 커지면서, 전쟁을 정략적으로 지지하는 목소리에 전쟁을 반대하는 사람들의 목소리는 완전히 짓눌리고 말았

습니다. 킹 목사가 지적했듯이, 큰 목소리는 위험합니다. 그가 민권운동
가에서 인권운동가로 변신한 이유는 그의 연설에서 찾을 수 있습니다.
민권 운동의 암울했던 시기보다 그는 더 겸손하게, 철저히 겸손하게 변
했습니다. 그 연설이 있은 후 1년 만에 그는 암살당했습니다.

그 연설에서, 킹 목사는 아프리카 계 미국인을 비롯한 유색인에게 베
트남 전쟁을 바라보는 새로운 시각을 제시하며, 그 전쟁 때문에 가난한
사람들을 돕는 데 쓰여야 할 사회복지비가 화염으로 사라진다고 지적했
습니다. 그러나 그 전쟁은 소중한 재원을 고갈시키는 데 그치지 않고,
가난으로 이미 상처 입은 수많은 미국인의 삶까지 빼앗아 갔습니다.

킹 목사의 연설은 요즘에도 여전히 가치가 있습니다. 그의 시대에나
우리 시대에나 전쟁과 테러의 미화美化 뒤에는 다른 속셈이 감춰져 있습
니다. 우리 주변을 둘러보십시오. 어떤 일이 벌어지고 있나 눈여겨 보십
시오. 부자는 더 큰 부자가 됩니다. 가난한 나라와 부자 나라의 격차는
나날이 벌어지고 있습니다. 20억 인구가 하루에 1달러도 안 되는 돈으
로 살아가고 있습니다. 한 국가에서도 빈부 차는 심화되어가고 있습니
다. 여기 미국에서도 굶주리는 사람이 부지기수입니다.

테러와의 전쟁과 사형제도에 반대하면서 개인적으로 적잖은 고초를
겪은 걸로 알고 있습니다. 예컨대 당신이 출연한 영화 「로얄 텐넌바움
The Royal Tenenbaums」에 대한 보이코트가 있었습니다. 어떻게 된 일
인지 말씀해주시겠습니까?

— 국제사면위원회 한 지부의 초대를 받아 프린스턴에서 사형제를 반대
하는 연설을 했습니다. 미국이 문명국을 자처하면서도 사형제를 유지하

는 극소수 나라 중 하나라는 점을 지적했습니다. 유럽연합은 사형제를 허용하지 않으며, 사형제 철폐를 지원하는데 말입니다. 누군가, 사형제를 반대하는 내 입장이 오사마 빈 라덴에게도 적용되느냐고 묻더군요. 그래서 "그렇다!"고 대답했습니다. 게다가 나는 군사재판과 지금 공공연히 자행되는 재판 전의 구금도 반대한다고 덧붙였습니다. 그 후, 우파 인물들이 내게 비애국자라는 딱지를 붙여주었습니다.

아프리카 계 흑인으로 앨라배마 주 하원의원이던 얼 힐리아드가 6월의 선거에서 패했습니다. 또 8월에는 5선의원이던 조지아 주 하원의원 신시아 맥킨니도 패했습니다. 둘 모두 이스라엘의 팔레스타인 정책에 비판적이었습니다. 맥킨니의 경우에는 상대 후보가 두 배나 많은 선거비를 썼더군요. 이런 현상에 대해 어떻게 생각하십니까?

— 맥킨니 하원의원은 흑인 단체와 진보 진영에서 아주 중요한 목소리의 대변자였습니다. 지금 우리는 어떤 쟁점에 대해 확실하게 입장을 표명하기가 어렵고 위험한 시대를 살고 있습니다. 적어도 선거에는 돈의 역할을 차단할 수 있는 방법을 찾아내야 합니다.

지난 8월 중순, 워싱턴 DC에서는 아프리카 계 미국 노예들의 후손들에게 배상금을 요구하는 집회가 있었습니다. 이런 주장을 어떻게 생각하십니까?

— 우리가 배상을 끈질기게 요구할 필요는 있다고 생각합니다. 하지만 누구에게는 40에이커의 땅, 노새 한 마리를 줘서 돌려보내자는 식의 논

의는 배상이란 생각 자체를 부끄럽게 만드는 짓입니다. 더 큰 것, 예컨대 흑인들의 삶을 개선하거나 공동체에 기반을 둔 제도적 기관을 세울 수 있는 재원을 제공하는 방법 등을 생각해봐야 합니다.

나는 요하네스버그에서 열린 '반反인종차별 세계회의'에 참석한 적이 있습니다. 여기에서는 아프리카 계 미국인만이 아니라 세네갈 인, 아프리카 계 브라질 인, 아프리카 계 콜롬비아 인, 앙골라 인을 위한 배상 문제가 논의되었습니다. 당시 앙골라는 거의 30년째 내전으로 몸살을 앓고 있었습니다. 미국 정부가 악명 높은 조나스 사빔비Jonas Savimbi와 그 일당을 지원한 때문이었습니다.

트랜스 아프리카 이사회 의장의 자격으로 나는 아프리카 대륙을 위한 '마셜 플랜'을 찬성합니다. 아프리카의 인프라를 개발하고 자원을 효율적으로 사용할 수 있는 포괄적 노력을 시도해 보자는 겁니다. 따라서 개인적으로는 마셜 플랜을 배상의 한 방법으로 응용해 볼 수 있으리라 생각합니다.

지난 봄에는 조지아 오거스타에 있는 페인 대학에서 연설을 했습니다. 그때 당신은 샌프란시스코에서 태어났지만 그곳이 '진짜 고향' 같은 느낌이라고 말했습니다. 무슨 뜻이었습니까?

— 페인 대학은 내 어머니의 모교입니다. 내 어머니, 캐리 M. 글로버는 정확히 60년 전에 그 대학을 졸업했습니다. 내 어머니가 그 집안에서 대학을 처음 졸업한 사람이었습니다. 외조부모는 오거스타에서 65킬로미터 떨어진 제퍼슨 카운티에서 농사를 지었습니다. 어머니는 그 카운티에서 태어나 자랐고, 나도 어린시절에 많은 시간을 조지아 주에서 보냈

습니다. 특히 어린시절에는 거의 매년 할아버지의 농장을 찾았습니다. 이런 관습은 아프리카 계 미국인 공동체 내에 면면히 흐르는 전통입니다. 이런 흑인에게는 어렵지 않게 말을 걸 수 있습니다. 그럼 그들은 대이주Great Migration(20세기 초에 있었던 흑인의 대대적인 이주 −옮긴이) 이후에 할아버지의 농장을 방문하던 때를 말할 겁니다.

페인 대학에서 당신은 랭스턴 휴즈Langston Hughes의 유명한 시 「흑인은 강을 말한다」에서 "내 영혼은 강처럼 깊은 곳에 자랐다"라는 후렴구를 암송했습니다. 휴즈와 특별한 인연이라도 있으십니까?

— 지난 15년 동안 나는 미국 전역을 이러저러한 이유로 여행했습니다. 대학이나 공동체 행사에서 강연할 때면 나는 곧잘 랭스턴의 시를 암송하거나 시집에서 찾아 읽었습니다. 랭스턴은 정말 대단한 사람입니다. 그의 작품에는 아프리카 후손을 향한 깊은 사랑이 배어 있습니다.

랭스턴은 아주 흥미로운 가정에서 태어났습니다. 외할머니의 첫 남편은 1859년에 하퍼스페리의 연방정부 무기고를 급습한 존 브라운John Brown 일당의 일원이었고, 그때 목숨을 잃었습니다. 랭스턴이 가장 소중히 여긴 물건이 뭔지 아십니까? 그가 걸치고 있던 어깨걸이, 탄환에 벌집처럼 너덜대는 어깨걸이였습니다.

또 그의 가족들은 남부 주州들의 재통합기에 중요한 역할을 맡았습니다. 랭스턴은 아메리카 원주민의 혼혈입니다. 그래서 뿌리에 강한 애착을 갖고 있었습니다. 게다가 그는 아프리카 계 미국인들이 현대화해 가던 과도기에 글을 썼습니다.

그는 1921년에 컬럼비아 대학교에 입학했습니다. '할렘 르네상스'라

불리던 이 거대한 흑인의 메카에서 그는 곧 두각을 나타냈습니다. 그 후 대공황이 닥치면서 많은 사람이 일자리를 잃었고, 국민과 정부와의 관계가 재정립되었습니다. 랭스턴은 이런 변화에 대해 글을 썼고, 그의 정치관에서는 이런 변화에 대한 비판적인 시각을 읽어낼 수 있습니다. 내가 가장 좋아하는 그의 시 「아메리카여, 다시 아메리카가 되라!」에서 그는 당시의 모든 쟁점을 다루고 있습니다.

그에게도 아주 암울했던 시기가 있었습니다. 「북」이란 시에서, 그는 자신의 인생관과 실존주의에 대한 단상을 노래했습니다. 그는 프랑코 파시즘에 반대하며 에스파냐 공화국을 성원했습니다. 그 후 그는 전쟁을 겪었고, 그 야만적이던 매카시 시대에는 많은 예술가가 그랬듯이 그도 비판의 표적이 되었습니다. 이런 시련을 겪고 난 후 그는 아프리카로 달려가 아프리카 해방운동에 투신했습니다. 이때 파트리스 루뭄바 Patrice Lumumba(콩고의 초대 총리)를 주인공으로 한 「루뭄바의 무덤」을 썼습니다.

랭스턴의 시에서는 억압을 반대하는 시인의 목소리가 줄기차게 계속됩니다. 미시시피에서 14세의 두 소년이 린치당한 사건이 있은 후, 1942년에 쓴 「쓰디쓴 강」을 읽어보십시오. 그 시는 파시즘과의 전쟁을 알리는 신호탄이었습니다. 미시시피 강가의 나무에서 그네를 타는 두 소년의 모습을 읽을 수 있습니다. 모순과 풍자의 정수가 아닐 수 없습니다!

올해 아카데미상 시상식에서 던젤 워싱턴과 할리 베리가 동시에 남녀 주연상을 수상하면서 대소동이 벌어졌습니다. 할리우드에서, 더 정확히 말하면 스크린에서나 시상식에서 아프리카 계 흑인들이 정당한 대우를 받는다고 생각하십니까?

— 우리는 세상을 보는 시각을 바꿔야 합니다. 아카데미상 시상식은 결과에 상을 주는 행사입니다. 9~14세 연령층의 입맛에 맞춘 행사입니다. 그리고 사방을 뛰어다니며 이것이 중요하다, 저것이 중요하다고 떠벌려대는 우리 어른들이 있습니다.

이런 일에는 관심을 가져도 정말로 중요한 문제에는 눈길조차 주지 않습니다. 그래, 우리가 아카데미 시상식을 왜 화제에 올립니까? 아프리카 계 미국인들이 올해 오스카 상을 받은 것이 그렇게 중요합니까? 나는 모르겠습니다. 물론 "그래, 이번 결과는 이런 의미가 있는 거야"라고 결론 내리려면 오랫동안 고민해야 할 사건이었다고 생각할 사람들도 있겠죠. 하지만 정말로 그렇게 중요한 의미를 가질까요? 백보 양보해서, 그 의미라는 것이 무엇일까요? 던젤과 할리가 오스카상을 받아서 세상이 변하기라도 했나요? 그래서, 우리가 에이즈를 퇴치하는 데 필요한 관심을 갖게 되기라도 했나요? 그래서, 노숙자가 조금이라도 줄어들었나요?

영화에서 맡는 배역은 마음에 드십니까?

— 글쎄요, 배역에는 크게 신경 쓰지 않습니다. 나는 줄거리를 봅니다. 그럼 내가 원하는 줄거리를 담은 영화가 요즘 있느냐? 그렇다고 내가 원하는 줄거리를 가진 영화에만 출연해야 하느냐? 꼭 그래야 한다고는 생각지 않습니다.

요즘엔 외국에서 좋은 줄거리를 가진 영화가 많이 나오더군요. 예컨대 이뉴잇의 영화, 「빨리 달리는 사람」과 인도 영화 「몬순 웨딩」은 아주 뛰어난 영화였습니다. 그래요, 나는 나름대로 의미를 찾을 수 있는 작품에 출연하려고 애씁니다. 배역요? 판사라면 괜찮겠습니까? 판사라면 좋은 역할입니까? 판사석에 앉기만 한다면 줄거리에서 큰 비중을 차지하지 않더라도 좋은 배역일까요? 글쎄, 나는 모르겠습니다.

『워싱턴 포스트』와 가진 인터뷰에서, 경력이란 오락가락하는 것이고 당신 경력도 하락세를 면치 못하는 때가 오겠지만 그래도 골프나 치면서 빈둥대며 지내지는 않을 거라고 말했는데 ….

— 나는 골프를 치지 않습니다. 앞으로 어떤 일이 닥쳐도 빈둥대며 시간을 죽이지는 않을 겁니다. 나는 어디라도 가서, 내가 알고 있는 진실을 말할 겁니다. 내가 할 수 있는 일이니까요. 내가 알고 있는 진실은 할리우드의 실력자들을 만나서 얻은 것이 아닙니다. 내가 알고 있는 진실은 세상의 일원이 되려고 애쓰면서 세상의 문젯거리에 대해 이야기를 나누고 우리 주변, 내 주변에서 일어나는 일을 깊이 이해하려고 노력하면서 얻은 것입니다.

내가 알고 있는 진실을 어떤 형태로든 영화로 표현할 기회가 주어질 수도 있겠죠. 하지만 환경정의와 공동체 건설을 위해 애쓰는 디트로이트의 보그스 센터, 폭력배의 폭력을 예방하려고 애쓰는 산타크루스의 배리오스 우니도스처럼 사회를 긍정적 방향으로 바꿔가려고 노력한 단체들이 이미 있습니다. 또한 지역의 평화를 지키는 데 공헌한 폭력배들에게 도시 평화상을 과감하게 수여한 '스트리트 솔저'라는 단체도 있습니다.

나는 이런 일들에 관심을 갖습니다. 나는 기회가 닿을 때마다 이런 일들을 지원합니다. 내가 직접 그런 일을 하는 것은 아닙니다. 나는 그런 일을 하는 사람들을 지원할 뿐입니다.

미국의 기업 저널리즘은 '객관성'을 역설하며, 소외된 사람들이나 공민권을 박탈당한 사람들의 편에 서는 사람들을 경멸한다. 그러나 영국의 주류 언

대적으로 관대한 편이다. 오스트레일리아 태생으로 런던에서 활동하는 저널리스트이며 영화제작자인 존 필저는 그런 사람 중 한 명이다.

필저는 내게 "나는 시드니에서, 아주 정치적인 집안에서 자랐습니다. 가족 모두가 패배자였으니까요"라고 말했다. 그의 아버지는 '세계 산업노동자 조

가 동경하는 오웰George Orwell처럼 필저는 직설적이다. 예컨대 필저는 '제국주의'라는 단어를 사용하면서 그 앞에 '미국식'이란 수식어를 덧붙이는

필저는 지난 9월 28일 런던에서 열린 평화집회에서 단연 돋보이는 연사였다. 그는 15~35만 명으로 추정되는 군중 앞에서, "이제 더부가 깨졌습니다.

고, 부시와 블레어가 과격한 사람들입니다. 우리 모두를 위협하는 위험은 바그다드에 있는 것이 아니라 워싱턴에 있습니다"라고 말했다. 군중이 박수

"민주주의는 한 권집광이 우리 이름으로 다른 나라를 침략하는 권한을 왕처럼 휘두르는 체제가 아닙니다. 민주주의는 전쟁 범죄자인 아리엘 샤론의 편

밟는 체제가 아닙니다. 민주주의는 영국 국민의 과반수 입장을 대변하는 위대한 체계여야 합니다"라고 부르짖었다.

필저는 영국 언론에서 최고상을 두 번이나 수상했다. 최근에는 「세계의 새로운 지배자들The New Rulers of the World」(2002)이라는 신간을 발표했다.

터리 영화로는 「대가를 치러라: 이라크 아이들의 학살」, 「한 국가의 죽음: 동티모르」, 「세계의 새로운 지배자들」, 「팔레스타인은 지금도 쟁점이다」 등을

들은 영국, 캐나다, 오스트레일리아를 넘어 웬만한 나라에서는 방영되었지만 미국에서는 거의 방영되지 않았다. 공영방송국PBS은 동물을 주제로 한 프

시간을 할애하면서도 필저의 영화는 한 것도 내보지 않았다.

"미국 텔레비전에는 검열이 심해서 내 영화는 방영될 가능성이 없습니다!" 필저는 내게 이렇게 말하면서, 이런 일화를 소개해주었다. 몇 년 전, 캄보디

리에 PBS가 관심을 보였다. 하지만 내용이 문제였다. 오웰의 소설의 진실부를 흉내 내서, PBS는 그 다큐멘터리의 방송 여부를 가리기 위해 '언론 재판

관이 판결을 내렸고, 필저의 다큐멘터리는 방송되지 못했다. PBS는 필저가 캄보디아를 주제로 제작한 다른 다큐멘터리의 방송도 거부했다. 그러나 뉴

큐멘터리를 방영했다. 지금까지 미국에서 필저의 다큐멘터리를 방영한 유일한 방송국이다. 이 단 한 번의 방송으로 필저는 에미상을 수상했다.

그가 대규모 평화 집회에서 연설하기 전날, 나는 런던에 있는 그의 집으로 전화를 걸었다.

'진짜' 진실을 알리는 저널리스트

존 필저 John Pilger

interview date | 2002년 11월

그래서 기자들은 중요한 사람과 그렇지 않은 사람을 구분합니다.
그 끔찍한 범죄 행위로 쌍둥이 빌딩에서 죽은 사람들은 중요했습니다.
하지만 아프가니스탄에서, 먼지가 풀썩이는 마을에서 폭격을 받아
죽어간 사람들은 중요하지 않았습니다.

미국의 기업 저널리즘은 '객관성'을 역설하며, 소외된 사람들이나 공민권을 박탈당한 사람들의 편에 서는 사람들을 경멸한다. 그러나 영국의 주류 언론은 그런 사람들에게 상대적으로 관대한 편이다. 오스트레일리아 태생으로 런던에서 활동하는 저널리스트이며 영화제작자인 존 필저는 그런 사람 중 한 명이다.

필저는 내게 "나는 시드니에서, 아주 정치적인 집안에서 자랐습니다. 가족 모두가 패배자였으니까요"라고 말했다. 그의 아버지는 '세계 산업노동자 조합'의 조합원이었다. 그가 동경하는 오웰George Orwell처럼 필저는 직설적이다. 예컨대 필저는 '제국주의'라는 단어를 사용하면서 그 앞에 '미국식'이란 수식어를 덧붙이는 데 머뭇거림이 없다.

필저는 지난 9월 28일 런던에서 열린 평화집회에서 단연 돋보이는 연사였다. 그는 15~35만 명으로 추정되는 군중 앞에서, "이제 터부가 깨졌습니다. 우리가 온건한 사람들이고, 부시와 블레어가 과격한 사람들입니다. 우리 모두를 위협하는 위험은 바그다드에 있는 것이 아니라 워싱턴에 있습니다"라고 말했다. 군중이 박수를 치며 환호했다. 그는 "민주주의는 한 편집광이 우리 이름으로 다른 나라를 침략하는 권한을 왕처럼 휘두르는 체제가 아닙니다. 민주주의는 전쟁 범죄자인 아리엘 샤론의 편에 서서 팔레스타인을 짓밟는 체제가 아닙니다. 민주주의는 영국 국민의 과반수 입장을 대변하는 위대한 체제여야 합니다"라고 부르짖었다.

필저는 영국 언론에서 최고상을 두 번이나 수상했다. 최근에는 『세계의 새로운 지배자들The New Rulers of the World』(2002)이라는 신간을 발표했다. 정치색이 뚜렷한 다큐멘터리 영화로는 「대가를 치러라 : 이라크 아이들의 학살」「한 국가의 죽음 : 동티모르」「세계의 새로운 지배자들」「팔레스타인은 지금도 쟁점이다」 등을 발표했다. 이 다큐멘터리들은 영국, 캐나다, 오스트레일리아를 넘어 웬만한 나라에서는 방영되었지만 미국에서는 거의 방영되지 않았다. 공영방송국PBS은 동물을 주제로 한 프로그램에는 거의 무한히 시간을 할애하면서도 필저의 영화는 한 컷도 내보지 않았다.

"미국 텔레비전에는 검열이 심해서 내 영화는 방영될 가능성이 없습니다!" 필저는 내게 이렇게 말하면서, 이런 일화를 소개해주었다. 몇 년 전, 캄보디아를 다룬 그의 다큐멘터리에 PBS가 관심을 보였다. 하지만 내용이 문제였다. 오웰의 소설의 진실부를 흉내 내서, PBS는 그 다큐멘터리의 방송 여부를 가리기 위해 '언론 재판관'을 선정했다. 그 재판관이 판결을 내렸고, 필저의 다큐멘터리는 방송되지 못했다. PBS는 필저가 캄보디아를 주제로 제작한 다른 다큐멘터리의 방송도 거부했다. 그러나 뉴욕의 WNET은 필저의 다큐멘터리를 방영했다. 지금까지 미국에서 필저의 다큐멘터리를 방영한 유일한 방송국이다. 이 단 한 번의 방송으로 필저는 에미상을 수상했다.

그가 대규모 평화 집회에서 연설하기 전날, 나는 런던에 있는 그의 집으로 전화를 걸었다.

테러와의 전쟁이 새로운 형태로 주어진 '백인의 짐'이라고 할 수 있을
까요?

— 19세기 유럽의 제국주의자들은 정말 사명감에 불탔습니다. 하지만
요즘의 제국주의자들이 그런 공공정신을 지녔다고 생각지 않습니다. 그
들은 그저 약탈자일 뿐입니다. 아, 그리고 근본주의자, 기독교 근본주의
자들이 있습니다. 바로 이 순간에 백악관을 차지하고 있는 사람들입니
다. 하지만 그들은 과거에 대영제국을 운영하며 전세계에 좋은 일을 하
는 것이라 믿었던 기독교 신사들과는 사뭇 다릅니다. 요즘에는 노골적
인 힘의 과시밖에 없습니다.

그렇게 말씀하시는 이유가 있을 텐데요?

— 이라크 침공은 오래 전에 계획되었던 겁니다. 어떤 변명도 설득력이 없습니다. 아버지 부시가 1991년에 사담을 낙마시키지 못했기 때문에 미국의 극우파에게는 그 일을 끝내야 한다는 한恨이 있었습니다. 테러와의 전쟁이 그들에게 기회를 주었습니다. 그래서 그들은 말도 안 되는 논리를 펴대면서 군대를 앞세워 한풀이를 했습니다.

토니 블레어가 미국의 정책을 광적으로 지지하는 이유는 뭘까요?

— 영국 정부는 자신을 노동당 정부라고 자처하지만 실제로는 극우 정부입니다. 이 때문에 국민이 헷갈립니다. 하지만 국민도 점점 진실을 깨달아가고 있습니다. 영국 노동당은 예전부터 범대서양주의를 신봉해 왔고 미국의 정책에 말없이 따랐습니다. 지금 블레어가 그런 정당의 대표일 뿐입니다. 블레어는 이라크 때문에 골치가 무지하게 아플 겁니다. 영국민의 압도적 다수가 군사 행동을 반대하는데 그럴 수밖에 없겠죠. 나도 지금까지 살면서 요즘 같은 상황은 처음입니다.

한 가지 예를 들어볼까요?『데일리 미러Daily Mirror』가 독자를 대상으로 실시한 여론조사에 따르면, 90퍼센트가 이라크 공격을 반대했습니다. 또한 전반적으로 영국인의 70퍼센트가 이라크 전쟁을 반대하고 있습니다. 블레어는 국론과 싸우고 있는 셈입니다.

최근에 발간한 책에서, 당신은 부시 주변에서 전쟁 계획을 짠 사람들, 예컨대 딕 체니 부통령, 도널드 럼스펠드 국방장관, 폴 월포위츠 국방부 차관 등에 대해 다뤘습니다. 특히 레이건 시절 국방부 차관보를 지낸 리처드 펄을 지목하면서, "이번에는 총력전이다"라는 그의 말에 주목을 했더군요.

— 펄이 1980년대 레이건 행정부를 들쑤시고 다닐 때 나는 그를 인터뷰한 적이 있습니다. 그의 광적인 생각에 나는 놀라지 않을 수 없었습니다. 그때부터 그는 총력전을 머릿속에 그리고 있었습니다. 부시의 극단주의도 따지고 보면 레이건 시절에 뿌리를 두고 있습니다. 그래서 펄, 월포위츠 등 그 시대의 패배자들이 다시 총애를 받는 겁니다.

　내가 펄을 특별히 주목한 이유는, 그가 부시 행정부의 정책을 다소 웅변적으로 보여준다고 생각하기 때문입니다. 9 · 11 사태는 그 일당에게 그야말로 하늘에서 내린 기회였습니다. 그들이 저지를 짓을 합리화할 방법을 찾지 못해 전전긍긍하던 차에 9 · 11 사태가 일어난 겁니다. 물론 지금도 대부분의 세계가 그들의 짓에 반대하기 때문에 그들의 행위가 합법성을 갖는 것은 아닙니다. 그들은 9 · 11 사태 덕분에 떳떳하지는 못했지만 선거에 승리한 것이라 믿습니다.

하기야 그들은 떳떳하지 못하게 권력을 차지한 행정부의 일원이기도 합니다.

— 나는 그들이 선거로 당선된 집단이라 생각지 않습니다. 고어가 선거에서 승리한 것이 분명합니다. 그들을 정확히 표현한다면 ‘군인 부호계급military plutocracy’이라 할 수 있을까요? 나는 미국에서 살면서 일해 본 까닭에, 부시 체제와 그 이전 체제를 뚜렷이 구분하고 싶지는 않습니다. 내가 보기에는 큰 차이가 없으니까요.

　클린턴도 스타워즈 계획을 계속 추진했고, 역사상 의회에서 가장 큰 군사비를 얻어낸 대통령이기도 합니다. 또 이라크를 습관처럼 폭격했고 야만적 제재를 끊임없이 가했습니다. 한마디로 클린턴은 자기 역할을 잘 해냈습니다. 그 후 부시 갱단은 좀더 세게 밀어붙이고 있습니다.

하여간 부시 행정부의 고위 관리들이 훨씬 호전적인 듯합니다. 본격적으로 한판 붙어볼 모양입니다. 그들은 극단적인 표현까지 서슴지 않으면서 "우리 편이 아니면 테러리스트 편이다!"라고까지 말합니다.

— 그들이 얼마나 위험한 존재인지 스스로 밝히니까 눈물 나도록 고마울 지경입니다. 클린턴은 교양 있는 척하고, 그의 행정부는 인류의 이익을 위해 진심으로 노력한다는 감언이설로 속이려 하지 않았습니까. 요즘에는 그런 허튼 소리를 참지 않아도 되니 훨씬 낫습니다. 하여간 부시 행정부가 천방지축인 것은 분명합니다. 정말 위험한 사람들이 끼어 있습니다.

미국의 대이스라엘 정책은 어떻게 평가하십니까?

— 이스라엘은 미국이 중동에 박아둔 경비견입니다. 그래서 팔레스타인 사람들이 군사 점령에서 아직도 벗어나지 못하고 있는 겁니다. 팔레스타인 사람들에게는 석유도 없습니다. 그들이 사우디처럼 석유라도 많았다면 지금과 같은 처지는 아닐 겁니다. 하지만 팔레스타인은 중동에서 제국적 질서를 뒤흔들어 놓을 수 있는 힘을 갖고 있습니다. 팔레스타인 사람들이 공정한 대우를 받기 전까지 중동에서 안정을 기대하기란 거의 불가능합니다.

나는 자신 있게 그렇게 말할 수 있습니다! 이스라엘은 중동지역에서 미국의 대리인입니다. 이스라엘의 정책이 곧 미국의 정책이라 할 수 있습니다. 샤론의 성명서와 부시의 성명서를 읽어보십시오. 똑같습니다!

당신은 영국에서 200만 부 가량 배포되는 타블로이드판 신문 『데일리 미러』에 정기적으로 글을 기고하고 있습니다. 그 일은 어떻게 시작하게 되었습니까?

— 거의 20년 동안 『데일리 미러』에 글을 썼습니다. 오스트레일리아에서 건너온 1960년대에 나는 그 신문사에 들어갔습니다. 아마 미국에는 『데일리 미러』와 같은 신문이 없을 겁니다. 과거에는 있었을지 모르지만 말입니다. 『데일리 미러』는 좌파 성향을 띤 타블로이드 신문이고, 전통적으로 노동당을 지지해왔습니다. 요즘에는 중도 좌파를 지향하고 있는 듯합니다. 내가 근무한 동안 『데일리 미러』는 정치적으로 무척 대담했습니다. 전쟁 피해자의 시각에서 세계 곳곳의 현황을 보도했습니다.

나는 상당히 오랫동안 베트남 전쟁을 담당해서 보도했습니다. 그 시절, 『데일리 미러』는 영국 정치계에서 중심적 역할을 담당했습니다. 그 후 『데일리 미러』는 머독Rupert Murdoch 소유의 『선』과 경쟁을 벌이면서 길고도 험난한 시기를 맞았고, 결국에는 쓰레기 같은 타블로이드 신문으로 전락하고 말았습니다.

9·11 사태 이후로 『데일리 미러』는 본연의 자세로 돌아와서 과거의 영광을 재현하기로 결정했습니다. 그리고 내게 다시 글을 써줄 수 있겠냐고 전화를 걸었습니다. 나는 흔쾌히 수락했습니다. 『데일리 미러』에 글을 다시 쓸 수 있어 기뻤습니다. 대부분이 주류 세력을 지지하고, 일부는 우익을 미친 듯이 옹호하는 언론계에 『데일리 미러』는 청량제와도

같은 역할을 해냈습니다. 『데일리 미러』는 다른 목소리를 내고 있습니다. 좋은 소식이 아닐 수 없습니다.

『데일리 미러』에 기고한 한 글에서, 당신은 미국을 '세계 최고의 불량 국가'라 칭했습니다. 그래서 무니스Moonies(문선명을 추종하는 자들과 통일교 ―옮긴이)가 소유한 『워싱턴 포스트』가 발끈하면서 『데일리 미러』를 "축구장에서 난동을 부리는 훌리건이나 읽는 천박한 타블로이드판 신문"이라며 반격을 가했습니다. 한편 뉴스 코퍼레이션의 주인으로 당신과 같은 조국을 지닌 루퍼트 머독도 『데일리 미러』를 "테러리스트를 사랑하는 런던의 타블로이드판 신문"이라며 비꼬았습니다.

― 하나만 바로잡고 싶군요. 머독은 오스트레일리아 사람이 아닙니다. 미국인입니다.

하지만 오스트레일리아에서 태어난 것은 사실인데요.

― 아닙니다, 머독은 미국인입니다. 그는 미국 텔레비전 방송국을 사려고 오스트레일리아 국적을 포기했습니다. 여기에서도 머독이 어떤 인물인지 짐작할 수 있지 않습니까! 모든 것이 상품입니다. 국적까지도!
　축구장에서 난동을 부리는 훌리건들은 『데일리 미러』를 읽지 않습니다. 영국의 평범한 사람들이 즐겨 읽는 신문입니다. 그들의 평가는 솔직히 기분좋지 않습니다. 하지만 무니스와 머독이 일제히 비난했다는 사실에 나는 그저 즐거울 뿐입니다.

조지 오웰은 『정치와 영어』라는 수필에서, 토론의 틀을 짜고 토론의 질을 높이는 데 언어의 중요성을 역설했습니다. 오웰은 완곡어법과 수동구문의 사용을 특히 비판했습니다. 요즘 우리는 '부수적 피해 collateral damage' '자유무역' '공평한 경쟁의 장 level playing field'과 같은 에두른 표현이나 '마을이 폭격당했다' '아프가니스탄 시민들이 살해당했다' 등과 같은 수동적 어법을 무람없이 사용합니다. 이런 테러와의 전쟁에 관련한 수사법을 오웰이 비난한 언어 사용법에 비교해주시겠습니까?

— 오웰은 우리에게 리트머스 시험지와 마찬가지입니다. 그의 풍자글들 중 일부는 마치 요즘 세태를 빈정댄 것처럼 읽힙니다. 체니와 같은 사람이 '끝없는 전쟁'이나 '50년은 계속될 듯한 전쟁'을 운운한다면 그는 빅브라더 Big Brother(정보의 독점으로 사회를 통제하는 관리 권력, 혹은 그러한 사회 체계를 일컫는 말 —옮긴이)일 수 있습니다. 그런데 부시가 사악한 빅브라더에 대해 끝없이 투덜대는데 이 사악한 빅브라더가 누구일까요? 『1984』에서는 사악한 빅브라더가 골드스타인이었습니다. 오웰은 지독한 풍자글을 썼습니다.

　하지만 미국을 운영하는 사람들은 자신들이 욕하는 사람과 다를 바가 없습니다. 내가 교사라면 학생들에게 서둘러 오웰의 책, 특히 『1984』와 『동물농장』을 읽어보라고 권할 겁니다. 그럼 아이들이 이 세상을 제대로 이해하기 시작할 테니까요.

그럼 수동적 어법은 어떤 문제를 갖고 있을까요?

— 수동적 어법의 사용은 언제나 도움이 됩니다. 생각해보세요, 많은 프로파간다가 수동적 어법을 사용하고 있습니다. 영국 권력자들은 줄곧 수동적 어법을 사용해 왔습니다. 수동적 어법이 담론의 무기가 되어버려, 옛 제국에서 잔혹한 행위를 저지른 사람들이 누군지 확인하기가 거의 불가능합니다. 요즘에도 달라진 것이 없습니다. 요즘에도 영국 권력층은 "우리 영국은…"이란 표현을 사용합니다. 평범한 시민까지 걸고 넘어갑니다. 지금도 이런 말을 자주 듣습니다. 결국 어떤 나라에 폭력을 가하고, 경제를 황폐화하고, 국제 노략질에 참여하기로 결정한 사람이 우리 모두라는 식입니다.

요즘 언론이 안고 있는 문제점을 지적하신다면?

— 대다수의 기자가 앵무새에 불과합니다. 오웰이 '공식적 진실'이라 말한 것을 대중에게 전달해주는 역할에 만족하고 있습니다. 거짓말의 전달자인 셈입니다. 내 많은 동료 기자가 철저하게 조작당해 '매일 기록을 남기는 사람'이란 뜻의 기자가 아니라 프랑스 어 표현대로라면 '한 기능을 떠맡은 부품fonctionnaire'이 되어버렸습니다.

우리가 기자들에게 공평하고 객관적이지 않다고 지적하면 많은 기자가 무척 방어적이고 신경질적으로 변합니다. 기자의 세계에서 '공평성impartiality'과 '객관성objectivity'이란 단어는 사전적 의미를 상실한 지 오래입니다. 그 뜻이 전도되었습니다. '공평성'과 '객관성'이 이제는 권력층의 관점을 뜻합니다.

기자들은 내게 "당신이 몰라서 그렇습니다. 나는 어디에도 치우치지 않고 객관성을 유지하고 있습니다"라고 항변하지만 나는 그들이 무엇을 말하는지 잘 알고 있습니다. 나는 그 뜻을 즉시 해독해낼 수 있습니다. 그가 '공식적 진실'을 전달하고 있다는 뜻입니다. 거의 언제나 그렇습니다. 객관적이라 항변하지만 그런 항변은 그들이 권력층의 일치된 견해를 대신 전달한다는 뜻일 뿐입니다.

기자들은 '내가 권력층을 대변하고 있는 거야'라고 생각지는 않습니다. 물론 아닙니다. 하지만 그들은 모든 가정들을 내면화합니다. 특히 이 세계는 모든 인류가 아니라 서구 세계에 유리하도록 짜여야 한다는 가정이 그들의 의식 속에 강력히 뿌리박혀 있습니다. 그래서 기자들은 중요한 사람과 그렇지 않은 사람을 구분합니다.

그 끔찍한 범죄 행위로 쌍둥이 빌딩에서 죽은 사람들은 중요했습니다. 하지만 아프가니스탄에서, 먼지가 풀썩이는 마을에서 폭격을 받아 죽어간 사람들은 중요하지 않았습니다. 그 수가 훨씬 많았는데도 말입니다. 이라크에서 곧 죽어갈 사람들도 중요하지 않습니다. 이라크에 살고 있는 사람들은 모두가 사담 후세인인 것처럼 이라크는 이미 악마의 땅처럼 변해 버렸습니다.

이라크 침공의 합리성을 날조하는 데 기자들도 큰 역할을 했습니다. 대부분의 기자가 애꿎게 죽어갈 시민의 수를 애초부터 배제했으니까요. 하기야 그 사람들은 중요하지 않습니다.

기자들이 프로파간다에서 어떤 역할을 맡고 있는지 자각할 때, 어떤 기자도 독립적이고 정직한 기자이면서, 동시에 권력의 대리인이 될 수 없다는 사실을 깨달을 때, 그때야 세상은 변하기 시작할 겁니다.

타리크 알리는 1943년 라호르에서 태어났다. 당시 라호르는 영국령 인도에 속해 있었다. 그는 파키스탄에서 교육을 받고 옥스퍼드로 유학을 떠났다. 1

독재에 반대하면서 그는 영국으로 망명했고, 1960년대 후반에 유럽의 반전운동에 적극적으로 참여했다.

알리는 오래 전부터 『뉴레프트 리뷰New left Review』의 편집을 맡고 있으며, 역사와 정치에 관련해서 10여 권 이상의 책을 썼다. 조만간 『근본주의의

옥시덴털리즘을 넘어The Clash of Fundamentalism : Crusades, Jihad, and Modernity』(2002)가 출간될 예정이다. 알리는 두 소설을 연작으로 쓰고 있다.

세 소설, 『석류나무 그늘 아래Shadows of the Pomegranate Tree』 『술탄 살라딘The Book of Saladin』 『돌기둥 여인The Stone Woman』이 베르소 출판

설들은 '기존의 관점과는 반대되는 방향에서' 이슬람 문명을 조명하고 있다. 한편 '공산주의 몰락 3부작'으로는 『속죄Redemption』와 『거울의 공포

었다.

알리의 창조적 열정은 희곡과 시나리오까지 이어졌다. 이라크를 주제로 쓴 단막극이 최근에 뉴욕의 쿠퍼 유니언에서 공연되기도 했다. 사우디아라비

준 별명처럼 '만능선수all rounder'인 타리크 알리는 아야톨라 호메이니Ayatollah Khomeini를 주인공으로 한 오페라를 쓰는 데 열중하고 있다.

지난 10월 말, 알리는 뮌헨 공항에서 억류당했다. 알리는 그때를 떠올리며 "검사관의 눈이 독일어로 쓰인 얄팍한 책에 떨어졌습니다. 독일의 한 출판

다. 그때까지 셀로판으로 싸여 있었습니다. 검사관은 약간 흥분한 듯이 그 책을 무장 경찰에게 넘겼습니다. 문제의 책은 칼 마르크스의 '자살에 대하여

고 말했다. 그리고 알리는 그 책을 빼놓고 짐을 챙기라는 지시를 받았고, 곧바로 공항에 있는 파출소로 끌려갔다. 알리는 "나를 체포한 경찰은 득의만

서 '9월 11일 이후부터는 이런 책을 갖고 여행해서는 안 됩니다'라고 말하더군요. 그때 나는 꾹 누르고 있던 분노를 폭발시키고 말았습니다"라고 덧붙

알리는 뮌헨 시장에게 전화를 걸어달라고 부탁했다. 알리는 뮌헨에서 계획한 공공행사에 닥친 위기 때문에 시장과 조금 전까지 인터뷰한 터였다. 전화

던 것일까? 알리는 그 자리에서 풀려났다.

알리는 현재 런던에서 살고 있다. 나는 11월 말에 그에게 전화를 걸었다.

잊힌 역사는 폭력적인 역사를 만들어낸다

타리크 알리 Tariq Ali

interview date | 2002년 1월

누구도 역사를 지워버리고 새로 시작할 수는 없습니다.
역사 자체가 사라지기를 거부하니까요.
누군가 역사를 지워버리려 하면 역사는 소름끼칠 정도로
무섭게 다시 일어섭니다. 과거가 그 증거입니다.

타리크 알리는 1943년 라호르에서 태어났다. 당시 라호르는 영국령 인도에 속해 있었다. 그는 파키스탄에서 교육을 받고 옥스퍼드로 유학을 떠났다. 1960년대 파키스탄의 군부 독재에 반대하면서 그는 영국으로 망명했고, 1960년대 후반에 유럽의 반전운동에 적극적으로 참여했다.

알리는 오래 전부터 『뉴레프트 리뷰New left Review』의 편집을 맡고 있으며, 역사와 정치에 관련해서 10여 권 이상의 책을 썼다. 조만간 『근본주의의 충돌 : 아메리코필리아와 옥시덴털리즘을 넘어The Clash of Fundamentalism : Crusades, Jihad, and Modernity』(2002)가 출간될 예정이다. 알리는 두 소설을 연작으로 쓰고 있다. '이슬람 5부작'에 속한 세 소설, 『석류나무 그늘 아래Shadows of the Pomegranate Tree』『술탄 살라딘The Book of Saladin』『돌기둥 여인The Stone Woman』이 베르소 출판사에서 출간되었다. 이 소설들은 '기존의 관점과는 반대되는 방향에서' 이슬람 문명을 조명하고 있다. 한편 '공산주의 몰락 3부작'으로는 『속죄Redemption』와 『거울의 공포Fear of Mirrors』가 발표되었다.

알리의 창조적 열정은 희곡과 시나리오까지 이어졌다. 이라크를 주제로 쓴 단막극이 최근에 뉴욕의 쿠퍼 유니언에서 공연되기도 했다. 사우디아라비아 사람들이 그에게 지어준 별명처럼 '만능선수all rounder'인 타리크 알리는 아야톨라

호메이니Ayatollah Khomeini를 주인공으로 한 오페라를 쓰는 데 열중하고 있다.

지난 10월 말, 알리는 뮌헨 공항에서 억류당했다. 알리는 그때를 떠올리며 "검사관의 눈이 독일어로 쓰인 얄팍한 책에 떨어졌습니다. 독일의 한 출판사가 내게 준 책이었습니다. 그때까지 셀로판으로 싸여 있었습니다. 검사관은 약간 흥분한 듯이 그 책을 무장 경찰에게 넘겼습니다. 문제의 책은 칼 마르크스의 『자살에 대하여On Suicide』였습니다"라고 말했다. 그리고 알리는 그 책을 빼놓고 짐을 챙기라는 지시를 받았고, 곧바로 공항에 있는 파출소로 끌려갔다. 알리는 "나를 체포한 경찰은 득의만만한 미소를 내게 보내면서 '9월 11일 이후부터는 이런 책을 갖고 여행해서는 안 됩니다'라고 말하더군요. 그때 나는 꾹 누르고 있던 분노를 폭발시키고 말았습니다"라고 덧붙였다.

알리는 뮌헨 시장에게 전화를 걸어달라고 부탁했다. 알리는 뮌헨에서 계획한 공공행사에 닥친 위기 때문에 시장과 조금 전까지 인터뷰한 터였다. 전화를 해달라는 협박이 통했던 것일까? 알리는 그 자리에서 풀려났다.

알리는 현재 런던에서 살고 있다. 나는 11월 말에 그에게 전화를 걸었다.

타리크 알리 }

Tariq Ali

언젠가 한 파키스탄 장군이 당신에게 "파키스탄은 미국이 아프가니스탄에 들어가는 데 써먹은 콘돔이었습니다. 우리는 우리 역할을 충실히 해냈습니다. 그래서 이제 미국은 우리를 화장실 물에 흘려버려도 상관없다고 생각하는 모양입니다"라고 말했다더군요. 그때가 1980년대 말로, 미국과 파키스탄이 사악한 소련을 쫓아내려고 무자헤딘을 지원하던 때였습니다. 그런데 요즘 미국이 파키스탄을 다시 콘돔으로 이용하고 있는 걸까요?

— 내 생각에, 미국은 과거에 버린 콘돔을 찾아내서 다시 쓰려는데 구멍이 너무 많다고 생각한 듯합니다. 그래서 미국은 새 콘돔을 파키스탄에게 줘서 다시 그 짓을 해보려 했습니다. 그런데 이번에는 파키스탄 군부가 함께 들어갈 수 없었습니다. 파키스탄 군부가 탈레반을 만들어서 탈레반에게 승리를 안겨줬기 때문입니다. 탈레반의 뿌리를 완전히 근절시

키기란 거의 불가능합니다. 여하튼 미국은 파키스탄 군부에게 탈레반의 지지를 철회하라고 압력을 넣었고, 파키스탄 군부는 미국의 요구에 마지못해 응했습니다. 군부가 지지를 철회하자 탈레반은 사상누각처럼 붕괴되었습니다. 하지만 강경파는 산으로 들어가 한동안이라도 투쟁을 계속할 겁니다.

대부분의 미국인은 파키스탄과 미국이 손을 잡고 탈레반을 지원해온 역사를 잘 모를 겁니다. 지난 9월 말에 있었던 한 강연에서 당신은 "사람들에게 역사를 잊으라고 가르칩니다"라고 말했습니다. 무슨 뜻으로 그렇게 말했습니까?

— 공산주의가 몰락하고 소련이 붕괴된 이후로, 서구 세계에서 공식 문화와 비공식 문화가 손잡고 없애버리려 한 과목이 바로 역사였습니다. 역사를 지나치게 체제 전복적인 학문처럼 여겼습니다. 과거에는 너무나 많은 지식이 담겨 있어, 깡그리 잊고 새로 시작하는 것이 최선이라 생각했습니다. 하지만 모두가 알고 있듯이 누구도 역사를 지워버리고 새로 시작할 수는 없습니다. 역사 자체가 사라지기를 거부하니까요. 누군가 역사를 지워버리려 하면 역사는 소름끼칠 정도로 무섭게 다시 일어섭니다. 과거가 그 증거입니다.

서구인은 유일한 적이 아돌프 히틀러 같으리라 상상하지만 전적으로 잘못된 것입니다. 이런 상상은 1956년 수에즈 전쟁에서 시작되었습니다. 나는 이 전쟁을 '1차 석유전쟁'이라 부릅니다. 당시 영국 수상 앤서니 이든Anthony Eden은 민족주의를 표방한 이집트의 지도자 가말 압델 나세르Gamal Abdel Nasser를 이집트의 히틀러라 칭했습니다. 그 후로도 이런 상상은 계속되었습니다. 사담 후세인이 히틀러가 되면서 서방 세계에서 친구를 완전히 잃었습니다. 그 다음에 밀로세비치가 히틀러가 되었습니다. 이제는 알카에다와 탈레반이 파시스트로 묘사되고 있습니다. 오사마 빈 라덴은 국권國權(state power)을 갖고 있지 못하지만 역시 히틀러에 비유되는 듯합니다.

이 비유를 곰곰이 생각해보면 어처구니가 없을 지경입니다. 엄격히 따지고 보면, 이런 게임에서 나치를 흠모한 유일한 사람은 당시 아프가니스탄 왕위를 차지하고 있던 자히르 샤였습니다. 그는 나치가 인도에서 영국을 몰아내기를 바랐고, 그래서 나치에 협조하면 전리품을 조금이라도 나눠가질 수 있으리라 생각했던 겁니다.

그러나 서방 세계가 역사를 지우지 못한 이유는 역사가 경시된 탓도 있습니다. 서구인은 이상하게도 기억범위memory span가 무척 짧습니다. 이렇게 기억범위가 짧은 이유 중 하나는 지난 15년 전부터 텔레비전의 취재 범위가 크게 줄어들었기 때문입니다. 서구인들이 그저 고대사만을 언급하고, 고대사를 선정적으로 다루기도 합니다. 현대사는 텔레비전에서 실질적으로 사라졌습니다.

미국 텔레비전에서 뉴스로 무엇이 다뤄지나 보십시오. 전세계는커녕 이웃 나라인 멕시코는 고사하고 이웃 대륙인 라틴아메리카도 제대로 다루지 않습니다. 한정된 지역 문화를 다룹니다. 이런 편협성이 무지를 낳습니다. 하기야 전쟁 중에는 국민을 무지한 상태로 몰아넣는 게 낫겠죠. 그래야 정보가 부족한 국민을 자극해서 분노하게 만들어 어떤 나라에서나 전쟁을 도발할 수 있을 테니까요. 실로 놀라운 책략이 아닐 수 없습니다.

20세기의 마지막 전쟁과 21세기의 첫 전쟁을 비교해 주시죠.

— 하나의 차이가 있다면 과거 전쟁들은 힘을 합해 연합군으로 싸웠다는 점입니다. 미국은 과거에도 지배적인 힘을 지녔지만 다른 나라들을 미국 편으로 끌어들여야 했습니다. 걸프전과 코소보에서, 미국은 동맹을 맺은 다른 나라들의 합의를 구한 후에야 공격을 개시했습니다. 그런데 21세기의 첫 전쟁인 아프가니스탄 전쟁에서, 미국은 원하는 것이면 무엇이든 할 수 있다는 오만함을 과시했습니다. 미국의 마음에 들지 않으면 어떤 나라라도 용서하지 않으며, 그 나라를 공격함으로로써 이웃한 지역에 미치는 영향은 신경조차 쓰지 않는 교만의 극치를 보였습니다.

하여간 미국이 향후에 일어날 일을 크게 걱정한다고는 생각지 않습니다. 그랬다면 지금쯤 북부동맹을 더 불안하게 생각할 테니까요. 그런데 미국은 지금 북부동맹에게 탈레반 포로들을 죽이라고 말합니다. 이런 지시는 전쟁의 관습법을 완전히 위배하는 짓입니다. 서구 세계의 텔레비전들은 이런 잔혹행위를 방영하지 않지만 아랍권 텔레비전들은 포로들이 어떻게 학살당하고 포로들에게 어떤 짓이 가해지는지 보여주고 있습니다. 대신 서방 세계에는 의도적으로 조작된 장면들이 텔레비전을 채웁니다. 베일을 쓰지 않은 여성, 카불 텔레비전에 비친 신문을 읽는 여성, 150명의 환호하는 사람들….

이데올로기가 운운된다는 점에서 이런 전쟁들은 모두 유사합니다. 이른바 '인도주의적 간섭'이란 이데올로기입니다. 우리는 인도주의적으로라도 간섭하기를 원하지 않지만 거기에 살고 있는 사람들을 위해서 그렇게 할 수밖에 없다고 말합니다. 물론 이런 평계는 속임수입니다. 거기엔 온갖 종류의 사람들이 살고 있으니까요. 그런데 대체로 인도주의라는 핑

계로 간섭하면서도 실제로는 한 파벌을 도우려는 것입니다. 아프가니스탄의 경우에, 그들은 이런 구실조차 대지 않았습니다. 그야말로 미국민의 울적한 심정을 달래려고 계획된 노골적인 복수전이었습니다.

작년 11월 중순 캐나다에서 나는 찰스 크라우트하머Charles Krauthammer와 설전을 벌였습니다. 내가 아프가니스탄 전쟁을 복수전이라 주장하자, 크라우트하머는 "복수전이요? 그래서 어쨌단 말입니까?"라고 말했습니다. 강경파일수록 더 현실적인 까닭에 내 주장을 인정하는 듯한 분위기입니다. 미국은 완벽하게 조작했습니다. 여기에서 언론이 큰 역할을 해냈습니다.

언론이 미국의 조작을 어떤 식으로 도왔다는 뜻입니까?

— 걸프전 동안에 기자들은 정부 공보관들에게 걸핏하면 대들면서, 공식적인 발표를 인정하지 않겠다고 반박하기도 했습니다. 그런데 발칸 지역의 전쟁과 아프가니스탄 전쟁에서는 기자들이 정부의 공식 발표를 수긍하는 듯한 분위기입니다. 기자들이 런던 국방부나 워싱턴 펜타곤의 기자 회견실에 모여들지만 비판적인 질문은 전혀 제기되지 않습니다. 그저 뉴스를 주위 모으는 수준에 불과합니다. 전쟁을 수행하는 정부가 뉴스를 제공한다는 사실조차 기자들은 크게 개의치 않는 듯합니다.

정부 비판이란 책임은 실질적으로 대안 네트워크에게 맡겨졌습니다. 이런 점에서 인터넷은 독보적인 위치를 차지하고 있습니다. 인터넷이 없었더라면 우리가 무엇을 할 수 있을지 난감할 지경입니다. 정보가 순식간에 국경을 넘고 해협을 건넙니다. 바다와 대륙도 문제없이 건널 수 있습니다. 하지만 정보의 생산 수단을 지배하고 관리하며 소유한 사람들의 힘과 부와 경쟁할 수준은 아직 아닙니다. 그들이 누구냐고요? 미디어와 출판사, 심지어 영화까지 통제하며 소유한 대여섯 기업입니다.

토니 블레어는 테러와의 전쟁에서 중심 역할을 하고 있습니다. 그가 부시보다 훨씬 자주 눈에 띕니다. 블레어가 전쟁에 이렇게 적극적으로 나서는 이유가 뭘까요?

— 블레어는 관심을 끌려고 그러는 겁니다. 그가 대단한 힘을 가진 나라의 지도자인 척하면서 세계 무대에서 으스대고 싶어서 그러는 겁니다. 실제로는 북유럽 중견 국가의 지도자에 불과한데 말입니다. 클린턴은 블레어를 아주 영리하게 이용했지만 부시 행정부는 그를 그다지 중요하게 생각하지 않는 듯합니다.

노암 촘스키가 아프가니스탄 전쟁에 빗대어 지적한 바에 따르면, 영국은 IRA(아일랜드공화국군)의 주요 지지 기반과 자금원이 있는 뉴욕과 보스턴을 폭격하지 않았습니다.

— 촘스키의 지적이 맞습니다. 하지만 좀더 노골적으로 말하면, 영국은 제국적 힘을 갖고 있지 못하지만 미국은 그만한 힘을 가진 나라입니다. 미국은 '유일한 제국'입니다. 현 세계에는 여러 제국이 있는 것이 아닙니다. 하나의 제국밖에 없습니다. 그 제국이 바로 미국입니다. 나토의 최고 사령부가 이번 전쟁을 지휘하지 않았다는 점이 흥미롭지 않습니까? 이제 나토는 완전히 핫바지가 되었습니다. '테러와의 전쟁을 위한 동맹'은 곧 미국을 뜻합니다. 미국은 그들의 일에 다른 나라가 끼어드는

것을 원하지 않습니다. 독일이 2000명의 병력을 제안했을 때 럼스펠드는 "우리가 병력 지원을 요청한 바는 없다!"고 잘라 말했습니다. 그런 발언을 공개적으로 하다니, 그저 놀라울 따름입니다.

최근에 발표한 글에서, 당신은 10세기 아랍의 세속시인 알마아리의 시를 인용했습니다. "왕이 호령하던 곳에서, 이제 날카로운 바람소리가 궁전을 스치고 지나가는구나. 여기, 약한 자의 흐느낌에 귀 기울이지 않는 군주가 있었구나"라며 … 여기에서 '약한 자의 흐느낌'이 마음에 와닿습니다.

— 오늘날 '약한 자의 흐느낌'은 신자유주의 정책의 피해자들이 토해내는 오열입니다. 전세계에서 수십억 인구가 신자유주의 때문에 눈물을 흘리고 있습니다. 그들은 조국을 떠납니다. 아프리카에서 유럽으로 떠나는 비행기의 아랫부분에 매달리는 사람들입니다. 유럽으로 가는 중에 죽을지도 모르는데요. 실제로 많은 사람이 그렇게 죽었습니다. 세계화가 이런 절망의 원인입니다. 그럼 "약한 사람들이 똘똘 뭉쳐서 조직을 만들어 변화를 일으키면 되지 않느냐?" "약한 사람들이 내부적인 힘과 정치적인 힘을 키워서 지배자들에게 저항하면 되지 않느냐?" 이렇게 묻겠죠. 우리가 살고 있는 세계가 실제로 이런 의문을 제기하고 있습니다.

세계화라는 마지막 단계에 이르러 민주주의가 파괴되고 있으며, 정치가 아무것도 변화시키지 못하는데 존재할 필요가 뭐냐고 민중이 의식하기 시작했습니다. 전세계에서 아주 위험한 지경까지 이르렀습니다. 이런 의식이 발전할 때 테러가 필연적으로 동반됩니다. 테러는 약자에게서 나옵니다. 강자에게서 나오는 것이 아닙니다. 테러는 절망의 증거입니다.

알마아리는 회의론적 시각을 지닌 위대한 시인이었습니다. 그가 코란을 풍자한 글을 쓰자, 친구들이 그를 집적대며 "알마아리, 누구도 자네의 코란을 읽지 않을 거네"라고 빈정거렸습니다. 그때 알마아리는 "맞아, 하지만 시간을 좀 주게. 시간을 달라고. 사람들이 내 코란을 20년 정도 암송하게 되면 내 코란도 자네들의 코란만큼 널리 알려질 테니까"라고 대꾸했다고 합니다. 이슬람의 세계가 전성기를 누릴 때는 민중이 모든 차원에서 지배집단에 반발할 수 있었습니다. 지금 우리가 살고 있는 세계와는 사뭇 달랐습니다.

미국은 테러와 장기전을 계획하고 있는 듯합니다. 미국이 테러와의 전쟁을 언급한 지가 벌써 10년, 아니 15년은 되었습니다. 게다가 이 전쟁에 연루된 나라만도 60개국에 달합니다. 그런데도 부시 행정부는 테러와의 전쟁이 여전히 초기 단계에 불과하다고 거의 매일 떠들어댑니다. 대체 무슨 의도일까요?

— 미국의 정책과 미국의 이익을 기준으로 세계를 재편하려는 의도가 가장 큽니다. 천연자원은 제한되어 있지만, 미국은 자국민에게 자원을 계속 공급하고 싶어 합니다. 이렇게 하려면 미국이 세계 곳곳에 퍼져 있는 석유 자원의 대부분을 통제할 수 있어야 합니다. 이번 전쟁을 석유 전쟁이라 주장하는 학자들이 있는 이유가 바로 이 때문입니다. 솔직히 말해서 나는 이런 주장에 동의하지는 않습니다. 그러나 미국이 첫 단추를 잘 채웠다고 이 지역에서 미국의 경제적 패권을 거듭 주장하기 위해서 전쟁을 도발하지 않을 것이란 뜻은 압니다.

미국은 중동에서도 패권을 휘두르고 싶어 합니다. 그런데 중동에서의 큰 문제는 이라크와 시리아입니다. 두 나라는 그 존재 자체만으로도 이스라엘에게는 잠재적 위협거리입니다. 게다가 이라크는 막대한 석유를 보유하고 있습니다. 흉악한 키신저가 "왜 우리가 아랍인들에게 석유를 맡겨놔야 하는가?"라고 말하지 않았습니까! 이스라엘은 중동에서 미국의 주요 동맹국이기 때문에 미국은 잠재적 위협거리를 약화시키거나 제거하고 싶을 겁니다. 이라크, 가능하면 시리아까지 공격하는 것이 한 방법입니다. 그 공격을 실제로 수행해야 하는 사람들에게는 위험하기 짝이 없는 정책입니다. 이런 정책 결정에서 민중의 반응은 철저히 배제될 것이기 때문입니다.

그렇다고 민중 봉기가 가능할 수 있을까요? 만약 민중이 들고 일어난다면 사우디아라비아 같은 나라들이 무너질 겁니다. 하기야 사우디 왕가가 무너진다고 눈물을 흘릴 사람은 하나도 없을 겁니다. 하지만 실제로 그런 일이 벌어진다면 미국의 섭정 정치가 시작될 겁니다. 즉 미국의 식민 정권이나 다름없는 행정부, 혹은 유엔을 앞세운 미국이 실권을 차지할 겁니다. 아랍에미레이트처럼 부패한 족장국族長國도 무너질 가능성이 큽니다. 이때 미국이 어떻게 하겠습니까? 이스라엘이 미국을 대신해서 중동 지역의 석유를 지키는 감시자 역할을 하지 않을까요? 그럼 십중팔구 지루한 게릴라전이 벌어질 겁니다.

대안으로, 미국과 유럽의 군대가 이 지역에 파견된다면 괜찮을까요? 천만의 말씀입니다. 그런 경우에도 제한적이나마 게릴라전이 있을 겁니다. 결국 미국이 중동 지역을 지배하려면 거기에 살고 있는 사람들을 무수히 죽이는 수밖에 없습니다.

이라크는 어떻습니까?

— 미국이 다음 단계로 이라크를 공격한다면 여간 큰 문제에 부딪치지 않을 수 없을 겁니다. 단언컨대 유럽에서 반전운동이 급속히 일어날 겁니다. 아랍 세계는 그야말로 폭발하고 말 겁니다. 그래서 미국의 가까운 우방국인 사우디아라비아와 이집트가 "이라크를 공격하지 말라!"고 미국에게 경고하는 겁니다. 이런 경고를 무시하고 미국이 이라크를 공격한다면 동맹이 깨질 겁니다. 터키까지 이라크를 공격하는 데는 돕지 않겠다고 말하는 이유가 여기에 있습니다.

지금 미국은 이라크의 한구석에 독립국가를 세워서, 그곳을 발판으로 삼아 사담 후세인을 제거하려 할지도 모르겠습니다. 미국이 이런 전략을 실제로 시행한다면 전세계가 예측할 수 없는 지경에 떨어지고 극히 위험한 처지에 빠질 겁니다. 이런 지경에 이르면 테러를 막아야 하는데, 오히려 테러는 급증할 겁니다. 미국이 무너뜨리는 정부가 늘어날수록 복수를 꿈꾸는 사람도 늘어나지 않겠습니까.

미국은 신고립주의neoisolationism라는 깃발을 펄럭이면서 세계를 지배하기로 결정한 모양입니다. 미국은 이제 공개적으로 나와서, "우리는 유일한 제국이다. 우리가 너희를 지배하련다. 우리말이 마음에 들지 않으면 너희끼리 뭉쳐라!"라고 세상에 말해야 합니다. 과거에도 미국식 제국주의는 그 이름조차 말하기가 무서웠던 제국주의였습니다. 미국이 다시 그런 식으로 제국을 꿈꾸고 있습니다. 어떤 면에서, 그런 것이 더 낫습니다. 우리가 어디에 무릎을 꿇어야 하는지 아니까요.

세련되고 예절바른 에드워드 W. 사이드는 많은 점에서 뉴요커의 전형이다. 뉴욕시를 향한 그의 애정은 감동적일 정도다. 그는 '내가 직업으로 삼는

요한 역할을 하고 있습니다'라고 말한다. 그에게서 뉴욕시의 끝없는 에너지와 다양성을 고스란히 찾을 수 있다. 그는 문학을 지극히 사랑하고 정치에

서도 오페라와 클래식 음악에도 조예가 깊다. 피아노 솜씨까지 탁월한 그는 어퍼 웨스트사이드에 있는 집에서 전세계의 예술가, 작가와 음악가를 반갑

에드워드 사이드는 컬럼비아 대학교에서 교수직을 얻은 1963년부터 뉴욕을 떠나지 않았다. 2001년 현재 그는 컬럼비아 대학교에서 교수로 재직 중이

세상을 떠났다 —옮긴이). 예루살렘에서 태어나 예루살렘과 카이로에서 교육을 받은 사이드는 1950년대 초에 미국으로 건너와 프린스턴 대학교를

사학위를 받았다.

사이드는 요즘 공적 지식인public intellectual을 주제로 강연을 하고 있다. 가는 곳마다 뜨거운 환영을 받는다. 사이드는 그야말로 '진국'인 사내다.

열정까지 겸비한 까닭에, 위선과 모순에 대한 분노, 중동에 관련된 정치 평론에 대한 경멸을 감추지 않는다. 현재 그는 미국에서 팔레스타인 문제에 관

그는 엄청난 양의 글을 써대고, 관심 분야도 무척 넓다. 백혈병과 싸우면서도 그는 빡빡한 스케줄을 지키며 자기학대에 가까울 정도로 열심히 일한다

대한 단상Reflections on Exile』(2000)과 『권력과 정치와 문화Power, Politics and Culture』(2001)를 발표했다. 정치에 관한 글들은 묻힌 기억을 발굴해

확인하며, 평화가 가능한 미래로 나아갈 길을 조명하는 데 초점을 맞추고 있다.

나는 상당히 오랜 기간 동안 사이드와 많은 인터뷰를 했다. 그때마다 내가 느낀 것은 그의 무궁무진한 지적 에너지였다. 한마디로 요약하면 '열정'이

희망을 잃지 않았다. 사이드는 "내 역할은 분류해서 판단하고 비판해서 선택하는 것입니다. 선택권과 지배권을 개인에게 되돌려주기 위해서 말입

"상품화된 이해관계나 이익을 추구하는 상업적 목적보다는 인간적이고 품위 있게 꾸준히 살아가는 데 중점을 둔 공동체를 꿈꿉니다. 물론 성취하기 어

그 목표를 이룰 수 있으리라 믿습니다!'라고 덧붙였다. 나는 지난 9월 말에 그와 전화로 인터뷰했다.

테러를 조장하는 미국의 욕망

에드워드 사이드 Edward Said

interview date | 2001년 11월

테러는 반미反美와 동의어가 되었습니다. 또 반미는 미국에 대한 비판과
동의어가 되었고, 미국의 비판은 비애국적 정신과 동의어로 여겨졌습니다.
도무지 납득하기 어려운 등식이었습니다. 테러를 더 명확하게
정의할 필요가 있습니다. 그래야 팔레스타인 사람들이
점령지의 이스라엘 군인들과 싸우는 행위와 세계무역센터를 때린
무지막지한 테러가 구분될 것이기 때문입니다.

세련되고 예절바른 에드워드 W. 사이드는 많은 점에서 뉴요커의 전형이다. 뉴욕시를 향한 그의 애정은 감동적일 정도다. 그는 "내가 직업으로 삼는 비판과 해석에서 뉴욕은 중요한 역할을 하고 있습니다"라고 말한다. 그에게서 뉴욕시의 끝없는 에너지와 다양성을 고스란히 찾을 수 있다. 그는 문학을 지극히 사랑하고 정치에 간단없는 관심을 보이면서도 오페라와 클래식 음악에도 조예가 깊다. 피아노 솜씨까지 탁월한 그는 어퍼 웨스트사이드에 있는 집에서 전세계의 예술가, 작가와 음악가를 반갑게 맞이한다.

에드워드 사이드는 컬럼비아 대학교에서 교수직을 얻은 1963년부터 뉴욕을 떠나지 않았다. 2001년 현재 그는 컬럼비아 대학교에서 교수로 재직 중이다(사이드는 2003년 9월에 세상을 떠났다 —옮긴이). 예루살렘에서 태어나 예루살렘과 카이로에서 교육을 받은 사이드는 1950년대 초에 미국으로 건너와 프린스턴 대학교를 거쳐 하버드 대학교에서 박사학위를 받았다.

사이드는 요즘 공적 지식인public intellectual을 주제로 강연을 하고 있다. 가는 곳마다 뜨거운 환영을 받는다. 사이드는 그야말로 '진국'인 사내다. 그는 창조적인 지적 재능에 열정까지 겸비한 까닭에, 위선과 모순에 대한 분노, 중동에 관련된 정치 평론에 대한 경멸을 감추지 않는다. 현재 그는 미국에서 팔레스타인 문제에 관한 한 최고의 권위자다.

그는 엄청난 양의 글을 써대고, 관심 분야도 무척 넓다. 백혈병과 싸우면서도 그는 빡빡한 스케줄을 지키며 자기학대에 가까울 정도로 열심히 일한다. 최근에도 그는 『망명에 대한 단상Reflections on Exile』(2000)과 『권력과 정치와 문화Power, Politics and Culture』(2001)를 발표했다. 정치에 관한 글들은 묻힌 기억을 발굴해내고 팔레스타인의 존재를 확인하며, 평화가 가능한 미래로 나아갈 길을 조명하는 데 초점을 맞추고 있다.

나는 상당히 오랜 기간 동안 사이드와 많은 인터뷰를 했다. 그때마다 내가 느낀 것은 그의 무궁무진한 지적 에너지였다. 한마디로 요약하면 '열정'이었다. 그는 어떤 경우에도 희망을 잃지 않았다. 사이드는 "내 역할은 분류해서 판단하고 비판해서 선택하는 것입니다. 선택권과 지배권을 개인에게 되돌려주기 위해서 말입니다"라고 말했다. 또 그는 "상품화된 이해관계나 이익을 추구하는 상업적 목적보다는 인간적이고 품위 있게 꾸준히 살아가는 데 중점을 둔 공동체를 꿈꿉니다. 물론 성취하기 어려운 목표입니다. 하지만 그 목표를 이룰 수 있으리라 믿습니다!"라고 덧붙였다. 나는 지난 9월 말에 그와 전화로 인터뷰했다.

9 · 11 사태로 많은 미국인이 비탄과 혼돈에 빠졌습니다. 선생님은 어떻습니까?

— 뉴욕 시민의 자격으로 말한다면 그 사건은 충격적이고 무서운 사건이었습니다. 특히 그 규모에서요! 무고한 사람들에게 피해를 주었다는 점에서 용서하기 힘든 사건이기도 합니다. 그 테러는 미국의 상징, 즉 미국 자본주의의 심장이라 할 수 있는 세계무역센터와 미 군부의 사령부인 펜타곤을 목표로 삼았습니다. 그렇다고 비난을 피할 수는 없습니다. 그 테러는 협상을 위한 수단도 아니었습니다. 그 만행에서 어떤 메시지를 찾으려고 애쓸 필요도 없습니다.

이번 사건은 자명한 것입니다. 정치의 한계를 넘어서 형이상학의 지경까지 갔습니다. 대화와 정치조직과 설득에는 조금의 관심도 없다는 일종의 악마적 심성이 폭발한 것입니다. 잔혹한 파괴였을 뿐입니다. 잔혹하게 파괴하겠다는 것 이외에 다른 이유가 없는 행위였습니다. 그런 공격이 있을 것이란 주장도 없었습니다. 어떤 요구도 없었고, 흔하디흔한 성명 발표도 없었습니다. 그저 침묵만이 있었습니다.

이번 테러는 무의미한 테러였습니다. 다른 세계, 즉 광적인 맹신과 신화적 막연함에 매몰되어 저지른 짓입니다. 그들만의 목적을 위해 이슬람 전체를 강탈한 짓입니다. 그런 덫에 걸리지 않도록 주의해야 합니다. 그들처럼 형이상학적으로 보복하지 않도록 조심해야 합니다.

미국은 어떻게 해야 할까요?

— 세계 공동체, 즉 유엔이 이 끔찍한 사건을 즉각적으로 다뤄야 합니다. 국제법을 정비해야 합니다. 하지만 너무 늦었을지 모르겠군요. 미국은 유엔을 통해 일해본 적이 없으니까요. 미국은 언제나 단독으로 행동해 왔으니까요. 그런데 미국이 다른 나라를 끝내버리겠다거나 테러를 근절시키겠다고 소리치며, 온갖 수단을 동원하고 장기전을 불사하겠다고 말하는 것은 훨씬 복잡하고 지루한 전쟁으로 발전하기 쉽습니다. 내 생각에는 대부분의 미국인이 그런 전쟁을 감당할 준비도 되어 있지 않습니다.

게다가 눈에 보이는 뚜렷한 목표도 없었습니다. 오사마 빈 라덴의 조직은 언젠가부터 오사마의 품에서 슬슬 빠져나가 이제는 그에게서 거의 독립한 상태입니다. 또한 다른 테러 조직이 나타나고 또 나타날 겁니다. 그래서 우리에겐 정확하고 명확하게, 끈기 있게 대처하는 자세가 필요합니다. 또한 테러리스트의 존재를 조사하는 동시에, 테러의 근원이 어디에 있는지 규명해 나아가야 합니다.

테러의 근원이 무엇이라 생각하십니까?

— 이슬람 세계, 산유국, 아랍 세계, 중동, 요컨대 미국의 이익과 안보에 직결된다고 여겨지는 지역의 사건들에 미국이 오랫동안 개입해온 탓입니다. 여기에 테러의 근원이 있습니다. 미국은 중동에서 쉴 새 없이 터진 사건들에서 아주 특별한 역할을 해왔습니다. 하지만 대부분의 미국인에게 그런 사실은 감춰져왔습니다. 따라서 미국민도 미국의 실제 얼굴을 모릅니다.

이슬람 세계에서 미국은 상당히 다른 두 얼굴을 가진 나라로 비춰지고 있습니다. 하나는 미국을 대단히 뛰어난 나라라고 인정하는 쪽입니다. 내가 알고 지내는 무슬림이나 아랍인은 미국에 무척 관심이 많습니다. 그래서 대다수가 자식을 미국에 보내 교육시키고, 그들도 미국에서 휴가를 보냅니다. 또 미국에서 사업을 하거나 사업에 필요한 훈련을 받습니다. 다른 하나는 대외적으로 비친 미국, 군대를 동원해서 간섭하는 미국입니다. 1953년 이란에서 모사데그의 민족주의 정부를 전복시키고 왕정을 복고시킨 미국입니다. 또 처음에는 걸프전에 뛰어들었지만 나중에는 이란 시민에게 가혹한 제재를 가했던 미국이며, 지금은 팔레스타인을 억압하며 이스라엘을 지원하는 미국이기도 합니다.

당신이 그곳에 살고 있다면 미국의 이런 행위들이 지배를 계속하기 위한 야욕이라 해석할 수밖에 없을 겁니다. 그곳 사람들의 바람이나 열망에는 아랑곳하지 않는 오만이고 일종의 고집입니다. 대부분의 아랍인과 무슬림은 미국이 그들의 바람에 별로 신경 쓰지 않는다고 생각합니다. 미국의 이익을 위한 정책을 밀고 나아갈 뿐이라 생각하며, 미국이 입버릇처럼 내세우는 원칙들, 즉 민주주의, 민족자결, 언론의 자유, 집회의 자유, 국제법의 준수 등을 무시한다고 생각합니다.

예컨대 서안지구와 가자지구를 34년 동안이나 점령하고 있는 것을 합리화하기는 무척 어렵습니다. 그곳에 140곳의 이스라엘 정착촌이 있고 약 40만 명의 정착민이 있는 것을 어떻게 합리화할 수 있겠습니까? 모두가 미국의 지원으로 가능한 것이었습니다. 그런데도 미국이 국제법과 유엔 결의안을 준수한다고 말할 수 있겠습니까? 한마디로, 미국은 정신분열증 환자입니다.

그 결과로 우리는 슬픈 국면을 맞게 되었습니다. 아랍의 지도자들은 기본적으로 인기가 없습니다. 국민의 바람을 충족시켜주지 못하기 때문에 미국의 지원으로 버팁니다. 한 군데도 국민의 뜻과 일치하지 않는 정책과 폭력이 지배하는 세계에서 선동 정치가, 특히 이슬람이란 종교의 이름으로 말할 권리를 요구하는 사람들이, 미국에 항거해서 성전을 벌이고 미국을 박살내자고 부추기기란 그다지 어렵지 않습니다.

얄궂게도 오사마 빈 라덴과 무자헤딘을 비롯해서 이런 사람들 중 다수가 1980년대에 미국의 지원을 받았습니다. 소련을 아프가니스탄에서 몰아내려고 그들을 이용했으니까요. 신을 믿지 않는 공산주의에 대항해서 이슬람 세력을 규합하는 것이 곧 소련에게 등을 돌리는 것이라 여겼고, 실제로 소련은 그로 인해 아프가니스탄에서 물러나야 했습니다.

1985년에는 무자헤딘의 대표들이 워싱턴을 방문해서 레이건 대통령에게서 환대를 받았습니다. 그때 레이건은 그들을 '자유의 투사'라고 부르기도 했습니다. 그런데 그들은 결코 이슬람 세계를 대표하는 사람들이 아니었습니다. 이맘도 아니었고 족장도 아니었습니다. 그들은 자칭 '이슬람의 전사들'이었습니다. 사우디아라비아 출신인 오사마 빈 라덴도 애국자를 자처합니다. 미국이 사우디아라비아에 군사 기지를 두고 있기 때문입니다. 예언자 무함마드의 땅이기에 성지聖地인 곳에 말입니다. 또 그들이 소련을 물리쳤기 때문에 미국도 물리칠 수 있다는 승리주의도 없지 않습니다. 절망감과 병적인 종교적 광신에서, 무고한 사람이나 무관한 사람을 고려하지 않고 무작정 파괴하고 해치겠다는 충동이 있었던 것입니다. 뉴욕의 사례가 대표적인 예입니다.

물론 이번 사태를 이해한다고 해서 그 만행을 용서할 수는 없습니다. 그러나 가령 당신이 이번 사태를 눈꼽만큼도 동정하지 않지만 역사적으로는 이해할 수 있는 사건이라 말한다면 비애국자고 반역자라 손가락질 받고 배척받을지도 모릅니다. 나는 이런 반응이 있을까 정말 두렵습니다. 그렇게 된다면 지극히 위험한 상황으로 발전할 수 있습니다. 이런 점에서, 우리가 살고 있는 이 세계, 우리가 한 부분을 차지하는 역사, 그리고 우리가 초강대국으로 군림하는 이 세계를 올바로 이해하는 것은 모든 시민의 책임입니다.

『암흑의 핵심The Heart of Darkness』(조지프 콘래드의 소설 −옮긴이)에서 커츠가 그렇게 외쳤듯이, 일부 전문가와 정치인은 "야만인은 빠짐없이 죽여라!"라고 소리치는 듯합니다.

— 처음 며칠 동안, 나도 이번 사태를 암울하게만 보았습니다. 어디서나 똑같은 분석이었고, 다른 관점이나 해석은 용납되지 않았습니다. 하지만 분석과 반성이 없는 것이 우려되더군요. '테러'라는 단어를 예로 들어볼까요. 테러는 반미反美와 동의어가 되었습니다. 또 반미는 미국에 대한 비판과 동의어가 되었고, 미국의 비판은 비애국적 정신과 동의어로 여겨졌습니다. 도무지 납득하기 어려운 등식이었습니다. 테러를 더

명확하게 정의할 필요가 있습니다. 그래야 팔레스타인 사람들이 점령지의 이스라엘 군인들과 싸우는 행위와 세계무역센터를 때린 무지막지한 테러가 구분될 것이기 때문입니다.

선생님은 어떻게 구분하십니까?

— 이스라엘의 폭력적 억압 때문에 지극히 무서운 상황에 살고 있던 가자지구의 한 청년이 다이너마이트를 몸에 두르고 이스라엘 군중에게 달려들어 자폭했다고 해봅시다. 나는 그런 행위를 용서하거나 수긍해본 적이 없습니다. 하지만 삶에서 소외되고 주위 사람들에게 배척받고 있다는 기분에 사로잡힌 사람, 그리고 동포인 팔레스타인 사람들, 부모와 형제자매가 고통받고 상처받으며 죽어가는 모습을 지켜봐야 하는 사람의 절망적 몸부림이라고 이해할 수는 있습니다.

그는 뭔가를 하고 싶었을 겁니다. 작은 저항이라도 보여주고 싶었을 겁니다. 따라서 그 행위는 부당하게 가해지는 상황에서 자포자기한 청년의 절박한 행위로 해석될 수 있습니다. 나는 그런 행위에 동의하지는 않지만 적어도 이해할 수는 있습니다. 그러나 세계무역센터와 펜타곤에 테러를 가한 사람들은 절망에 몸부림치던 가난한 피난민이 아니었습니다. 그들은 중산층이었고 영어를 구사할 만큼 교육도 받았습니다. 비행학교에도 다닐 수 있었고, 미국에도 올 수 있었으며 플로리다에서 살 만큼 넉넉한 사람들이었습니다.

『이슬람: 우리가 세계를 보는 시각을 미디어와 전문가가 어떻게 결정하는가 Covering Islam How the Media and the Experts Determine How

We See the Rest of the World』의 개정판 서문에서, 선생님은 "이슬람에 대한 악의적인 일반화는 서구 세계에서 왜곡된 외국문화 중에서 가장 인정하기 힘든 것이 되었다"라고 말씀했습니다. 이런 말씀을 일부러 하신 이유가 있을 텐데요?

— 이슬람을 위협적인 타자로 해석하고, 무슬림을 광적이고 폭력적이며 호색하고 비합리적인 사람이라 해석하는 경향은 식민시대, 즉 내가 '오리엔탈리즘'이라 칭한 시기에 발달하기 시작합니다. 그 타자에 대한 편견은 유럽을 비롯한 서구 세계에 의한 이슬람 세계 지배와 관계가 있습니다. 이런 편견은 이슬람교를 기독교의 경쟁자로 해석하는 종교적 뿌리에 근거하고 있기 때문에 지금까지도 지속되고 있습니다.

미국 대학과 중고등학교의 커리큘럼을 보면, 미국이 이슬람 세계와 오랫동안 교류한 사실에 비해서, 이슬람에 대해서 진정으로 정보가 될 만한 것은 거의 없는 편입니다. 대중매체를 보더라도, 영화 「족장」에서 루돌프 발렌티노가 연기한 국제적인 악당이란 전형이 지금까지도 텔레비전, 영화 등 문화 전반에 남아 있습니다.

이슬람을 개략적으로 일반화하기란 무척 쉽습니다. 예컨대 잡지 『뉴리퍼블릭New Republic』의 아무 호號나 읽어보십시오. 그럼 거기에 이슬람과 관련된 사악한 악마가 있는 걸 볼 수 있을 겁니다. 아랍인은 불량한 문화를 가진 사람처럼 묘사된 글을 쉽게 찾아 읽을 수 있을 겁니다. 미국에서 다른 어떤 종교, 다른 어떤 종족도 이런 식으로는 일반화 되어 있지 않습니다.

최근에 『런던 옵서버』에 기고한 글에서, 선생님은 미국의 전쟁 욕구가 모비딕을 추적하는 아합 선장과 놀라울 정도로 비슷하다고 쓰셨습니다. 무슨 뜻인지 말씀해주시겠습니까?

― 아합 선장은 그에게 상처를 남긴 흰고래를 지구 끝까지라도 추적해야 한다는 강박관념에 사로잡힌 사람이었습니다. 소설의 마지막 장면에서 아합 선장은 작살에 걸린 밧줄에 흰고래와 함께 둘둘 말려서 바다로 끌려들어갑니다. 죽음의 길로 들어서는 셈입니다. 자살이나 다름없는 최후의 장면입니다.

조지 부시가 위기의 초기 단계에서 사용했던 표현들, 예컨대 '십자군 전쟁' '죽었든 살았든 지명수배합니다' 등은 국제 규범에 따라서 용의자를 재판에 회부하는 합법적이고 신중한 처리가 아니라 범죄적 잔혹행위와 대참사를 예고하는 듯했습니다. 이런 반응은 필연적으로 결과를 낳기 때문에 사태를 더 크게 악화시킬 것이 뻔합니다.

오사마 빈 라덴을 악의 상징으로 조작하면서 모비딕과 같은 신화적 모습을 덧씌우면 오히려 그를 영웅으로 만들어주는 꼴이란 생각을 지울 수가 없습니다. 그를 현실 세계로 끌어내려야 합니다. 그를 범죄자로, 선동을 일삼고 무고한 사람들에 불법적인 폭력을 휘두른 사악한 인간으로 다루어야 합니다. 그에 합당한 벌로 응징해야 합니다. 그러자고 우리 세계까지 파괴해서는 안 됩니다.

인도 태생의 아마르티아 센은 1998년 노벨 경제학상을 수상했다. 그는 기아와 빈곤과 불평등에서 비롯되는 사회 문제에 초점을 맞추었고, 여성에게

역설했다.

센은 1933년 캘커타 북쪽에 위치한 산티니케탄에서 태어났다. 그의 가족은 그곳과, 당시는 인도에 속했지만 지금은 방글라데시의 수도인 다카에서

지던시 칼리지, 케임브리지 대학교의 트리니티 칼리지에서 수학했다. 현재 트리니티 칼리지의 학장이며, 하버드 대학교의 명예교수, 옥스팜Oxf

Relief의 명예 회장이다. 그는 런던 경제대학원, 옥스퍼드 대학교, 델리 대학교에서 가르쳤다. 또한 각 나라 국민의 사회복지 수준을 비교하는 유엔 일

도 참여했다.

센의 가장 대표적인 저서는 『빈곤과 기아: 자격 부여와 박탈에 관하여Poverty and Famines: An Essay on Entitlement and Deprivation』(1981)다. 의

아의 주된 원인이라는 일반적 의견에 반론을 제기하면서, 기아는 사회계급의 문제로 비민주적인 국가에만 존재한다고 증명해냈다. 그의 최근작은

모은 『자유와 발전Development and Freedom』(1999)이다.

나는 1월 중순 경, 센의 연구실에서 그와 이야기를 나누었다. 센은 자신의 경제관이 잘못 건해질 수 있다는 이유로 인터뷰하기가 항상 두렵다고 말했

여러 해를 보냈다는 사실을 알고 나자 그는 한결 안심하는 듯한 표정이었다.

센은 인도의 위대한 시인으로 노벨상을 받은 타고르(1861~1941)를 무척 존경한다고 말했다. 나중에야 알게 되었지만 타고르는 센의 가족과 친구였

란 뜻을 지닌 아마르티아라는 이름을 지어준 사람도 타고르였다. 센은 "어렸을 때 타고르를 자주 보았습니다. 자상하고 온화한 모습이었던 걸로 기억

어머니는 무용수였고, 캘커타에서 공연된 타고르의 무극舞劇에서 여러 번 주역을 맡았다. 현재 90세인 그녀는 뱅갈 어로 잡지를 발간하며 여전히 활

'합리적이고 정밀한 조사'의 힘을 강조하고, '세계 문명의 완전한 화합'을 추구하던 타고르의 정신 세계가 센에게 각인된 듯이 센은 "나는 그런 문화

했다. 그밖에도 그는 존 스튜어트 밀, 아담 스미스, 칼 마르크스, 마하트마 간디에게서 많은 영향을 받았다고 덧붙였다. 또한 인도를 다양한 종족과 다

는 세계로 보았던 16세기 무굴 제국의 악바르 황제를 존경한다고 말하기도 했다. 세계인인 센도 인터뷰 동안 어린시절의 회상에 목이 메는 듯했다.

경제학에도 윤리가 있다

아마르티아 센 Amartya Sen

interview date | 2001년 8월

기아가 계급과 관련 있다는 기억은 내 머리에 뚜렷이 새겨졌습니다.
훗날 나는 어떤 기아도 인구의 5퍼센트, 아무리 많아도 10퍼센트
이상에게 영향을 미치지 못한다는 사실을 알아냈습니다.

인도 태생의 아마르티아 센은 1998년 노벨 경제학상을 수상했다. 그는 기아와 빈곤과 불평등에서 비롯되는 사회 문제에 초점을 맞추었고, 여성에게도 권한을 부여할 필요성을 역설했다.

센은 1933년 캘커타 북쪽에 위치한 산티니케탄에서 태어났다. 그의 가족은 그곳과, 당시는 인도에 속했지만 지금은 방글라데시의 수도인 다카에서 살았다. 센은 캘커타의 프레지던시 칼리지, 케임브리지 대학교의 트리니티 칼리지에서 수학했다. 현재 트리니티 칼리지의 학장이며, 하버드 대학교의 명예교수, 옥스팜Oxford Committee for Famine Relief의 명예 회장이다. 그는 런던 경제대학원, 옥스퍼드 대학교, 델리 대학교에서 가르쳤다. 또한 각 나라 국민의 사회복지 수준을 비교하는 유엔 인간개발지수를 개발하는 데도 참여했다.

센의 가장 대표적인 저서는 『빈곤과 기아: 자격 부여와 박탈에 관하여Poverty and Famines: An Essay on Entitlement and Deprivation』(1981)다. 이 책에서 센은 식량부족이 기아의 주된 원인이라는 일반적 의견에 반론을 제기하면서, 기아는 사회계급의 문제로 비민주적인 국가에만 존재한다고 증명해냈다. 그의 최근작은 세계은행에서 가진 강연을 모은 『자유와 발전Development and Freedom』(1999)이다.

나는 4월 중순 경, 센의 연구실에서 그와 이야기를 나누었다. 센은 자신의 경제관이 잘못 전해질 수 있다는 이유로 인터뷰하기가 항상 두렵다고 말했다. 하지만 내가 인도에서 여러 해를 보냈다는 사실을 알고 나자 그는 한결 안심하는 듯한 표정이었다.

센은 인도의 위대한 시인으로 노벨상을 받은 타고르(1861~1941)를 무척 존경한다고 말했다. 나중에야 알게 되었지만 타고르는 센의 가족과 친구였다. 게다가 센에게 '불멸'이란 뜻을 지닌 아마르티아라는 이름을 지어준 사람도 타고르였다. 센은 "어렸을 때 타고르를 자주 보았습니다. 자상하고 온화한 모습이었던 걸로 기억합니다"라고 말했다. 센의 어머니는 무용수였고, 캘커타에서 공연된 타고르의 무극舞劇에서 여러 번 주역을 맡았다. 현재 90세인 그녀는 벵갈 어로 잡지를 발간하며 여전히 정력적으로 활동하고 있다. '합리적이고 정밀한 조사'의 힘을 강조하고, '세계 문명의 완전한 화합'을 추구하던 타고르의 정신세계가 센에게 각인된 듯이 센은 "나는 그런 문화에서 자랐습니다"라고 말했다.

그 밖에도 그는 존 스튜어트 밀, 아담 스미스, 칼 마르크스, 마하트마 간디에게서 많은 영향을 받았다고 덧붙였다. 또한 인도를 다양한 종족과 다양한 문화가 공존할 수 있는 세계로 보았던 16세기 무굴 제국의 악바르 황제를 존경한다고 말하기도 했다. 세계인인 센도 인터뷰 동안 어린시절의 회상에 목이 메는 듯했다.

선생님은 다카에서 어린시절을 보냈습니다. 선생님에게 깊은 인상을 남긴 일이 있었을 텐데요.

— 내가 열 살 때였을 겁니다. 혼자서 우리 집 마당에서 놀고 있었습니다. 그때 갑자기 인기척이 느껴졌습니다. 고개를 들었죠. 한 남자가 배에서 피를 철철 흘리고 있었습니다. 칼에 찔린 것이 분명했습니다. 그는 우리집 대문을 기어 들어오며 도와달라고 했습니다. 나는 그를 마당에 눕히고 도와달라고 소리쳤습니다. 그는 무슬림이었지만, 와리라는 힌두교 지역까지 일자리를 찾아온 일용직 노동자였습니다. 카데르 미아라는 그의 이름을 아직도 기억합니다.

당시 힌두교 지역에서는 무슬림이 살해당하고 무슬림 지역에서는 힌두교도가 살해당하는 혼돈의 시기였던 것을 알면서도 그는 힌두교 지역까지 왔던 겁니다. 물론 그도 내키지는 않았을 겁니다. 하지만 너무나 가난했던 까닭에 먹을 것을 찾아야 했습니다. 마침내 그는 일자리를 찾았고, 그곳에 가던 길에 칼을 맞았던 것입니다. 그의 아내는 그처럼 위험한 곳엔 가지 말라고 말렸다고 하더군요. 하지만 그는 입에 풀칠할 거리라도 마련하기 위해서 어쩔 수 없이 위험한 선택을 해야 했습니다. 그런 경제적 속박이 결국 죽음으로 이어지고 말았습니다.

이 사건은 내게 엄청난 충격을 주었습니다. 공동체가 다르다는 이유로, 단지 정체성이 다르다는 이유로 개인적 원한도 없는 사람들이 서로 죽일 수 있다는 사실을 나는 믿을 수 없었습니다. 인간의 정신으로는 도무지 이해하기 힘든 사건이었습니다. 왜 당신에게 아무런 해도 입히지 않는 사람의 목숨을 빼앗아야 합니까? 당신이 알지도 못하는 사람을, 단지 다른 집단에 속했다는 이유만으로 죽여야 하는 이유가 뭡니까? 내 생각에는 윤리적으로나 지적으로나 결코 납득할 수 없는 끔찍한 사건이었습니다. 대체 그런 사고방식이 어떻게 가능할 수 있습니까!

그 사건으로 인해, 나는 공동체에 근거한 정체성에 의문을 품게 되었습니다. 지금 이 순간까지도 나는 공동체주의 철학이나 공동체주의 정책을 본능적으로 반대합니다. 그렇다고 무작정 반대하지는 않습니다. 분석에 근거해서, 즉 내 글을 통해서 반대하는 이유를 밝힙니다. 그러나 본능적인 거부감은 공동체 정체성이 갖는 추악한 면과도 적잖은 관계가 있습니다. 그 추악한 면의 힘이 너무나 강했습니다. 나도 폭동이 계속되고 있다는 것은 알고 있었습니다. 하지만 누군가 내 품에 안겨 피를 흘리며 죽어가는 것을 볼 때까지, 나는 그런 현실을 실감하지 못했습니다.

카데르 미아는 결국 병원에서 죽었습니다. 그가 아내의 애정 어린 충고를 무시할 수밖에 없었던 이유가 내 머릿속에 깊이 각인되었습니다. 삶에서 자유가 없었던 까닭에, 그는 좋은 아버지가 되어 자식들을 자유롭게 해주기 위해서 어떤 위험이라도 각오할 수밖에 없었습니다. 그는 위험을 무릅썼고, 그래서 목숨을 잃었습니다. 경제적 자유의 결여가 삶의 자유까지 빼앗아가는 주된 원인이라는 사실을 나는 그 사건을 통해 깨달았습니다. 전혀 다른 종류의 자유가 밀접한 관계에 있다는 사실이 훗날 내 이론의 중심 개념이 되었습니다. 내가 이런 이론을 전개하게 된 동기가 바로 그 사건이었습니다.

1943년 벵골을 휩쓴 기아도 중대한 경험이었을 텐데요. 제가 알기에, 선생님은 어렸을 때 굶주린 피난민들에게 쌀 한 통씩을 나눠줬다고 하던데요. 산티니케탄의 할아버지 집 앞을 지나가는 피난민들에게요.

— 먼저, 쌀 한 통에 대해 분명히 해둬야겠습니다. 한 인터뷰에서, 내가 할아버지의 허락을 얻어 집에 있던 커다란 쌀 항아리에서 담배통만큼 쌀을 꺼내 먹을 것을 구하는 사람들에게 나눠주었다고 말했습니다. 하지만 그리 대단한 일은 아니었습니다. 내 기억에 특별히 남아 있는 것도 아니고요. 그 시절에 대한 기억은 내가 사람들에게 작은 도움이라도 주려고 노력했다는 것이 아닙니다. 갑자기 그렇게 많은 사람이 죽어가는 이유가 뭔가라는 의문이었습니다. 대체 그 많은 사람들이 어디에서 왔을까? 한결같이 처음 보는 얼굴이었습니다. 그들은 내가 다니던 학교에도 오지 않았습니다. 그렇다고 내가 부자들이나 다니는 학교에 다녔던 것도 아닙니다. 아주 평균적인 수업료를 받는 중산층 학교였습니다.

모든 기아가 그렇듯이, 벵골을 휩쓴 기아도 계급의 문제였습니다. 어떤 직업, 어떤 계급에 속하느냐에 따라 굶어 죽기도 하지만, 기아를 전혀 인식하지 못하기도 합니다. 그때 벵골 인의 90~95퍼센트가 아주 정

상적인 삶을 계속 영위했지만 무려 300만 명이 죽었습니다. 그들 모두
가 작은 공동체, 약소계급에 속한 사람들이었습니다. 기아로 죽은 사람
들은 주로 시골의 육체 노동자였습니다. 하지만 강변에서 하역작업을
하는 육체노동자, 또 이발소나 수공업과 같은 업종에 종사하는 육체 노
동자도 굶어 죽었습니다. 기아가 닥치면서 그들의 시장마저 사라진 까
닭이었습니다. 이 약소한 계급에 속한 사람들이 경제적으로 가장 취약
했던 것입니다. 그래서 기아의 태풍을 이겨내지 못했습니다.

기아가 계급과 관련 있다는 기억은 내 머리에 뚜렷이 새겨졌습니다.
훗날 나는 어떤 기아도 인구의 5퍼센트, 아무리 많아도 10퍼센트 이상에
게 영향을 미치지 못한다는 사실을 알아냈습니다. 역사적으로, 1840년
대에 있었던 아일랜드 기아가 가장 심했습니다. 기아가 오랫동안 계속되
었지만 인구의 10퍼센트 정도만 피해를 입었습니다. 그 밖에도 내가 내
부모와 주변 사람들에서 수집한 증거에 따르면, 그 당시에 수확이 그다
지 나쁘지는 않았습니다. 그런데도 기아가 닥쳤다니 놀라울 따름입니다.

벵골의 기아 사태는 2차 대전 중에 닥쳤습니다. 일본이 미얀마를 점
령했고, 벵골에는 영국군이 있었습니다. 전쟁으로 인해 식량의 수요가
천정부지로 치솟으면서 인플레이션이 있었습니다. 당연히 가격이 치솟
았습니다. 정상적인 조건에서 소작인과 임금 노동자는 거의 똑같은 수
준으로 가난합니다. 하지만 가격이 치솟자 고정 임금을 받는 임금 노동
자는 나락으로 떨어진 반면에, 식량의 형태로 소득의 일부를 취하는 소
작인은 임금 노동자만큼 고통을 받지 않았습니다.

나는 열 살 때 기아를 목격했습니다. 기아가 계급과 관련이 있고 급격
히 닥친다는 것을 몸으로 경험했습니다. 복잡한 경제 시스템을 재검해
야 한다는 인식은 아마 그때부터 시작된 듯합니다.

『자유와 발전』에서, 선생님은 "세계사에서 민주주의가 제대로 기능하는 나라에는 기아 사태가 닥친 적이 없다"고 말씀했습니다. 그 이유가 무엇입니까?

— 1970년대 쯤, 민주주의가 제대로 기능하는 나라에서는 기아가 실제로 없었다는 사실을 나는 확인할 수 있었습니다. 또 기아가 우연히 닥치는 것이 아니라 분명한 이유가 있다는 사실도 확인할 수 있었습니다. 기아 문제를 다룬 첫 책『빈곤과 기아』는 1981년에 출간되었습니다. 그때쯤 나는 기아가 일어난 원인과 쉽게 방지할 수 있는 방법을 어느 정도 알아냈습니다. 영양부족은 그렇게 쉽게 방지할 수 없지만 기아는 그 노력의 절반이면 근절할 수 있습니다. 따라서 "정부는 기아를 방지하기 위해서 왜 노력하지 않는가?"라는 질문으로 귀결됩니다.

첫째는 정부에서 일하는 종복들, 결국 리더들이 상류계급이기 때문입니다. 그들은 굶주리지 않습니다. 굶주림이 뭔지도 모릅니다. 기아로 고통받지도 않습니다. 따라서 기아를 근절해야 할 개인적 동기가 없습니다. 둘째로는 정부가 민주 정부가 아니기 때문입니다. 정부가 여론에 민감하다면 기아는 무슨 수를 써서라도 피해야 할 것입니다. 기아가 있은 후에는 어떤 정부도 선거에서 승리할 수 없습니다. 신문, 야당 등에게 비판받는 것을 좋아할 정부가 어디에 있겠습니까. 민주주의는 정부에게 기아에 즉각적으로 대처해야 할 정치적 동기를 줍니다.

기아는 식민 통치를 받는 곳에서 일어납니다. 영국 통치를 받던 인도와 아일랜드가 대표적인 예입니다. 또 소말리아나 에티오피아처럼 군사독재 하의 나라, 그리고 소련이나 중국처럼 일당독재의 나라에서도 기아는 일어납니다. 대약진운동이 실패로 끝나면서 중국은 1958년부터 1961

년까지 기아로 허덕이게 되었고, 그로 인해 거의 3000만 명이 죽었습니다. 수천만 명이 죽어가는 와중에도 정부의 파괴적인 정책은 수정되지 않았습니다. 민주국가에서는 상상조차 할 수 없는 현상이었습니다.

기아가 계속되는 동안에 정보마저 차단되었습니다. 정보의 차단은 정치적 결단을 가로막는 추가적 요인입니다. 각 집단의 사람들은 자기들은 기아에 허덕이는데 다른 지역 사람들은 괜찮다는 것을 신문에서 읽었습니다. 검열 때문에! 결국 그들만이 잘못하고 있다는 결론에 이르렀습니다. 따라서 그들은 실패를 인정하는 대신에 숫자를 조작했습니다. 민주적 제도가 결여될 때 필연적으로 수반되는 언론의 통제가 국민만이 아니라 정부의 눈까지 가려버리는 결과를 낳았습니다.

소련에서 비슷한 사태가 있었습니다. 착각과 지적인 교만이 복합된 결과였습니다. 물론 우크라이나 기아의 경우에는 부농들의 혐오도 있었습니다. 하지만 여기에, 민주주의의 결여와 정보 부족에 수반되는 정치적 동기의 부재까지 더해지면서 기아로 발전한 것입니다.

인도는 서방 언론에서 세계 최대의 민주국가라고 종종 칭찬받습니다. 하지만 역설적이게도 인도는 민족주의를 표방하는 힌두교당이며, 약간은 근본주의적 색채를 띤 바라티야 자나타 당黨이 통치하고 있습니다. 인도에서 정치의 '성전화jihadization'가 이뤄진 동기가 뭡니까?

— 인도가 민주주의로 세계에서 유명하다고는 생각지 않습니다. 민주주의는 언젠가부터 전세계에서 무척 홀대받는 상품이 되었습니다. 인도에서, 민주주의는 좌파에 속한 사람들에게 큰 환영을 받지 못했습니다. 그들은 민주주의를 부르주아적이고 위선적인 제도라 생각했습니다. 내가

학생이던 시절에도 이런 관점이 무척 강했습니다. 나도 학창시절에는 좌파 정치에 적극 참여했습니다. 여하튼 정치에 적극적이었던 거의 모든 사람이 민주주의를 좋게는 보이지만 이상한 제도라 생각했습니다.

서구 세계 사람들은 인도의 민주주의에 상대적으로 관심을 거의 보이지 않았습니다. 또 미국의 정부와 강경한 군부 및 보수파도 민주주의에 큰 관심을 보인 적이 없다고 말해도 과언이 아닙니다. 그런데 좌파에서도 국민이 굶주리고 가난하면 민주주의가 뜻하는 바에 깊은 회의를 품습니다. 이런 와중에, 반민주적인 통치 때문이 아니라 여러 이유로 유명한 중국이 커다란 장벽이 되어, 인도가 대단한 성과를 이뤄내고 있는 사실을 세상에 제대로 알릴 수 없었습니다. 따라서 나는 인도에 대한 세상의 편견을 교정하는 데 작은 역할이라도 하고 싶습니다.

물론 안타깝게도 바라티야 자나타 당이 집권당인 것은 현실입니다. 나는 그 당에 내 표를 준 적도 없었고 앞으로도 그럴 겁니다. 그러나 바라티야 자나타 당이 민주주의를 반대하거나 억압하지는 않았습니다. 헌정을 중단시키거나 투표권을 바꾼다거나 선거제도를 없앤 적은 없습니다. 이런 점에서, 비민주적인 정당이 정권을 움켜쥐고 정부를 운영한다고 말할 수는 없습니다. 다만 자나타 당이 다민족 국가에서 하나의 공동체를 지향하고 있다는 점이 문제입니다.

인도는 근본에서부터 다양한 공동체, 다양한 종교, 다양한 문화가 공존하는 땅입니다. 힌두교, 이슬람교, 시크교, 기독교, 자이나교 등 다양한 종교가 공존하는 땅입니다. 자나타 당은 힌두교 종파주의에 정치적 기반을 두고 있습니다. 그러나 자나타 당은 무슬림 당원도 있다고 줄곧 주장해왔습니다. 물론 나는 이런 주장을 그렇게 대단하다고 받아들이지는 않습니다. 또한 자나타 당이 절대적인 힘을 지닌 것도 아닙니다. 하지만 인도의 정치 풍토를 감안할 때 그런 종파적인 기반을 가진 정당이 감히 다문화적이라고 주장하는 사실 자체가 흥미롭습니다. 내게는 이런 주장이 헌법에 기반한 민주적 정경분리를 과시하려는 겉치레로만 보입니다. 그래도 인도에게는 천만다행이지요.

바라티야 자나타 당은 25퍼센트 정도의 지지를 얻고 있습니다. 이런 득표율은 예전이나 지금이나 큰 변화가 없습니다. 자나타 당은 다른 정당들과 연정聯政을 구성하고 있습니다. 이런 점에서 국민회의파나 좌파 연합보다 훨씬 능숙합니다. 나는 민주주의자의 입장에서 자나타 당이 정부를 운영해야 한다고 생각합니다. 거친 부분은 부드러운 부분으로 다듬으면 됩니다. 자나타 당은 인도 정치에서 거친 부분이라 할 수 있습니다.

1998년 5월 인도는 핵실험을 했습니다. 그로부터 한 달 후, 파키스탄도 핵실험을 했습니다. 이런 사태를 선생님은 어떻게 생각하십니까?

— 안타까운 일입니다. 하지만 핵실험은 선거기간 중에 바라티야 자나타 당이 내건 공약이었습니다. 그들은 핵개발을 계속하겠다고 공약했고, 그 공약을 실천했습니다.

서방 언론은 핵실험을 반대하는 사람들도 있었다는 사실에는 눈을 돌리지 않았습니다. 핵실험 후에 길거리에 쏟아져 나와 환호하는 사람들을 사진에 담기는 쉬웠겠죠. 하지만 부엌에 앉아 혹은 방에 앉아 미래를 걱정하는 사람들의 모습은 전혀 비춰지지 않았습니다. 주로 도시 지역을 중심으로 일었던 환희의 바람이 수그러들자, 정부의 핵개발을 지지하는 민중의 소리도 사라지고 말았습니다.

핵실험으로 인도 대륙 전체의 안전이 크게 위협받게 되었습니다. 파키스탄은 반드시 대응할 것입니다. 파키스탄이 핵무기를 제조할 능력을 갖췄다는 사실은 누구나 알고 있었습니다. 파키스탄의 역량이 인도의 역량에 크게 못 미친다는 사실은 중요하지 않습니다. 파키스탄이 핵개발에 참여한다면 수억 명이 죽어나갈 수도 있으니까요. 게다가 경제적 관점에서도 인도는 자원의 적잖은 부분을 낭비한 셈입니다. 그 자원을 경제와 사회를 발전시키는 데 썼더라면 훨씬 더 생산적이었을 겁니다.

선생님은 여성의 권리를 강력하게 옹호하시는 분이기도 합니다. 그래서 여성의 지위 향상과 출산율이 밀접한 관계에 있다는 글을 쓴 것으로 알고 있는데요.

— 여성의 지위 향상 및 고용 증가, 그리고 여성의 문맹률 하락은 출산율의 감소와 분명한 관계가 있습니다. 인도의 300여 지역을 조사해보면 여성의 문맹률과 고용 정도에 따라 출산율이 다르다는 사실을 확인할 수 있습니다. 인구의 급속한 변화가 장기적으로 환경에 어떤 영향을 미칠지는 모르지만 자식의 출산과 양육은 젊은 여성의 삶과 자유에 즉각적인 영향을 미칩니다. 따라서 젊은 여성의 목소리가 어떤 형태로든 높아질 때 출산율은 감소하는 경향을 띱니다.
　우리가 양성평등의 문제에 관심을 가져야만 하는 이유는 자명합니다. 이런 방향으로 가는 데 어떤 이론異論도 있을 수 없다고 생각합니다. 자연의 순리입니다. 양성평등을 당연하게 받아들이지 않는 사람들이 있는데 나는 그 이유를 도무지 납득할 수 없습니다.

세계화에 대해서는 어떻게 생각하십니까?

— 세계화는 복잡한 문제입니다. 경제의 세계화는 그 일부에 불과합니다. 세계화는 궁극적으로 세계를 더 가깝게 하자는 데 목적이 있습니다. 경제만이 아니라 문화, 사회, 정치까지도요. 나는 과거 2000~3000년 동안의 꾸준한 발전이 세계를 넘나든 사상과 기술, 상품과 인간에서 전적으로 비롯되었다고 생각합니다. 세계화를 이런 의미에서 순수하게 받아들인다면 세계화를 거부할 명분을 찾기 힘들 겁니다. 그래서 나는 이런 고차원적 관점에서 세계화를 생각해보려 합니다. 경제를 제외한 모든 부분에서는 세계화를 원하면서 경제의 세계화만을 반대하기는 어려울 테니까요.

어떤 의미에서, 반反세계화 운동은 현 세계에서 가장 세계화된 운동 중 하나입니다. 호주, 인도네시아, 영국, 인도, 폴란드, 독일, 남아프리카공화국 등 세계 방방곡곡에서 찾아온 사람들이 시애틀이나 퀘벡에서 시위를 하지 않습니까! 이보다 더 세계화된 현상이 지금 또 있을까요?

우리는 하나의 세계 공동체에서 살고 있습니다. 경제 교류가 이런 공동체의 형성에 부분적인 역할을 하고 있습니다. 경제 교류가 새로운 기회를 제공하면서, 세계의 많은 지역에서 가난을 해소하는 데 큰 역할을 한 것은 사실입니다. 동아시아의 성공이 대표적인 예입니다. 더 과거로 거슬러 올라가면 서유럽과 북아메리카도 국제 교류를 통해 새로운 경제적 기회를 창출한 덕분에 가난에서 탈출할 수 있었습니다.

하지만 미국은 북아메리카 대륙 전체에서 학살과 약탈을 자행해서 세워진 나라였고, 유럽은 식민제국을 건설해서 부를 축적하지 않았던가요?

우리는 그 안에서 다른 요인들도 찾아내야 합니다. 미국이 엄청난 크기의 땅을 운좋게 얻었고, 아메리카 원주민은 불운하게도 백인들에게 쫓겨났다고 말할 수도 있습니다. 하지만 미국의 부 전체가 원주민을 착취해서 얻은 것이란 주장은 크게 잘못된 것입니다. 미국의 부는 현대 산업의 생산성에서 비롯된 겁니다. 이 점은 칼 마르크스도 인정한 겁니다.

『자본론』에서 마르크스는 "현 세계에서 가장 괄목할 만한 사건이 무엇인가?"라는 질문을 던지며 남북전쟁을 꼽았습니다. 남북전쟁이 어떤 결과를 낳았나요? 비교역적 관계, 즉 노예제도가 임금 중심 관계로 바뀌었습니다. 마르크스는 1848년(유럽에서 혁명이 있었던 해로 프랑스는 민주공화국이 되고, 독일과 이탈리아는 자유주의적인 민족국가로 통일된 해 ―옮긴이)과 파리 코뮌을 중대한 사건으로 꼽지 않았습니다. 현실주의자였던 마르크스도 산업 자본주의가 과거에는 결코 이뤄낼 수 없었던 큰 변화를 이뤄냈고, 풍요로운 사회의 기반을 놓았다는 점을 알았기 때문입니다.

마르크스가 사회주의 미래를 생각하면서 더 평등한 사회를 만들어갈 방법을 생각했을 수는 있습니다. 하지만 시장경제가 부를 확대하고 가난에서 탈출할 수 있는 기회를 제공한다는 사실을 알고 있었다는 점에서 마르크스는 아담 스미스와 데이비드 리카도의 위대한 추종자입니다.

유럽과 식민주의는 어떻게 해석하시겠습니까? 벵골도 부를 착취당해 가난한 땅으로 전락해버렸는데요.

― 벵골은 철저하게 착취당했습니다. 그 때문에 발전이 지연되었습니다. 벵골이 식민주의로 엄청난 고통을 받았다는 것은 다 아는 사실입니다. 하지만 식민지가 없었더라면 유럽은 산업혁명을 이루지 못했으리란 주장은 잘못입니다. 당신도 그렇게 분석한다고는 생각지 않습니다. 궁극적으로 제국주의는 영국의 노동자까지 고통받게 만들었습니다.

요컨대 유럽과 미국의 산업화가 제3세계를 착취해서 얻은 결과라는 주장은 지나친 단순화입니다. 다른 나라, 즉 일본을 예로 들어볼까요? 일본은 많은 점에서 제국주의 국가로 변해갔습니다. 하지만 일본이 크게 발전한 후에야 그런 방향으로 변화가 있었습니다. 나는 일본이 중국을 착취해서 부를 축적했다고 생각지 않습니다. 일본의 부는 국제 교역의 확대를 통해 얻은 것입니다.

우리는 더 현실적이 되어야 합니다. 공정과 정의를 이유로, 불합리한 증거로 다른 나라를 무작정 비난해서는 안 됩니다. 이 점이 무엇보다 중요합니다.

경제의 세계화가 갖는 부정적인 면을 어떻게 설명하시겠습니까?

— 나는 전반적으로 경제의 세계화를 찬성하는 쪽입니다. 이렇게 말했다고 경제의 세계화가 언제나 모두에게 이익이라는 뜻은 아닙니다. 모두에게 즉각적인 이득을 안겨주는 것도 아닙니다. 그로 인해 고통받는 사람들이 있습니다. 우리가 눈여겨봐야 할 것은 세계화에 대한 무차별적 비난이 아닙니다. 그렇게 된다면 우리는 어떤 결실도 거둘 수 없습니다. 바다를 다스리려 한 카뉴트 왕과 비슷해져 버립니다. 세계화의 중요성을 새삼스레 언급하지 않더라도 세계화는 피할 수 없는 대세입니다. 남은 것은 인간적이고 정의로운 방법으로 추진하는 것입니다. 그러자면 피해자에게 더 많은 관심을 기울여야 할 필요가 있습니다.

나는 모든 문제가 이런 저런 불평등에서 비롯된다고 생각합니다. 따라서 우리가 눈여겨봐야 할 것은 불평등입니다. 세상을 좀더 평등한 곳으로 만들어갈 수 있는 방법을 찾는 데 심혈을 기울여야 합니다. 그러자면 노동 조건에 특별한 관심을 기울여야 합니다. 그러자면 노동운동을 통한 적극적인 참여가 필요합니다. 협동정신을 되살려내야 합니다. 또 세계의 금융구조를 개편해야 합니다. 지금의 금융구조는 1940년대에 만든 것이어서 현실을 제대로 반영하지 못하고 있습니다.

나는 세계화를 찬성하지만 반反세계화 운동을 적극 지지합니다. 반세계화 운동가들은 매우 중요한 문제를 의제로 제안하고 있습니다. 그러나 그들이 간혹 슬로건의 형식으로 제기하는 논란거리들은 지나치게 단순한 면이 있습니다. 능수능란한 경제학자와 경제 전문기자가 이론적으로 완벽하게 반박해서 그런 쟁점들이 쉽게 거부된다는 이유만으로 그 과정 자체까지 무가치한 것은 아닙니다. 그런 과정에서 중요한 쟁점들이 의제로 떠오르니까요.

세계화는 매우 부당하고 불공정하며 불평등할 수 있습니다. 그러나 그런 현상들은 우리가 얼마든지 개선해 나갈 수 있는 문제들입니다. 그런 현상이 있다고 해서 시장경제를 포기할 수는 없습니다. 우리에게는 시장경제가 필요합니다. 하지만 시장경제가 다른 제도적 장치보다 우선시되어서는 안 됩니다. 우리에게는 민주주의가 필요합니다. 비정부기구도 필요합니다. 우리는 다원화된 세계에서 살고 있습니다. 자유, 경제, 사회, 문화, 정치 등이 상호관계를 맺으면서 다양한 형태로 나타나는 현실을 인정해야 합니다. 이런 복합적인 사회를 반세계화만으로 혹은 세계화만으로는 끌어갈 수 없습니다. 양쪽 모두에 적절한 제한이 필요합니다.

선생님이 특별히 관심 갖는 부분이 있다면요?

— 내가 온 정신을 쏟는 분야가 있는지는 나도 모르겠습니다. 그래도 우

리가 어딘가에 집중해야 할 이유가 있다면 그 이유에 대해서는 말할 수 있을 것 같습니다. 우리는 다른 사람들과 공유하는 세상에서 아주 짧은 시간을 살 뿐입니다. 그런데 우리는 매 순간 다른 사람, 즉 예술가와 문화인에서 우리가 먹는 식량을 생산하는 농부에 이르기까지 다른 사람에게 의존해서 살아갑니다. 부자와 가난한 사람의 차이는 운의 문제일 뿐입니다. 어떤 형태로든 남보다 특권을 누리겠다는 욕심은 잘못입니다.

부자가 대다수의 사람보다 훨씬 생산적이라는 이론으로 빈부의 차이를 호도하려는 시도는 더 큰 잘못입니다. 굶주릴 필요가 없는 세상에서, 적절한 의료 혜택을 받지 못하고 죽어갈 필요가 없는 세상에서, 문맹이어야 할 이유가 없는 세상에서, 절망과 슬픔에 짓눌려 지내야 할 이유가 없는 세상에서 살아가는 사람들이 실제로는 그런 불행을 겪는다는 사실을 생각하면 안타깝기 짝이 없습니다.

그러나 이런 현실은 가난의 문제만이 아닙니다. 불평등에는 신경쓰지 않고 가난만을 걱정하는 사람들이 적지 않습니다. 하지만 이런 생각은 지속가능한 생각이 아닙니다. 공동체의 삶에 참여하는 적절한 수단이라 할 수 있는 능력과 소득 간에는 밀접한 관계가 있기 때문에 많은 가난이 결국 불평등에서 비롯됩니다. 따라서 우리는 불평등에 관심을 가져야 합니다. 불평등과 가난은 떼어놓고 생각할 수 없습니다.

끝으로 우리는 도덕적인 질문을 스스로에게 던져봐야 합니다. 나는 부자가 될 자격이 있는가? 가난과 불평등이 만연된 세상에서 편안하게 살아갈 자격이 있는가? 이런 질문을 자신에게 던질 때 우리는 불평등의 문제를 인간다운 삶의 중심 과제로 제기할 수 있을 겁니다. 궁극적으로, "나는 어떻게 살아야 하는가?"라는 소크라테스적 질문이 있어야 우리는 불평등을 자각하고 그 문제를 해결하는 데 올바로 대응할 수 있을 겁니다.

요즘 인도에서 큰 싸움이 벌어지고 있다. 특히 눈에 띄는 투사 중 한 명이 소설가 아룬다티 로이다. 다국적 기업들이 인도의 상류계급과 결탁해서 인

이즈로 전락시키고 있는 중이다. 로이는 이런 현실을 "세계화가 세계 빈곤의 근절책인가? 아니면 리모콘으로 조절하고 디지털로 운영되는 식민주의

로 표현했다.

41세인 로이는 부커상을 수상하고 600만 부가 팔렸으며 40개 언어로 번역된 「작은 것들의 신The God of Small Things」(1997)의 저자다. 인도 남서부

마을을 배경으로 펼쳐지는 이 소설은 자전적 요소들로 가득하다. 로이는 케랄라의 시리아 기독교 공동체 마을에서 성장했다. 케랄라 주에서 시리아

트 정도였다. 그녀는 "케랄라는 세계 4대 종교, 즉 힌두교, 이슬람교, 기독교, 마르크스주의의 고향입니다"라고 말하며 웃었다. 한 마르크스주의자가

동안 집권한 까닭이었다. 그러나 로이는 "그 당의 지도자들은 브라만이며, 인도에는 아직도 카스트 제도가 대단한 힘을 발휘합니다"라고 황급히 덧붙

처녀작 「작은 것들의 신」이 성공을 거두면서 그녀는 할리우드로부터 뿌리치기 어려운 제안을 받았다. 그러나 그녀는 장난기 어린 악마처럼 그 제안

시각적이지만 영화로는 만들 수 없는 책을 썼습니다"라고 말했다. 그리고 에이전트에게는 영화사들이 실컷 굽실대게 만든 후에 거절하라고 전했다.

반향을 불러 일으켰다. "그들은 나를 껴안고 '우리의 딸'이라 자랑하고 싶어 했습니다. 하지만 그들은 그 소설이 무엇에 대해 다룬 것인지는 따지려

제도를 다뤘기 때문입니다. 그들은 카스트 제도를 비켜갈 방법을 찾아내려 했고, 어린아이들에 대한 책이라 말하고 싶어 했습니다."

로이는 지금 뉴델리에서 살고 있다. 그녀는 처음에 건축가가 되려고 뉴델리에서 유학했다. 하지만 그녀는 지금 건축가로 일하고 있지 않다. 아니, 소

정치운동에 뛰어들었다. 인도의 중부와 서부에 위치한 마댜 파데슈 주, 마하라슈트라 주, 구자라트 주에 댐들이 건설되면서 수천만 가정의 삶을 위협

민중조직인 나르마다 바차오 안돌란Narmada Bachao Andolan, NBA이 댐 건설을 반대하고 나섰고 로이도 이 저항운동에 참여했다. 그녀는 부커상을

만 달러를 그 조직에 기부했을 뿐 아니라 그들과 함께 시위하면서 체포되는 수모까지 겪었다.

로이는 자신의 유명세와 뛰어난 글솜씨를 십분 활용해서 댐 건설 중단을 요구하며, 핵무기 감축 필요성까지 역질한다. 댐 건설을 비판한 「더 큰 공

Good」과 인도의 핵실험을 신랄하게 비판한 「상상력의 종언The End of Imagination」은 그야말로 불씨를 지폈다. 상류계급은 현재의 발전 모델에 대

본 대로 쓰고
쓴 대로 행동한다

아룬다티 로이 Arundhati Roy

interview date | 2001년 4월

상상해보십시오. 대부분이 마을 사람이었지만
도시에서 온 변호사, 건축가, 기자 등까지 5000명의 민중이
입을 꼭 다물고 침묵을 지키며 시내를 건너고
샛길을 따라 걷는 모습을 상상해보십시오!

요즘 인도에서 큰 싸움이 벌어지고 있다. 특히 눈에 띄는 투사 중 한 명이 소설가 아룬다티 로이다. 다국적 기업들이 인도의 상류계급과 결탁해서 인도를 하나의 커다란 프랜차이즈로 전락시키고 있는 중이다. 로이는 이런 현실을 "세계화가 세계 빈곤의 근절책인가? 아니면 리모콘으로 조절하고 디지털로 운영되는 식민주의의 변종인가?"라는 질문으로 표현했다.

41세인 로이는 부커상을 수상하고 600만 부가 팔렸으며 40개 언어로 번역된 『작은 것들의 신The God of Small Things』(1997)의 저자다. 인도 남서부에 위치한 케랄라 주의 한 마을을 배경으로 펼쳐지는 이 소설은 자전적 요소들로 가득하다. 로이는 케랄라의 시리아 기독교 공동체 마을에서 성장했다. 케랄라 주에서 시리아 기독교인은 주민의 20퍼센트 정도였다. 그녀는 "케랄라는 세계 4대 종교, 즉 힌두교, 이슬람교, 기독교, 마르크스주의의 고향입니다"라고 말하며 웃었다. 한 마르크스주의자가 케랄라의 주정부에서 오랫동안 집권한 까닭이었다. 그러나 로이는 "그 당의 지도자들은 브라만이며, 인도에는 아직도 카스트 제도가 대단한 힘을 발휘합니다"라고 황급히 덧붙였다.

처녀작 『작은 것들의 신』이 성공을 거두면서 그녀는 할리우드로부터 뿌리치기 어려운 제안을 받았다. 그러나 그녀는 장난기 어린 악마처럼 그 제안을 뿌리쳤다. 그녀는 "나는 시각적이지만 영화로는 만들 수 없는 책을 썼습니다"라고 말했다. 그리고 에이전트에게는 영화사들이 실컷 굽실대게 만든 후에 거절하라고 전했다. 케랄라에서도 그 소설은 큰 반향을 불러 일으켰다. "그들은 나를 껴안고 '우리의 딸'이라 자랑하고 싶어 했습니다. 하지만 그들은 그 소설이 무엇에 대해 다룬 것인지는 따지려 하지 않았습니다. 카스트 제도를 다뤘기 때문입니다. 그들은 카스트 제도를 비켜갈 방법을 찾아내려 했고, 어린아이들에 대한 책이라 말하고 싶어 했습니다."

로이는 지금 뉴델리에서 살고 있다. 그녀는 처음에 건축가가 되려고 뉴델리에서 유학했다. 하지만 그녀는 지금 건축가로 일하고 있지 않다. 아니, 소설조차 쓰지 않는다. 대신 정치운동에 뛰어들었다. 인도의 중부와 서부에 위치한 마댜 파데슈 주, 마하라슈트라 주, 구자라트 주에 댐들이 건설되면서 수천만 가정의 삶을 위협하고 있다. 거대한 풀뿌리 민중조직인 나르마다 바차오 안돌란Narmada Bachao Andolan, NBA이 댐 건설을 반대하고 나섰고 로이도 이 저항운동에 참여했다. 그녀는 부커상을 수상하면서 받은 상금 3만 달러를 그 조직에 기부했을 뿐 아니라 그들과 함께 시위하면서 체포되는 수모까지 겪었다.

로이는 자신의 유명세와 뛰어난 글솜씨를 십분 활용해서 댐 건설 중단을 요구하며, 핵무기 감축 필요성까지 역설한다. 댐 건설을 비판한 「더 큰 공익The Greater Common Good」과 인도의 핵실험을 신랄하게 비판한 「상상력의 종언The End of Imagination」은 그야말로 불씨를 지폈다. 상류계급은 현재의 발전 모델에 대한 그녀의 비판을 달갑게 생각지 않았다. 그녀는 인도의 핵무장에 의문을 제기한 까닭에 민족주의자들에게도 미움을 샀다. 위의 두 시론은 『삶의 비용The Cost of Living』(1999)에 수록되어 있다.

로이는 이제 비판받는 데 이골이 난 지경이다. 그녀는 언젠가 인도의 잡지에서 "내가 한 걸음을 내딛을 때마다 칼 가는 소리가 들립니다. 오히려 그게 더 낫습니다. 덕분에 나도 무뎌질 틈이 없으니까요"라고 말했다.

그녀는 최근에 「권력 정치Power Politics」라는 시론을 발표했다. 여기에서 그녀는 휴스턴에 본사를 둔 에너지 기업으로 조지 부시에게 엄청난 선거 자금을 지원한 엔론을 다루었다. 인도에서 엔론은 마하라슈트라의 에너지 부분을 인수하려고 공작 중이다. 그녀의 주장에 따르면, 엔론이 마하라슈트라의 에너지 부분을 인수하면 캘리포니아의 정전 사태가 어린아이 장난처럼 보일 수 있는 끔찍한 사태가 예견된다.

여전히 바깥 공기가 차가운 2월 중순 오후, 로이는 매사추세츠 앰허스트의 햄프셔 칼리지에서 에크발 아흐마드 강연을 가졌다. 청중이 구름같이 모여들었다. 그녀의 강연은 힘이 넘쳤다. 강연이 끝난 후 그녀 주변에 남아시아에서 온 여학생들이 모여들었다. 모두가 앰허스트 지역의 다섯 대학에서 유학 중인 학생들이었다. 그녀는 강연비를 구자라트의 지진 복구비로 흔쾌히 기부했다. 다음날 아침, 나는 앰허스트에서 보스턴 로건 공항으로 그녀를 데려다 주면서 인터뷰할 기회를 가졌다. 2시간 남짓한 시간이 순식간에 흘러갔다.

아룬다티 로이 }

Arundhati Roy

당신은 케랄라에서 자랐습니다. 그곳에서 여성의 지위는 어느 정도입니까?

— 케랄라의 여성은 인도만이 아니라 세계 전역에서 일하면서 돈을 벌어 집으로 송금합니다. 하지만 결혼하려면 아직도 지참금을 내놓아야 하고, 남편과의 관계에서는 거의 종과 같은 수준입니다. 나는 케랄라의 작은 마을에서 자랐습니다. 나에게는 정말 악몽 같은 시절이었습니다. 나는 그저 그곳을 벗어나고 싶었습니다. 그곳에서 결혼하고 싶은 마음이 눈곱만큼도 없었습니다. 물론 나와 결혼하고 싶어 죽겠다는 남자도 없었고요(웃음). 나는 그야말로 가장 볼품 없는 여자였습니다. 여윈 데다 피부도 검었고 영리하기도 했으니까요.

당신 어머니는 그래도 이른바 신여성이지 않았던가요?

— 어머니는 벵골 출신의 힌두교인과 결혼했고, 설상가상으로 이혼까지 했습니다. 달리 말하면, 결혼부터 애당초 잘못된 것이란 생각을 모두가 갖고 있었습니다. 케랄라에서는 모두가 '사라와드tharawaad'('혈통'이란 뜻에 가깝다)를 갖고 있습니다. 아버지가 없는 사람은 사라와드도 없습니다. 비교해서 말하면, 주소가 없는 사람인 셈이죠. 나는 『작은 것들의 신』의 무대였던 아예메넴에서 자랐습니다. 당시 인도의 사정을 감안한다면, 인도 중산층의 소녀가 정상적으로 살았더라면 뒤집어썼어야 할 조건들에서 내가 자유로웠던 것을 하느님께 감사드려야 할 겁니다.

내게는 아버지가 없었습니다. 나를 돌봐주며 그 대신에 간혹 매질하겠다고 떳떳하게 말하는 그런 남자의 존재가 내게는 없었습니다. 내게는 카스트도 없었고 계급도 없었습니다. 종교도 없었고 전통적인 속박도 없었습니다. 무시해버리기 어려운 제약도 없었습니다. 아마 인도에서 나는 "어떤 짓을 해도 좋지만 결혼은 하지 마라"라고 말하는 어머니를 가진 유일한 계집아이였을 겁니다. 그래서인지 나는 신부新婦를 볼 때마다 두드러기가 돋는 기분입니다. 내 눈에는 신부들이 한결 같이 송장을 먹는 귀신처럼 보입니다. 머리부터 발끝까지 장식한 신부를 볼 때마다 나는 놀랍고 두렵습니다. 그래서 『작은 것들의 신』에서 내가 신부를 '번들대는 땔나무'라고 칭했던 겁니다.

어머니에 대해 좀더 말씀해주겠습니까?

— 어머니는 펠리니Federico Fellini(이탈리아 영화감독)의 영화에서 방황하는 사람과도 같습니다. 어머니는 도무지 정체를 알 수 없는 여인입니다. 하지만 남자를 전혀 필요로 하지 않은 여인, 남자에게 기댈 수도 있었지

만 그런 가능성 때문에 고민하지 않은 여인을 옆에서 지켜본다는 것은 즐거운 일이었습니다. 그 때문인지 우리는 걸핏하면 익명의 중상 편지를 받곤 했습니다. 어머니가 학교를 운영하고, 그 학교가 대단한 성공을 거둬서 많은 사람이 자식을 낳기도 전에 미리 입학 예약을 할 정도지만, 그들은 어머니나 나를 어떻게 대해야 할지 잘 모릅니다. 하기야 우리 둘 모두가 그들에게는 낯설기만 한 여자니까요. 우리가 조금이라도 불행한 티를 냈다면 나았겠지만 우리는 불행하지 않습니다. 그 때문에 사람들이 당혹스럽고 부담스런 모양입니다.

그런데 내 어머니는 1986년에 여자는 아버지 재산의 4분의 1이나 5000루피 중 적은 쪽을 상속받게 한 시리아 기독교 상속법을 상대로 한 소송사건에서 승리를 거두면서 케랄라에서 아주 유명해졌습니다. 대법원은 1956년까지 소급해서 여자에게도 동일한 재산을 상속하라는 판결을 내렸습니다. 하지만 이 권리를 제대로 누리는 여성은 거의 없습니다. 교회가 아버지들에게 딸의 상속권을 박탈하는 유서를 남기라고 부추기고 있기 때문입니다. 하여간 이런 이상한 여성 차별이 케랄라에서는 공공연히 행해지고 있습니다.

『작은 것들의 신』을 발표한 이후로 당신은 정치적 시론을 주로 썼습니다. 이렇게 전환한 특별한 이유라도 있는지요?

―『작은 것들의 신』 이후에 나를 알게 된 외부 세계 사람들에게만 전환으로 보일 겁니다. 사실 나는 그 소설을 발표하기 전부터 정치적 시론을 써왔습니다. 나는 풀란 데비라는 여인, 또 영화 「산적 여왕Bandit Queen」이 그녀를 어떻게 왜곡했는지, 그리고 본인의 동의도 없이 살아 있는 여

인이 성폭행당한 사실을 영화화할 권리가 있는지 등에 대한 문제를 다뤘고, 한동안 내가 관련됐던 쟁점들에 대해서도 적잖은 글을 썼습니다.

나는 『작은 것들의 신』과 정치적 시론들이 크게 다르다고는 생각지 않습니다. 내가 줄곧 말해왔듯이 픽션도 진실입니다. 나는 픽션을 가장 진실된 것이라 생각합니다. 요즘 나는 픽션과 진실을 구분 짓는 장벽을 허물어뜨리려 애쓰고 있습니다. 작가는 이해를 돕는 산파라 할 수 있습니다. 나는 정치를 이야기식으로 실감나게 풀어주는 것이 중요하다고 생각합니다. 또 자식을 가진 남자가 고향을 쫓겨나듯 떠나기 전에 고향에서 어떤 일을 했고, 그 남자가 고향에 쫓겨난 원인이 제임스 울펜손 세계은행 총재와 무슨 관계가 있는지 명확하게 밝히는 것이 중요합니다. 내가 하려는 일이 바로 그런 겁니다.

『작은 것들의 신』은 아주 작은 것과 어마어마하게 큰 것을 서로 관련시키는 책입니다. 가령 어린 거미가 물에 떨어지며 만들어내는 작은 파문波紋, 강에 비친 달빛, 역사와 정치가 우리 삶과 가정과 침실에 침입해 들어오는 방법 등을 서로 관련시켜 본 책입니다.

『작은 것들의 신』에서 주인공, 에스더는 "세계은행에서 돈을 빌려 산 살충제와 똥 냄새가 풍기는 강둑을 따라" 걷고 있습니다. 세계은행은 나르마다 강 유역에 3000개 이상의 댐을 건설하려 했습니다. 그러나 풀뿌리 민중조직인 나르마다 바차오 안돌란NBA의 저항에 세계은행이 그 계획에서 물러나고, 인도 정부가 인계받았습니다. 나르마다 바차오 안돌란에 대해 자세히 말씀해주십시오.

— 내가 NBA 사람을 처음 만났을 때 그들은 내게 "우리는 『작은 것들의

신』을 읽고, 당신이 댐 건설과 세계은행에 반대할 거란 걸 알고 있었습니다"라고 말하더군요. NBA는 인도 전체를 묶은 조직이라 할 수 있습니다. 아디바시스 부족, 상류 카스트의 부농, 달리트(힌두교의 4개 카스트에도 속하지 못한 불가촉천민), 중산계급 등이 망라된 연합체입니다. 도시와 시골, 농부와 어부, 작가와 화가를 연계시키기도 합니다. 이런 이유에서 NBA는 막강한 힘을 발휘합니다. 또 이런 이유에서 많은 사람이 NBA를 비난합니다. 중산계급이 그런 저항운동에 끼었다는 이유로 말입니다! 이 때문에 나는 화가 납니다.

이런 저항운동을 생각해낸 사람들이 바로 중산계급의 도시 기술자들이었습니다. 아디바시스 부족만으로 어떻게 저항할 수 있겠습니까. 그들을 무시해버리긴 쉽습니다. 아주 쉽게 짓눌러버릴 수 있습니다. 그래서 중산계급에게 비판이 집중되는 겁니다. 어떻게 그런 사람들의 이익을 대변해줄 수 있느냐고 말입니다. 하지만 누구도 다른 사람을 대신해서 말하는 것이 아닙니다. NBA는 카스트와 계급을 초월해서 민중이 손을 잡은 환상적인 예입니다. NBA는 독립투쟁 이후로 가장 크고 가장 조직적인 저항운동입니다.

작년에 당신은 댐 예정지의 한 곳인, 나르마다 강둑에 자리잡은 마을에서 있었던 시위에 참석했고 체포까지 당한 걸로 알고 있습니다. 그때 상황을 말씀해주시겠습니까?

— 정말 감동적이었습니다. 나는 술가온이란 마을에 있었습니다. 밤새, 사람들이 트랙터를 몰고, 오토바이를 타고 골짜기로 모여들었습니다. 걸어서 온 사람들도 많았습니다. 새벽 3시쯤이 되자 5000명 정도가 되

더군요. 우리는 어둠을 타고 댐 예정지로 걸어가기 시작했습니다. 우리
가 댐 예정지를 점유할 것이란 정보를 경찰은 이미 알고 있었지만 우리
가 어느 방향에서 올지는 몰랐습니다. 상당히 넓은 지역이었으니까요.
그래서 우리는 어둠을 타고 걸었습니다. 상상해보십시오. 대부분이 마
을 사람이었지만 도시에서 온 변호사, 건축가, 기자 등까지 5000명의 민
중이 입을 꼭 다물고 침묵을 지키며 시내를 건너고 샛길을 따라 걷는 모
습을 상상해보십시오! 담뱃불을 붙이는 사람도 없었고 헛기침하는 사람
도 없었습니다. 가끔 쉬면서 여자들이 쪼그려 앉아 소변을 보았지만 우
리는 끈질기게 걸었습니다. 마침내 동이 트기 시작하더군요. 그때 우리
는 댐 예정지에 도착해서 그곳을 완전히 점유했습니다. 경찰이 우리를
곧 에워쌌고 몇 시간 동안 대치했습니다. 그리고 진압봉을 휘두르며 우
리를 공격하기 시작했습니다. 경찰은 수천 명을 체포했습니다. 나도 그
때 체포되었습니다. 그래서 감옥이 초만원이었죠.

당신은 "인도 정부가 댐 건설에 목을 매고 있다"고 비난했습니다. 인
도 정부도 그럴 만한 이유가 있을 텐데요.

— 많은 이유가 있습니다. 첫째, 대규모 댐은 우리가 세 살 때부터 모든
교과서에서 눈이 닳도록 보아온 신화입니다. 네루까지 "댐은 현대 인도
의 신전이다"라고 거들었습니다. 따라서 댐은 물에 젖은 커다란 국기에
도 비유됩니다. NBA가 나서기 전까지, "댐은 당신에게 침대에서 아침
상을 받게 해주고 당신 딸을 시집보내며 당신의 황달을 고쳐줄 겁니다"
라고 선전되었습니다. 하지만 댐이 정치적 부패의 기념물일 뿐이며, 비
민주적 정치조직들의 결탁에서 비롯된 무모한 계획이란 사실을 사람들

이 깨닫기 시작했습니다. 즉 지배계급이 천연자원을 민중에게서 빼앗아 독점하고 그 자원을 나눠줄 사람까지 결정하겠다는 의도였습니다.

나르마다 강에 건설된 첫 댐은 1990년에 완공된 바르기 댐입니다. 정부는 7만 명의 주민이 이주하고 101개의 마을이 물에 잠길 것이라고 발표했습니다. 어느 날, 정부가 아무런 예고도 없이 댐에 물을 채우기 시작했습니다. 그리고 정부 발표와 달리, 11만 4000명이 강제 퇴거당했고 162개 마을이 물에 잠겼습니다. 수위가 높아지면서 많은 사람이 고향에서 쫓겨나야 했습니다. 그들은 가축을 끌고 아이들을 업고 높은 곳으로 피신할 수밖에 없었습니다. 그로부터 10년이 지난 지금, 그 댐은 정부가 관개화할 수 있다고 발표한 땅의 5퍼센트에만 겨우 물을 대고 있습니다. 관개된 땅보다 수몰된 지역이 더 넓은 셈입니다. 정부가 수로를 내지 않은 탓입니다. 댐을 건설해서 돈을 번 사람은 토공업자와 정치인뿐입니다.

강제 퇴거당한 사람은 어떻게 되었습니까?

— 아무도 모릅니다. 나는 「더 큰 공익」을 쓰면서, 겉으로 드러난 수치보다 밝혀지지 않은 수치에 더 큰 충격을 받았습니다. 인도 정부는 대형 댐의 건설로 인해 이주할 수밖에 없었던 사람이 몇 명인지조차 파악하지 못하고 있습니다. 나는 이런 현상은 정부의 실패이기도 하지만 지적 공동체의 실패라고도 생각합니다. 이런 수치가 파악되지 않은 이유는 강제 퇴거당한 사람의 대부분이 아디바시스 부족이고 달리트이기 때문입니다. 나는 54개 댐에 대한 인도행정연구소의 연구를 바탕으로 건전성 검증sanity check을 해보았습니다.

이 연구에 따르면, 저수로 인해 강제 퇴거당해야 할 사람의 수가 댐당 평균 4만 4000명이었습니다. 이 54개 댐은 대형 댐 중에서도 큰 편에 속하니까, 아예 평균을 4로 나눠봅시다. 지난 50년 동안 인도에서는 무려 3600개의 대형 댐이 건설되었습니다. 따라서 건전성 검증만으로도 대략 4000만 명이 강제 퇴거당했습니다. 그들 모두가 도시로 이주했을 겁니다. 하지만 그들은 도시인이 아닙니다. 빈민가에 모여 살 테니까요. 그들은 언제라도 쫓겨날 처지에 있습니다. 뉴델리의 부유한 지역에 사는 주부들이 빈민가 사람들을 위험하다고 판단하면 곧바로 쫓겨나야 하니까요.

당신은 이런 강제 퇴거를 쓰레기 처리에 비유했는데요.

— 그렇습니다. 조금도 다를 바가 없습니다. 인도 정부는 비폭력이란 개념을 지향해왔습니다. 따라서 비폭력 저항과 비폭력 지배가 인도의 특징이라 할 수 있겠지요. 중국이나 터키, 인도네시아와 달리 인도는 국민을 죽이지는 않습니다. 정부의 뜻에 따르지 않는다고 국민을 죽이지는 않습니다. 꾹 참고 기다릴 뿐입니다. 정부가 해야 할 일을 계속하고, 그 결과는 무시해버립니다. 카스트 제도 때문에, 결정을 내리는 사람과 그 결정으로 고통받는 사람 간에 어떤 사회적 연계도 없기 때문에, 정부는 앞만 보고 전진하고 원하는 대로 합니다.

국민도 그것을 그들의 운명, 즉 카르마라 받아들입니다. 어찌 보면 일을 진척시키기는 상당히 효율적인 방법입니다. 따라서 인도는 세계에서 민주주의로 명망이 높습니다. 국민을 배려하면서 많은 것을 얻어내는 정부라는 부러움을 받기도 합니다. 하지만 이런 관습이 실제로는 많은 문제를 야기하고 있습니다.

하지만 당신의 정치관에서 대해서는 "나는 발전을 미친 듯이 반대하는 사람도 아니고, 전통과 관습을 끝까지 지키자고 주장하는 사람도 아니다"라고 말하지 않았던가요.

— 내가 어떻게 그런 주장을 할 수 있겠습니까? 인도에서 자란 여자로서, 나는 전통과 싸우는 데 모든 삶을 바친 사람입니다. 나는 인도의 전통적인 가정주부로 살고 싶지는 않습니다. 그래서 발전을 반대한다고 말할 수 없는 겁니다. 나는 발전의 정치학Politics of Development을 거론하는 것일 뿐입니다. 즉 의사결정에서 완전히 중앙집중화된 비민주적인 과정을 어떻게 타파할 것인가? 권력을 분산시키고, 국민이 자신의 삶과 천연자원을 지배할 수 있는 방법은 없는지 찾아보자는 것입니다.

요즘 인도 정부는 민영화를 국영기업이나 공공기업의 대안으로 제시하고 있습니다. 하지만 민영화는 중앙집권국가의 진화된 형태일 뿐입니다. 국가가 마하라슈트라 지역의 총전력생산을 엔론에게 양도할 권리가 있다고 뻔뻔스레 말하고 있지 않습니까. 그들에게는 그럴 권리가 없습니다. 인도 공공분야의 기반시설은 국민의 돈으로 지난 50년 동안 꾸준히 건설된 것입니다. 정부는 이런 기반시설을 엔론에게 팔 권리가 없습니다. 그렇게 해서는 안 됩니다. 우리나라 인구의 4분의 3이 시장경제의 외곽지대에서 살아가고 있습니다. 이런 사람들에게, 물을 공급할 수 있는 사람만이 물을 가질 수 있다고 말해서야 되겠습니까.

하지만 당신이 인도에는 세계화 물결에 저항하는 '고유한 아나키'가 있다고 했듯이, 당신은 어느 정도 낙관하고 있는 것 같습니다.

— 정말로 세계화해야 할 것이 하나 있다면 '이의 제기'입니다. 하지만 내가 미래를 낙관하는지 아닌지는 나도 모르겠습니다. 도시를 벗어나면 낙관적인 기분이 들기는 합니다. 인도의 장엄함과 아름다움을 엿볼 수 있으니까요. 그들이 인도의 이런 모습을 파괴해버릴까 걱정입니다. 그들이 그렇게까지는 하지 않기를 바랄 수밖에요. 사리sari(인도 여성이 몸에 두르는 무명 또는 비단 천 —옮긴이)만큼 아름다운 것이 또 있을까요? 그들이 사리를 없앨 수 있을까요? 사리를 기업화시킬 수 있을까요? 왜 다국적 기업들이 기를 쓰고 들어와 바스마티 쌀의 특허권을 얻으려고 할까요?

인도 사람들은 맥도널드 햄버거보다 로티roti(북인도에서 만드는 빵), 이들리idli(쌀과 콩으로 만든 음식), 도사dosa(쌀가루로 둥글넓적하게 만들어 기름에 튀겨 먹는 음식)를 더 즐겨 먹습니다. 미국에 가기 직전에 나는 델리의 한 시장에 들렀습니다. 아주 다양한 종류의 달dal(렌즈콩과 향료를 사용한 인도 요리)과 렌즈콩이 좌판에 놓여 있었습니다. 눈물이 핑 돌더군요. 요즘에도 마찬가지입니다. 하지만 그들은 이런 것들이 사라지기를 바랍니다.

「상상력의 종언」에서 다뤘던 문제, 즉 인도 대륙에서의 핵실험 문제에 대해 말해주십시오.

— 두려울 뿐입니다. 민족주의가 활개를 치고 있습니다. 핵실험을 했다는 뉴스에 나는 너무 놀랐습니다. 핵무기는 어떤 때라도 사용될 수 있기 때문입니다. 여러 나라가 핵무기를 비축해서, 인도와 파키스탄과 미국처럼 자기 국민을 속이고 다른 나라를 위협하는 세계는 위험한 세계입니다. 핵실험은 나날이 죽어가는 우리 자존심을 지탱하기 위한 수단이었습니다. 인도는 지금도 문화적 모욕에는 움찔하면서 여전히 정체성을

찾아 헤매고 있습니다. 핵실험은 이런 자괴감에서 나온 것입니다.

당신은 핵실험을 환영하는 젊은 힌두교인이나 바브리 모스크의 파괴에 감격하는 힌두교인이나 똑같다고 말했는데요.

— 요즘 인도 지식인들은 근본주의를 과격할 정도로 비난합니다. 하지만 민영화, 세계화, 근본주의를 서로 연계시켜 말하는 지식인은 그다지 많지 않습니다. 세계화는 인도 엘리트에게 꼭 맞아 떨어지지만 근본주의는 그렇지 않습니다. 근본주의는 계급의 문제이기도 합니다. 인도 사람들이 어떤 영화의 상영을 중단시키거나 책을 불태우는 것은 그 영화나 책이 인도 문화를 적대시하기 때문만은 아닙니다. "너희 영어를 사용하는 서구화된 엘리트들은 너무 즐겁게 지내고 있어"라는 불만의 토로이기도 합니다. 아주 재밌는 현상이 아닐 수 없습니다. 나는 이런 문제가 한꺼번에 다뤄져야 한다고 생각합니다.
　종교의 보수주의는 세계화나 민영화와 직접적 관계가 있습니다. 인도의 전력 분야를 외국의 다국적 기업에게 팔려고 할 때, 혹은 정치 분위기가 너무나 뜨겁게 달궈져 불편한 지경일 때 정부는 곧바로 "바브리 모스크 자리에 힌두 신전을 세워야 하는가?"라는 질문을 국민에게 던지기 시작합니다. 그럼 모두의 관심이 그 방향으로 쏠립니다. 일종의 게임입니다. 우리는 이런 수법을 꿰뚫어보아야 합니다. 뒤에서는 나라를 서구의 다국적 기업에게 팔아넘기면서, 앞으로는 핵폭탄을 만들어 국경을 지키겠다고 합니다. 기가 막힌 노릇입니다! 세계가 하나의 지구촌이라 말하면서, 핵폭탄을 만드는 데 돈을 쏟아 붓고 있습니다.

당신은 두 트럭을 비유한 적이 있습니다. 하나는 많은 사람을 태우고 어둠 속을 빠져나가는 큰 트럭이고, 다른 하나는 약속의 땅을 향해 달려가는 아주 작은 트럭이었습니다. 대체 무엇을 빗대어 말한 건지 설명해주시겠습니까?

— 인도는 수세기를 같은 모습으로 살아가고 있습니다. 매일 밤, 우리 집 밖에서는 수척한 도로보수 노동자들이 광섬유 케이블을 묻으려고 땅을 파고 있습니다. 디지털 혁명의 속도를 가속화하려고 말입니다. 몇 개의 촛불로 힘들게 일합니다. 인도에서 요즘 쉽게 볼 수 있는 모습입니다. 어둠 속에 녹아버리고 사라지는 그들은 목소리가 없습니다. 텔레비전에도 존재하지 않습니다. 전국판 신문에서도 다뤄지지 않습니다.

한마디로 그들은 존재하지 않습니다. 세계 정상이라는 번쩍이는 목적지를 향해 달려가는 작은 트럭에 탄 사람들도 그들의 존재를 잊었습니다. 아니 그들을 봐야 하는 능력을 상실해버렸습니다. 따라서 델리에서 자동차는 점점 커지고, 호텔은 점점 호화롭게 꾸며지고 있습니다. 경비원도 이제는 노인이 아니라 총으로 무장한 청년입니다.

그러나 도시의 좁은 틈바구니에는 예외없이 가난한 사람이 몸을 쪼그리고 있습니다. 하지만 사람들은 그들에게 눈길을 주지 않습니다. 한 곳은 빛이 너무 환한데, 어둠은 그 주변에서 점점 짙어갑니다. 엘리트들은 주변에서 어떤 일이 벌어지고 있는지 알고 싶어 하지 않습니다. 부자들은 세상을 살기 좋은 곳이라 생각하지 않을 이유가 없습니다.

그럼 당신은 큰 트럭에 타고 있다고 생각하시나요? 그런 결정을 내렸다면 당신 자신을 위한 결정이었나요?

— 나는 큰 트럭의 일원일 수 없습니다. 이 위치가 내 의지대로 결정되는 것이 아니기 때문입니다. 내가 교육받은 사람이란 사실만으로도 나는 큰 트럭에 있을 수 없습니다. 게다가 나는 큰 트럭에 있고 싶지도 않습니다. 나는 패배자가 되고 싶지 않습니다. 나는 어둠 속으로 사라지고 싶지 않습니다. 나는 작가고 예술가입니다. 내가 적절한 곳에 있는지 확인하기 위해서라도 그림 속에서 한 자리를 항상 차지하고 싶습니다. 나는 열여섯 살에 고향을 떠났고, 자칫하면 패배자가 될 수도 있었던 곳에서 살았습니다. 나는 여자였고 홀몸이었기 때문에 큰 트럭에 떨어질 수도 있었습니다. 그렇게 슬픈 결과를 맞을 수도 있었습니다. 하지만 다행히 그런 불행을 피할 수 있었습니다.

내 눈은 열린 채 굳어서 닫히지 않는 듯합니다. 나도 눈을 감고 얼굴을 돌리고 싶습니다. 항상 이런 일을 하고 싶은 것은 아닙니다. 이런 일에 쫓기듯이 살고 싶지도 않습니다. 현재, 인도에서 차지하는 내 위치 때문에 나는 그런 일에 가담해달라고 계속 부탁받습니다. 고단하지만, 그렇다고 "나도 한 명의 인간일 뿐이다. 내가 모든 걸 할 수는 없다"고 말하기는 힘듭니다. 유머 감각을 상실할 정도로 뼛속까지 지치고 싶지는 않습니다. 하지만 부당한 행위를 보고서 못 본 척 할 수는 없잖습니까. 아무것도 보지 않는 것도 뭔가를 보는 것만큼이나 정치적 행위입니다.

새로운 소설을 쓸 생각은 없으신지요?

— 그런 생각은 간절하지만 지금 당장은 어렵습니다. 지금은 내 삶을 어떻게 꾸려가야 할지도 모르겠습니다. "지금은 책을 써야 해. 이제부터 정치적 행위에는 참가하지 않을 거야"라고 말할 여유를 어떻게 만들어

야 할지 모르겠습니다. 정말 소설을 쓰고 싶습니다.

당신을 부르는 침묵의 목소리들에게 책임감을 느끼는 모양입니다.

— 그렇지는 않습니다. 나는 아무런 책임감을 느끼지 않습니다. 이제 책임이란 단어는 듣기에도 지겹습니다.

당신은 특권적 지위에 있습니다. 인도에서는 물론이고 해외에서도 상당한 유명인사니까요.

— 하지만 나는 아무것도 할 수 없습니다. 유명인사라는 이유로 말입니다. 시민으로 내가 할 일을 할 따름입니다. 내가 쓴 글대로 행동하고, 내가 글로 쓴 것을 끝까지 해내려고 애씁니다. 사람들이 내 행동에 찬성하든 않든 간에 내가 사람들에게 꽤나 알려진 것 때문에 내 자신이 때로는 우스꽝스럽게 여겨지기도 합니다. 내가 가진 힘을 기꺼이 인정하는 것과 그 힘을 남용하는 것은 뚜렷이 구분되어야 합니다. 나는 내가 목소리 없는 사람들의 대표로 비춰지기를 바라지 않습니다. 그런데 엉겁결에 그런 위치가 되어 두렵기만 합니다. 그러나 일부 사람들이 내게 분노하는 이유는, 나와 같은 일을 한다고 생각하는 많은 사람들이 갖지 못한 공간을 나는 갖고 있기 때문입니다. 어찌 보면, 그렇게 많은 사람이 『작은 것들의 신』에 가슴을 열었다는 것은 잘못입니다. 많은 댐과 폭탄이 그 소설과 더불어 슬며시 끼어들었으니까요.

웬만한 연령층은 안젤라 데이비스라는 이름을 기억한다. 자, 당신도 두 눈을 감아봐라. 그럼 그녀의 서명署名 '아프로Afro' 와 꼭 쥔 주먹을 높이 치켜

떠오를 것이다. 그러나 과거의 안젤라 데이비스와 학자이며 행동주의자로 변한 오늘날의 그녀는 무척 다른 사람처럼 보인다. 향수병에 젖어 지내던 1

리, 데이비스는 시대의 흐름에 동참했다. 특히 감옥산업복합체prison-industrial complex에 대한 그녀의 개척자적 노력은 이 쟁점을 중요한 사회문제

을 했다. 데이비스는 앨라배마 버밍햄에서 태어나서 자랐다. 그녀는 그 시절을 회고하며 '버밍햄에서는 인종차별이 극심했지만 나는 세상이 그런 식이

있습니다. '지금은 이런 상황이지만 이런 상황이 영원히 계속되지는 않을 게다' 라던 내 부모의 말을 지금도 기억합니다. 아주 어린 나이부터 나는 간

려 애썼습니다" 라고 말했다. 그녀는 1965년 브랜다이스 대학교를 2등으로 졸업한 후 프랑크푸르트 괴테 인스티튜트와 캘리포니아 샌디에고 대학교에

샌디애고 대학에서 석사학위를 받았다. 그 후 UCLA에서 철학강사를 지냈지만 공산당과 블랙 팬서당Black Panther Party에 가입해 정치활동을 벌였다

주지사에게 해고당했다. 1970년 캘리포니아 마린 카운티의 법정에서 총격전이 벌어진 후, 당시 현장에 있지도 않았던 데이비스는 FBI의 10대 지명수

었다. 급히 피신했지만 데이비스는 결국 체포되어 불법모의 · 납치 · 살인의 죄목으로 투옥되었다. 그 후 국제적으로 큰 반향을 일으킨 재판이 있었고,

을 받아 석방되었다. 현재 캘리포니아 산타크루즈 대학의 종신교수인 그녀는 「여성과 인종 그리고 계급Women, Race and Class」(1981) 「여성과 문화

and Politics」(1989)를 썼다. 최근작으로는 「우울한 유산과 흑인 페미니즘Blue Legacies and Black Feminism」(1998)이 있고, 감옥산업복합체에 대한

Dispossessions and Punishment」의 탈고를 얼마 전에 끝냈다.

데이비스의 글을 읽을 때의 느낌과 그녀의 강연을 들을 때의 느낌은 사뭇 다르다. 그녀의 목소리는 과장해서 말하면 하나의 악기다. 나는 데이비스만큼

게 유효 적절하게 사용하는 강연자를 거의 본 적이 없다. 그녀는 선율을 빚어내는 작곡가처럼 절제된 단어를 사용한다. 그녀의 강연장은 세계 각지에서

이 없을 지경이다. 이런 인기 때문에 그녀는 연중 하루도 쉬지 않고 강연자로 강행군을 하고 있다. 그렇지만 그녀는 언제나 수줄은 듯한 겸손함을 잃지

지 않고 청중을 지극히 존중한다. 안젤라 데이비스는 실로니우스 멍크Thelonious Monk(미국의 피아니스트, 작곡가, 근대 재즈의 개척자)의 「스트레이

Chaser」와 같은 존재다.

1960년대를 지나 시대의 흐름에 동참한 행동주의자

안젤라 데이비스 Angela Davis

interview date | 2001년 2월

감옥산업에서 인종의 역할은 부인하기 어렵습니다.
당신은 방금 미국 감옥의 통계 수치를 언급했지만 유럽이나
오스트레일리아의 감옥에서도 현상은 비슷합니다.
대체로 유색인과 이민자의 수가 압도적으로 많습니다.

{ **웬만한 연령층**은 안젤라 데이비스라는 이름을 기억한다. 자, 당신도 두 눈을 감아봐라. 그럼 그녀의 서명署名 '아프로Afro'와 꼭 쥔 주먹을 높이 치켜든 모습이 기억에 선명히 떠오를 것이다. 그러나 과거의 안젤라 데이비스와 학자이며 행동주의자로 변한 오늘날의 그녀는 무척 다른 사람처럼 보인다. 향수병에 젖어 지내던 1960년대 일부 동료들과 달리, 데이비스는 시대의 흐름에 동참했다. 특히 감옥산업복합체prison-industrial complex에 대한 그녀의 개척자적 노력은 이 쟁점을 중요한 사회문제로 부각시키는 데 큰 역할을 했다.

데이비스는 앨라배마 버밍햄에서 태어나서 자랐다. 그녀는 그 시절을 회고하며 "버밍햄에서는 인종차별이 극심했지만 나는 세상이 그런 식이어야 한다고 배우지는 않았습니다. '지금은 이런 상황이지만 이런 상황이 영원히 계속되지는 않을 게다'라던 내 부모의 말을 지금도 기억합니다. 아주 어린 나이부터 나는 갇혀 지낸다는 기분을 떨쳐내려 애썼습니다"라고 말했다.

그녀는 1965년 브랜다이스 대학교를 2등으로 졸업한 후 프랑크푸르트 괴테 인스티튜트와 캘리포니아 샌디에고 대학교에서 공부를 더해서 1968년 샌디에고 대학에서 석사학위를 받았다. 그 후 UCLA에서 철학강사를 지냈지만 공산당과 블랙 팬서당Black Panther Party에 가입해 정치활동을 벌였다는 이유로 로널드 레이건 주지사에게 해고당했다. 1970년 캘리포니아 마린 카운티의 법정에서 총격전이 벌어진 후, 당시 현장에 있지도 않았던 데이비스는 FBI의 10대 지명

수배 인물 중 하나로 지목되었다. 급히 피신했지만 데이비스는 결국 체포되어 불법모의·납치·살인의 죄목으로 투옥되었다. 그 후 국제적으로 큰 반향을 일으킨 재판이 있었고, 그녀는 1972년 무죄 판결을 받아 석방되었다.

현재 캘리포니아 산타크루즈 대학의 종신교수인 그녀는 『여성과 인종 그리고 계급Women, Race and Class』(1981) 『여성과 문화와 정치Women, Culture and Politics』(1989)를 썼다. 최근작으로는 『우울한 유산과 흑인 페미니즘Blue Legacies and Black Feminism』(1998)이 있고, 감옥산업복합체에 대한 시론을 묶은 『강탈과 처벌Dispossessions and Punishment』의 탈고를 얼마 전에 끝냈다.

데이비스의 글을 읽을 때의 느낌과 그녀의 강연을 들을 때의 느낌은 사뭇 다르다. 그녀의 목소리는 과장해서 말하면 하나의 악기다. 나는 데이비스만큼 침묵과 휴지休止를 그렇게 유효 적절하게 사용하는 강연자를 거의 본 적이 없다. 그녀는 선율을 빚어내는 작곡가처럼 절제된 단어를 사용한다. 그녀의 강연장은 세계 각지에서 온 청중으로 발 디딜 틈이 없을 지경이다. 이런 인기 때문에 그녀는 연중 하루도 쉬지 않고 강연자로 강행군을 하고 있다. 그렇지만 그녀는 언제나 수줍은 듯한 겸손함을 잃지 않는다. 유명세를 과시하지 않고 청중을 지극히 존중한다. 안젤라 데이비스는 실로니우스 멍크Thelonious Monk(미국의 피아니스트, 작곡가, 근대 재즈의 개척자)의 「스트레이트 노 체이서Straight, No Chaser」와 같은 존재다.

안젤라 데이비스 }
Angela Davis

당신은 혁명적 변화가 가능했던 전설적인 시대와 이어진 우상적 존재라고 말해도 과언은 아닌 듯합니다. 안젤라 데이비스라는 당신의 존재를 어떻게 평가하십니까?

— 나는 그렇게 대단하게 생각지 않습니다. 사람들이 나를 다른 시대와 관련시킨다는 것은 인정합니다. 사람들이 내게 다가와서 "나도 60년대를 살았습니다"라고 말하면서 나를 통해서 그들의 젊은 시절을 생각하는 듯한 느낌을 받으니까요. 상관없습니다. 하지만 나는 실제로 그렇지 않거든요. 오히려 약간 억지스럽다는 느낌이 듭니다. 나는 그때부터 지금까지 줄곧 성장하고 발전하려고 애써왔습니다.

지금의 나는 1970년대 초의 안젤라 데이비스, 즉 당시에 사람들이 내 이름에서 떠올리던 사람이 아닙니다. 급격한 사회변화의 동력은 어느 시대에나 젊은이입니다. 내 세대의 일부 사람들이 고집하는 것처럼, 나는 모든 대답을 가진 대단한 사람인 양 비춰지는 것을 원하지 않습니다.

당신은 1980년대에 공산당의 부통령 후보로 두 번이나 입후보했습니다. 그런데 지금은 당신이 녹색당 당원이라고 말했다고 하던데, 내가 똑바로 들은 건가요?

— 예, 나는 녹색당에 입당했습니다. 지금껏 주요 정당에는 가입해본 적이 없습니다. 물론 공산당원이기는 했지만 지금은 녹색당 정식 당원입니다. 나는 독자적인 정치운동이 반드시 필요하다고 믿는 사람입니다. 독자적인 정치운동이야말로 현재의 선거 풍토에서 의미 있는 일을 이뤄낼 수 있는 유일한 대안이라 믿으니까요.

W. E. B. 두보이스는 『흑인의 영혼The souls of Black Folk』에서 "20세기의 문제는 '칼라 라인color line'(사회·경제·정치에서 백인·흑인의 차별 장벽)의 문제다"라고 말했습니다. 요즘엔 그런 칼라 라인이 어디에 있다고 생각하십니까?

— 두보이스가 말한 칼라 라인이 지금은 그때처럼 뚜렷하지 않습니다. 인종차별 방법이 훨씬 복잡하게 변했습니다. 계급도 인종과 젠더와 복합되면서 중요하게 다뤄야 할 문제로 부각되었습니다. 법적으로는 인종차별이 사라졌다는 세간의 평가와 더불어 요즘 들어 흑인 중산층이 부각되는 현상은 우리가 인종차별의 구조만이 아니라 그 구조가 미국 사회에 어떻게 전해지고 있는가를 다원적인 차원에서 생각해봐야 한다는 뜻이기도 합니다. 달리 말하면, 젠더와 계급과 성징까지 통합시키는 식

으로 분석해야 한다는 겁니다.

사법제도에 관련해서 학술적인 글도 적잖게 발표한 걸로 알고 있습니다. 실제로 당신은 16개월을 교도소에서 지낸 적이 있습니다. 그것도 대부분의 기간을 독방에서요. 그때의 경험이 글을 쓰는 데 어떤 영향을 미쳤습니까?

— 내가 한때 감옥에서 지냈기 때문에 행동주의자가 되었고, 감옥 문제에 관련해 논문을 쓴 것은 부인할 수 없는 사실입니다. 하지만 진보적 사상을 지닌 학자라면 어떤 분야에서 일을 하더라도 그들의 연구 성과와 행동주의를 감옥산업복합체 반대운동과 연계시키는 방법을 찾아내는 것이 의무라고 생각합니다. 그렇다고 감옥을 직접 경험한 사람들의 역할을 과소평가하는 것은 결코 아닙니다.

사실 사형제 반대운동을 보더라도 무미아 아부 자말Mumia Abu-Jamal(흑인 지식인 저널리스트로 경찰 살해 혐의로 사형을 선고받고 복역 중인 미국의 대표적 정치범 —옮긴이)이 사형제를 가장 강력하고 웅변적으로 반대하는 인물 중 하나라고 말할 수 있습니다. 우리도 3년 전에 '중대한 저항: 감옥산업복합체를 넘어서'라는 조직을 결성할 때 과거에 감옥생활을 경험했거나 당시 투옥되어 있는 사람을 포함시키려고 했습니다.

나는 감옥제도나 감옥의 환경개선을 위한 운동을 연구할 때 감옥폐지라는 부분까지 생각합니다. 달리 말하면, 많은 사람이 주장하듯이 나도 투옥이란 처벌 방식을 최소화하는 방법을 찾아내야 한다고 믿습니다. 따라서 내가 감옥에 대해 말하면서 감옥에 투옥된 사람들의 인권에 더 관심을 기울이는 것처럼 보이지만, 궁극적으로 내 주장은 감옥폐지를 위한 전략적 접근이라고 생각하시면 됩니다.

현재 재소자 수가 1907년보다 8배나 된다고 하는군요. 200만 명 이상
이 철창 뒤에 갇혀 있는 셈입니다. 70퍼센트가 유색인이고요. 더 정확
히 말하면 50퍼센트가 아프리카 계 미국인이고, 17퍼센트가 라틴 계
입니다. 게다가 인구당 비율로는 아메리카 원주민이 가장 높습니다.

— 감옥산업에서 인종의 역할은 부인하기 어렵습니다. 당신은 방금 미
국 감옥의 통계수치를 언급했지만 유럽이나 오스트레일리아의 감옥에
서도 현상은 비슷합니다. 대체로 유색인과 이민자의 수가 압도적으로
많습니다. 나는 최근에 스톡홀름에 있는 한 감옥을 방문했습니다. 대다
수가 터키와 유고슬라비아에서 넘어온 피난민이거나 아프리카와 라틴
아메리카의 이민자들이었습니다. 네덜란드의 감옥에도 아프리카, 카리
브 지역, 그리고 네덜란드의 옛 식민지이던 인도네시아의 후손들이 압
도적인 비율을 차지합니다. 오스트레일리아에서 원주민은 총인구의
1~2퍼센트 남짓이지만 재소자의 비율에서는 20~30퍼센트를 차지합
니다. 따라서 재소자의 인종차별은 미국만의 문제는 아닙니다.

안타깝게도, 세계화 물결을 타고 미국 감옥이 전세계로 수출되고 있는
실정입니다. 나는 1년 반 전에 오스트레일리아를 방문했는데, 멜버른 외
곽에 있는 그 나라에서 가장 큰 여성 교도소가 미국 테네시 주 내쉬빌에
본사를 둔 미국 교도소 주식회사Corrections Corporation of America의 소유라
는 사실을 그때 알았습니다. 또 교도소의 운영까지 그 회사가 맡고 있습
니다. 유럽과 오스트레일리아에서도 미국처럼 교도소가 대형화되는 경
향이 뚜렷합니다. 심지어 초대형 교도소까지 수출되고 있습니다. 네덜란

드, 남아프리카공화국, 심지어 스웨덴에도 초대형 교도소가 있습니다.

미국에서 시작된 특수한 감옥인 세큐리티 하우징 유니트Security Housing Unit까지 다른 나라들이 받아들였습니다. 오래 전부터 비非구금 원칙을 천명해왔던 네덜란드 같은 나라들이 그렇게 변했습니다. 마약 전쟁의 여파로, 특히 마약 문제를 북아메리카 식으로 처리하는 경향이 확대되면서, 예전에 비해 훨씬 많은 사람이 감옥에 갇혀 지내고, 그로 인해 비구금 원칙이 완전히 퇴색하고 말았습니다.

쿠바의 교도소에도 다녀온 것으로 알고 있습니다. 그곳의 실태는 어떻던가요?

― 쿠바에서, 적어도 내가 방문한 여성 교도소의 경우는 미국이나 다른 나라들의 여성 교도소와 사뭇 달랐습니다. 한마디로, 외부 세계와 단절되었다는 느낌이 없었습니다. 죄수의 처우에 대한 유엔의 기준을 지키려는 노력이 확연히 눈에 띄었습니다.

쿠바의 교도소에서 가장 인상 깊었던 부분은 죄목이 죄수의 직업과 관련되지 않은 경우에는 죄수가 해당 분야에서 계속 일할 수 있게 해준다는 점이었습니다. 나는 사회에서 수의사였던 여죄수와 이야기를 나눌 기회가 있었습니다. 그 죄수는 교도소에서도 수의사로 일하고 있더군요. 또 사회에서 의사이던 여죄수를 만났는데, 그녀도 구금된 바로 그 교도소에서 다른 죄수들을 돌보는 의사 역할을 하고 있었습니다.

이런 운영 방식은 죄수와 간수의 계급 구조를 전도시키는 것이기 때문에 무척 흥미로웠습니다. 예컨대 의사인 죄수가 간수인 간호사들을 관리하고 있어서 그녀는 죄수나 아랫사람으로 다뤄지지 않고 어엿한 의

사로 대접받더군요. 게다가 일하는 사람들, 더 정확히 말해서 교도소에서 일하는 사람들 모두가 사회에서 같은 직업으로 일할 때 받았던 임금을 그대로 받습니다. 미국과 비교하면 너무나 다른 구조입니다. 미국의 죄수들은 일을 해도 시간당 겨우 10센트가 고작이니까요. 쿠바에서는 죄수도 노동조합에 가입할 수 있고 죄수를 하급 노동자쯤으로 취급하지 않는다는 점을 보면서, 미국의 노동조합은 쿠바에서 많은 것을 배울 수 있을 듯합니다.

'교도소 폐지'라는 단어를 사용하셨는데 대중의 반응은 어떻습니까?

— 우리 사회에서 형벌의 역할을 줄여보자는 주장을 진지하게 받아들이는 사람이 점점 늘어나고 있습니다. 교도소는 지금까지 별 저항을 받지 않고 꾸준히 확대되어 거의 임계점에 이른 듯합니다. 하지만 지난 50년 동안 행동주의자들의 활약으로 많은 국민이 교도소 시스템을 다른 각도에서 생각할 여유를 갖게 된 것 같습니다. 특히 '감옥산업복합체'라는 새로운 용어가 정착되면서, 많은 사람이 감정적으로 대응하지 않고 비판적으로 생각하게 된 것도 행동주의자들이 이뤄낸 큰 성과입니다.

교도소 개혁을 위한 점진적 전략에는 동의하시는지요?

— 개혁은 어려운 문제입니다. 교도소 담장 안에 있는 사람들을 실질적으로 도와줄 수 있는 방향으로 개혁을 도모해야 합니다. 하지만 역사를 돌이켜보면 개혁이 교도소 시스템을 오히려 보강해주는 중추적 역할을 해왔던 것이 사실입니다.

미셸 푸코Michel Foucault는 『감시와 처벌』에서, "감옥이 생긴 때부터, 개혁은 중요한 역할을 했다"고 말했습니다. 구금도 처벌의 한 방법으로, 사형과 태형을 대체할 목적으로 고안된 개혁이었습니다. 1970년대에 아티카를 비롯해 그리스 전역의 교도소에서 폭동이 일어나면서 교도소 개혁 운동이 있었습니다. 부정기형의 폐지가 그때 있었던 가장 중대한 개혁이라 할 수 있습니다.

하지만 복역 기간이 훨씬 길어졌고, 삼진아웃법(같은 죄를 세 번 저지른 자를 종신형에 처하도록 한 법률 —옮긴이)도 이런 개혁의 일환으로 고안된 것이라는 사실을 고려할 필요가 있습니다. 이런 개혁들은 우리에게 좀 더 신중해야 한다는 교훈을 전해주고 있습니다. 우리가 개혁을 시도한다면서 결국에는 교도소 시스템을 더 강화시키는 결과를 낳았으니까요. 요컨대 모든 개혁은 현재의 교도소 시스템을 더 약화시키는 방향으로 이루어져야 한다는 것이 내 생각입니다.

이른바 개혁이란 이름으로 잠재적 위험을 증가시킬 수 있는 다른 예를 들어볼까요? 요즘 사형제를 반대하는 운동이 사방에서 일어나고 있습니다. 단 한 사람이라도 잘못된 판결로 전기의자에 앉는 가능성을 없애기 위해서라도 사형제는 폐지되어야 한다고 주장합니다. 특히 새로이 개발된 DNA 판독법으로 무죄 여부가 과학적으로 증명될 수 있다는 것입니다. 하지만 나는 이런 접근법이 극히 위험하다고 생각합니다. DNA 판독법이 무죄를 증명하는 수단일 수 있지만 거꾸로 유죄를 증명하는 수단으로 변질될 수도 있다는 겁니다. 결국 혁신적 방법이라 여겨지는 것이 실제로는 처벌의 한 방법으로 사형제를 더욱 폐지하기 어렵게 만들 수 있습니다.

사형제 폐지운동에서 눈에 띄는 또 하나의 문제는 사형의 대안으로 종신형을 판결하면 된다는 부분입니다. 종신형을 대안으로 제시하는 주장이 위험하다고 생각하는 이유는, 사형을 선고받을 사람뿐 아니라 사형을 선고받을 가능성이 적은 사람에게도 종신형이 정당화 될 수 있기 때문입니다.

휴먼 라이츠 워치와, 형량 문제를 전문적으로 다루는 비정부기구인 센텐싱 프로젝트Sentencing Project가 공동으로 발표한 한 보고서에 따르면, 미국인의 2퍼센트가 중죄 판결로 투표권을 상실한 처지입니다.

— 현재 재소 중인 죄수만이 투표권을 상실한 것이 아닙니다. 많은 주가 중죄를 저지른 전과자들에게도 정치적 권리를 박탈하고 있습니다. 휴먼 라이츠 워치와 센텐싱 프로젝트의 보고서에 따르면, 앨라배마 주에서 흑인 남자 중 3분의 1이 투표권을 영구히 상실해서, 주지사의 사면을 받지 못하는 한 앞으로도 투표권을 행사할 수 없습니다.

당신은 여성 죄수에 특히 관심을 기울였는데요.

— 나를 포함해서 많은 행동주의자와 학자가 주장하듯이, 우리는 여성을 처벌하는 다른 방법들을 고민해봐야 합니다. 역사적으로 여성은 정신적 이유, 가부장적 가족구조, 혹은 사적인 관계 등을 이유로 구금되었습니다. 가정에서 일어나는 여성에 대한 폭력과 주정부가 여성에게 내리는 처벌은 밀접한 관계가 있습니다.
　휴먼 라이츠 워치 같은 인권단체가 발표한 보고서와 UN 여성폭력 특별보고위원의 보고서가 증명하듯이, 미국 교도소에서는 성폭력이 만연

되어 있습니다. 일부 여성 재소자가 지적하듯이, 구금된다는 것이 구조적으로 폭력적 관계에 놓인다는 뜻입니다.

오늘날 여성폭력에 반대하는 운동이 고도로 전문화되어 교도소 정책에 관여하는 노력 자체에서 이익을 구할 수 있기 때문에 내가 이런 지적을 하는 것입니다. 또한 감옥산업복합체에 반대하는 운동도 젠더의 문제까지 포괄할 필요가 있습니다.

지난 10월에 캘리포니아에서 가장 큰 여성 교도소 두 곳의 본거지인 차우칠라에서 주청문회가 열렸습니다. 한 사람이 건강관리에 대해 증언하면서, "토요일 밤이면 라이브쇼가 공연됩니다. 유방의 혹이나 성기의 종양은 몇 달이 지나도 치료조차 받지 못합니다. 죽을 정도가 되어서야 겨우 치료받습니다"라고 말했습니다. 여성 재소자의 건강관리 문제를 어떻게 생각하십니까?

— 건강관리 문제는 미국 교도소가 여성의 인권을 얼마나 무시하느냐를 적나라하게 보여준 사례입니다. 차우칠라 교도소는 세계에서 가장 큰 교도소입니다. 샌프란시스코에 본부를 둔 '아기를 가진 재소자를 위한 법률 서비스'와 같은 인권 단체들이 그곳에서 자행된 건강관리법규의 위반을 수차례 적발하고 고발했습니다. 또 그 교도소와 길 하나를 두고 마주보고 있는 센트럴 캘리포니아 여성 수용소에 투옥된 한 여성 재소자의 특별한 사례에 대해서도 알고 있습니다.

그녀는 지난 2월 말 구속된 직후에 뇌종양 진단을 받았습니다. 그런데 그 지역 병원인 마데라 코뮤니티 종합병원에 신경외과 의사가 없어서 그녀는 프레즈노의 한 병원으로 이송되었습니다. 하지만 그녀가 그

병원으로 이송될 때마다 교도소 측이 차트를 빠뜨려서 진료 약속이 취소됐고 그녀는 진찰조차 받지 못하고 교도소로 돌아가야 했습니다. 이렇게 진료가 몇 달이 지체되는 사이에 종양이 너무 자라서 뇌간까지 침범했고 그녀는 수술조차 받지 못하는 지경에 빠지고 말았습니다. 간담이 서늘해지는 이야기지만 수많은 사례 중 하나일 뿐입니다.

당신은 오랫동안 캘리포니아 대학교에서 가르쳤습니다. 그런데 1990년대 중반부터 캘리포니아는 대학 교육보다 교도소 운영에 더 많은 돈을 쏟아 붓기 시작했습니다. 그 결과가 지금쯤 어떻게 나타났다고 생각하십니까?

— 교육의 질이 크게 떨어졌습니다. 제안 209호로 인해, 캘리포니아 주에서는 '적극적 평등개선 조치Affirmative Action'가 대학 입학에서 고려되지 않습니다. 하지만 이 조치가 교도소 직원의 채용에서는 상당히 활발하게 적용되는 듯합니다. 실제로 유색인이 캘리포니아 교정 시스템에서 주된 역할을 하고 있습니다. 교도소 재소자에 관련해서도 그런 조치가 보이지 않게 적용되는 것이 거의 확실합니다. 사법정책연구소가 2년 전에 발표한 보고서에 따르면, 캘리포니아 주에서 흑인 남성은 주립 대학이나 사립대학보다 교도소에 있을 가능성이 무려 5배나 됩니다.

전국을 다녔을텐데 요즘 학생 운동을 어떻게 생각하십니까?

— 운동권 학생들을 보고 나는 무척 감명받았습니다. 그렇다고 그 학생들을 부러워하지는 않습니다. 1960년대에 비하면 지금의 상황이 훨씬

어려우니까요. 어려움도 크지만 쟁점도 훨씬 복잡합니다. 하지만 젊은 세대라면 그 정도의 어려움을 이겨내고 더 멀리 나아갈 수 있으리라 믿습니다.

당신이 가진 영향력, 특히 젊은 유색인 여성에게 영향력이 대단한 것으로 알고 있습니다. 강연이 끝날 때마다 당신에게 다가와 질문을 하려는 여성, 심지어 만지고 껴안아 보려는 여성으로 장사진을 이루지 않습니까?

— 사실입니다. 그런 일이 종종 있습니다. 그때마다 나는 유명인사에 대한 그들의 자세를 나무라기도 하지만 그들에게 각자의 길을 개척하라고 격려하기도 합니다. 나는 명쾌한 대답이나 해결책을 제시해주기보다는 오히려 질문을 하면서 그들의 삶을 다른 각도에서 생각해보도록 유도합니다. 물론 용기도 북돋워주고요.

하우나니 카이 트라스크는 하와이 원주민의 권리를 주장하는 대표적인 목소리다. 그녀의 표현에 따르면 하와이는 미국의 '이국적인 식민지'다. 그녀는

문화의 악용(조개껍데기로 만든 목걸이로 치장하고 훌라춤을 추고, 하와이식 연회장을 깡충거리며 뛰어다니는 원주민 여성들로 폴리네시아 식 뮤지컬

관광객과 미군이 경제·문화·환경에 미치는 악영향을 해결하기 위해 혼신을 다 바쳐 투쟁하고 있다.

트라스크는 '마나mana'('힘'이란 뜻)를 유감없이 발휘하고 있다. 그녀는 뛰어난 웅변가고 탁월한 조직가다. 그녀와 여동생 밀릴라니는 원주민의 주권

주력해왔다. 뛰어난 선동가이기도 한 그녀는 하와이에 거주하는 백인들을 화나게 만들지만, 그녀는 그런 반응에 조금도 개의치 않는다.

트라스크는 하와이 대학교 부설 하와이 연구센터의 교수이다. 또 하와이 주권 독립을 주장하는 단체 카 라후이 하와이의 공동 창립자이며, 그 단체의

을 위해 오래 전부터 싸워온 행동주의자이기도 하다.

그녀가 1993년에 발표한 『원주민의 딸From a Native Daughter』의 개정판이 최근에 하와이대학 출판부에서 재출간되었다. 앨리스 워커Alice Walker는

하며, "하와이를 비롯해 무력으로 빼앗긴 땅에 대한 우리의 선입견을 완전히 바꿔줄 뛰어난 책"이라 평가했다. 트라스크는 『결코 보이지 않는 좁은 문

Seen』(1999)의 저자기도 하다. 하와이 원주민이 북아메리카에서 발간한 최초의 시집이다. 또 그녀는 1993년에 영화 『전쟁 행위: 하와이의 전복』을 공동

나는 1993년에 트라스크를 처음 만났다. 당시 그녀는 록펠러 재단의 지원을 받아 콜로라도 대학교에서 특별 연구원으로 있었다. 올해 초, 그녀가 콜로

볼더를 다시 찾았을 때 나는 그녀와 재회의 즐거움을 나누었다.

관광산업에 짓밟히는 하와이 원주민의 권리

하우나니 카이 트라스크 Haunani-Kay Trask

interview date | 2000년 12월

사람들이 하와이를 지금처럼 생각한다면 내 이런 충고가
가슴에 와닿지 않을 겁니다. 여러분이 지금 계신 곳에 그냥 계십시오.
여러분이 우리 땅에 온다면 그렇잖아도 고향에서 힘겹게
사는 원주민을 더 힘들게 만드는 꼴입니다.

하우나니 카이 트라스크는 하와이 원주민의 권리를 주장하는 대
표적인 목소리다. 그녀의 표현에 따르면 하와이는 미국의 '이국적인 식민지'
다. 그녀는 원주민 여성의 성착취, 문화의 악용(조개껍데기로 만든 목걸이로 치
장하고 훌라춤을 추고, 하와이식 연회장을 깡총거리며 뛰어다니는 원주민 여성들
로 폴리네시아 식 뮤지컬을 공연하는 테마파크), 관광객과 미군이 경제·문화·
환경에 미치는 악영향을 해결하기 위해 혼신을 다 바쳐 투쟁하고 있다.

트라스크는 '마나mana'('힘'이란 뜻)를 유감없이 발휘하고 있다. 그녀는 뛰어
난 웅변가고 탁월한 조직가다. 그녀와 여동생 밀릴라니는 원주민의 주권 문제
를 널리 알리는 데 주력해왔다. 뛰어난 선동가이기도 한 그녀는 하와이에 거주
하는 백인들을 화나게 만들지만, 그녀는 그런 반응에 조금도 개의치 않는다.

트라스크는 하와이 대학교 부설 하와이 연구센터의 교수이다. 또 하와이 주
권 독립을 주장하는 단체 카 라후이 하와이의 공동 창립자이며, 그 단체와 더불
어 하와이 주권 독립을 위해 오래 전부터 싸워온 행동주의자이기도 하다.

그녀가 1993년에 발표한 『원주민의 딸From a Native Daughter』의 개정판이 최
근에 하와이대학 출판부에서 재출간되었다. 앨리스 워커Alice Walker는 이 책을
'걸작'이라 칭하며, "하와이를 비롯해 무력으로 빼앗긴 땅에 대한 우리의 선입

견을 완전히 바꿔줄 뛰어난 책"이라 평가했다. 트라스크는 『결코 보이지 않는 좁은 틈의 빛Light in the Crevice Seen』(1999)의 저자기도 하다. 하와이 원주민이 북아메리카에서 발간한 최초의 시집이다. 또 그녀는 1993년에 영화 「전쟁 행위 : 하와이의 전복」을 공동제작하기도 했다.

나는 1993년에 트라스크를 처음 만났다. 당시 그녀는 록펠러 재단의 지원을 받아 콜로라도 대학교에서 특별 연구원으로 있었다. 올해 초, 그녀가 국제여성 주간의 주요 연사로 볼더를 다시 찾았을 때 나는 그녀와 재회의 즐거움을 나누었다.

하우나니 카이 트라스크 }
Haunani-Kay Trask

시집의 서문에서, 당신은 이런 사건을 언급했습니다. 어느 날 공항에서 한 미국 여인이 숨을 헐떡이며 달려오더니 당신을 붙잡고 "꼭 그림엽서처럼 보입니다"라고 말하자, 당신은 "아니요, 그림엽서가 나처럼 보이겠죠"라고 대답했습니다. 무슨 뜻입니까?

— 우리 하와이 사람도 똑같은 인간인데, 관광객들이 우리에 대해 갖는 이미지가 얼마나 동떨어져 있는지 보여주는 일화였습니다. 사람들은 나를 실제의 나로 보지 않고 거기서 만들어진 존재쯤이라고 생각합니다. 이런 생각은 온갖 형태의 인간관계를 왜곡합니다. 사람들, 특히 관광객들은 우리를 그들이 보고 싶은 대로 봅니다. 그들처럼 완전한 인격을 갖춘 인간이라 보지 않습니다. 사람들은 우리를 뭉뚱그려 종, 무희, 급사 등 그들을 즐겁게 해주는 존재로만 생각합니다. 이런 생각은 그들과 우리 간에 거의 뛰어넘을 수 없는 간격을 만들어냅니다. 나는 하와이에 있

을 때면 끊임없이 화가 납니다. 하와이에서 나는 항상 화가 난 사람으로 알려져 있습니다. 하지만 나는 화가 난 사람이 아닙니다. 내 민족이 끊임없이 착취당하고 상품화되는 상황에서 어떻게 웃으면서 살겠습니까!

당신은 "우리는 무엇을 하더라도 행복한 원주민은 아닙니다"라고 썼습니다. 당신은 어떻게 해야 행복하겠습니까?

— 관광객이 더 적어진다면요. 현재 원주민 1인당 관광객이 30명이 넘습니다. 우리에겐 더 이상 관광객이 필요없습니다. 우리는 관광객을 원하지 않습니다. 관광객을 위한 휴양지가 세워지기를 바라지 않습니다. 태평양이 되었든 카리브 해가 되었든, 아니면 제3세계의 어느 곳이 되었든 간에 관광객이 와서 돈을 쓰고, 일상의 힘겨운 삶에서 탈출해 보름 간의 환상적인 휴식을 즐길 수 있는 자연 그대로의 모습을 간직한 곳이 있다는 생각은 새빨간 거짓말입니다.

사람들이 하와이를 지금처럼 생각한다면 내 이런 충고가 가슴에 와 닿지 않을 겁니다. 여러분이 지금 계신 곳에 그냥 계십시오. 여러분이 우리 땅에 온다면 그렇잖아도 고향에서 힘겹게 사는 원주민을 더 힘들게 만드는 꼴입니다.

연간 거의 700만 명의 관광객이 하와이를 찾습니다. 하와이의 인구는 수백만 명이고, 그 중 원주민은 20만 명에 불과합니다. 게다가 하와이에는 사방이 골프장입니다. 온갖 종류의 살충제와 제초제가 뿌려집니다. 원주민이 쫓겨난 땅에 골프장이 세워집니다. 골프장은 관광객이 찾아서 '완벽한' 관광을 즐길 수 있게 건설된 거대한 리조트 단지의 한 시설에 불과합니다. 환경오염을 유발하기도 하지만 환경적 인종차별이기도 합니다.

그런데 당신 누이 중 하나가 관광산업에 종사하지 않나요?

— 막내 여동생 다미엔이 일자리를 구하려 했을 때, 세라톤이 동생에게 하루 종일 카누에 앉아 관광객들과 사진을 찍어주는 일자리를 제안했습니다. 동생은 정확히 사흘 동안 그 짓을 한 후에 그만두었습니다. 그 후 동생은 선탠로션을 팔았습니다. 그 후에는 모델 노릇을 했고요. 그리고 언젠가 그 모든 일을 그만두었습니다. 하지만 그 여정이 우리 젊은 여자들에게 그다지 낯설지 않습니다. 와이키키, 마우이 섬과 코나 섬에서는 매춘이 횡행합니다. 우리 문화, 우리 여성, 우리 땅이 강간당하고 있습니다.

캘리포니아 주에서만 연간 400만 명의 관광객이 옵니다. 하지만 일본, 타이완, 홍콩, 오스트레일리아에서 찾아오는 관광객도 늘어나고 있는 추세입니다. 관광은 아름답지만 취약한 우리 환경을 파괴하는 요인입니다. 관광객들도 와이키키가 자동차와 사람으로 만원이라고 투덜댑니다. 교통난이 끔찍합니다. 관광객들은 다른 섬으로도 끊임없이 찾아가고 있습니다. 물론 그들은 다른 섬들까지 단기간에 황폐화시킵니다.

관광은 노숙자를 양산해내는 가장 큰 원인입니다. 원주민은 집값을 감당할 여유가 없습니다. 많은 캘리포니아 인이 관광객으로 들어와 땅을 사고 별장을 짓습니다. 그런데 그들은 원주민과 어떤 관계도 맺고 싶지 않은 까닭인지 그들만의 공동체를 이루고 삽니다. 그들은 우리 땅에 살고 싶어하지만 우리를 보고 싶어하지는 않습니다. 부동산 투기로 인해 주거비만 엄청나게 올랐습니다. 노숙자는 그야말로 심각한 문제가 되었습니다. 다른 섬들의 해변에는 판잣집이 줄줄이 늘어서 있습니다. 그런 모습이 관광객들에게 나쁜 이미지를 준다며 주정부가 그들을 쫓아내고 있습니다.

당신은 아름답고 인적이 없는 해변을 담은 전통적인 그림엽서를 비웃 듯이 콩나물시루처럼 빽빽한 고속도로에 대한 글을 쓰기도 했습니다.

— 아침 7시, 저녁 4시 30분부터 6시 30분까지 고속도로의 모습을 담은 그림엽서는 단 한 장도 없습니다. 관광객을 끌어들이는 데 방해가 되기 때문이겠죠.

미군 주둔에 대해서는 어떻게 생각하십니까?

— 태평양 사령부가 진주만에 주둔하고 있습니다. 잘 아시겠지만 진주 만은 정식으로 미군에 넘어가기 전인 1880년대부터 빼앗긴 땅입니다. 미 해군에서 가장 규모가 큰 제7함대가 진주만에 주둔해서 태평양과 대 서양 전역 및 아프리카 해안까지 감시하고 있습니다. 핵잠수함도 진주 만에 주둔하고 있습니다. 환태평양 지역 국가들, 즉 일본, 캐나다, 미국 은 이 기지를 중심으로 폭격 훈련을 실시합니다. 요컨대 미국은 아시아 와 남북 태평양 전역을 군사적으로 지배하는 데 혈안이 되어 있습니다.

당신의 주장을 요약한다면요?

— 우리는 우리 땅의 일부라도 되돌려 받고 싶습니다. 미국법에도 이미 우리 땅이라고 인정하고 있으니까요. 우리는 아메리칸 인디언처럼 '국 가 내의 국가'라는 지위를 누릴 수 있기를 바랍니다. 우리는 우리 땅의 물리적 공간과 경제를 직접 관리할 수 있기를 바랍니다. 우리는 1987년 자체의 망명정부 '카 라후이 하와이'를 구성했습니다. 내 동생 밀릴라니

가 최초로 선출된 '키아이나'(지도자)입니다. 우리는 각 지역에 대한 우리 주장을 정리하는 데 많은 시간을 투자했고, 주정부와 연방정부에 우리 주장을 전달해왔습니다. 우리는 우리 주장을 의회에서 관철시키기 위해 다른 원주민들과 연대하고 있습니다.

1993년 빌 클린턴은 미 해병대가 우리 정부를 전복시키는 것에 대해 하와이 주민들에게 정식으로 사과했습니다. 그때 클린턴은 하와이 주민과 미국에게는 화해의 과정이 필요하다고 말했습니다. 지금 우리는 그 과정에 있다고 말할 수 있습니다.

우리 민족은 '파파'(대지의 어머니)와 '위케아'(하늘의 아버지)의 시대부터 하와이 제도에서 살아왔습니다. 다른 원주민들처럼 우리도 우주가 가족적 관계를 띤 단일체라고 믿습니다. 우리 문화는 우리 몸과 영혼에 양식을 공급해준 조상과 땅을 무엇보다 소중하게 생각합니다.

100세대 이상 동안 우리는 땅을 가꿔왔습니다. 그런데 1778년 백인이 우리 땅에 들어왔습니다. 그들은 질병과 철, 자본주의를 우리에게 들여왔습니다. 그리고 폭력까지 가했습니다. 첫 접촉의 폭력, 질병과 죽음의 폭력, 약탈의 폭력…. 1820년 첫 선교단이 하와이에 상륙했을 쯤에는 1778년에 100만 명으로 추정되던 하와이 주민의 절반 이상이 외국에서 들어온 유행병으로 죽었습니다. 그 후 20년 동안 주민의 절반이 다시 그렇게 죽어갔습니다. 육체적으로, 또 정신적으로 병들면서 대다수의 원주민이 기독교로 개종해야 했습니다.

1893년 미군이 하와이를 침략해서 우리 정부를 전복했습니다. 그리고 백인 꼭두각시 정부를 세웠습니다. 1898년에는 강제로 미국에 병합시켰습니다. 그 이후로 하와이는 피점령국가로 전락하고 말았습니다.

식민지 점령이란 뜻인가요? 대부분의 미국인은 하와이를 하나의 주이고 관광의 메카로 생각하는데요.

— 하와이를 찾는 관광객의 대부분은 우리 역사를 모릅니다. 우리가 미국의 일부가 되기를 기꺼이 원한 것처럼 거짓으로 꾸며진 매우 낭만적 이야기를 알고 있을 뿐입니다. 하지만 진실은 다릅니다. 미국은 우리나라를 침략해서 빼앗았을 뿐 아니라 19세기 말에는 태평양으로 진출해서 웨이크 섬과 괌 섬, 그 후에는 필리핀과 카리브 해의 푸에르토리코를 차례로 점령했습니다. 하와이의 점령은 미국의 제국주의적 야욕을 드러낸 첫 증거라 할 수 있습니다.

당신의 「팍스 아메리카나: 하와이 1948년」을 잠시 낭송해볼까요?

나는 저 어둔 강으로
끝없이 추락한다
술에 취한 채 세례를 베푸는
혀들로 가득한 강에 삼켜진다

외국 깃발과 양피지를
흔들어대며 욕심 많은 은행가들을
정복한 땅으로
불러대는 새 성직자들

돈 때문에, 타락한 선박 때문에
성지는 사라지고

오염된 바다를 타고
들어와 퍼지는 질병들

푸르스름한 빛에
내 얼굴과
질리도록 새하얀 별들을
가로지르는 채찍 자국들

죽어가는 땅에서
내던져진 채 죽어가는
살덩이로 채워지고
못질된 관들

의지할 데 없는 바람소리, 살해당한 목소리들
그 안에서 내 비명소리만 들리는구나

— 온갖 질병들이 우리 민족을 붕괴시키고 있을 때, 바로 1848년, 미국 선교사들이 우리 땅을 갈가리 찢는 상황을 시로 표현해본 것입니다. 그렇습니다, 우리에게 닥친 상황은 '붕괴'라는 단어로밖에 표현할 수가 없습니다. 선교사들은 그런 붕괴를 즐기듯이 지켜보았습니다. 하와이 사람들이 죽어가는 모습을 반기면서, 우리가 죄를 짓고 미개하기 때문에 죽어가는 것이라 말했습니다. 그리고 우리 원주민에게는 낯설기 그지없는 것을 가르치기 시작했고, 우리 몸이 죄의 뿌리이기 때문에 몸을 가리라고 윽박질렀습니다. 또 그들은 원주민 문화가 미개하다는 생각을 우리에게 심어 주었습니다. 씨 뿌리는 방법, 고기를 낚는 방법, 발가벗고

지내는 풍습 등 모든 것이 하등한 것이란 생각을 우리 사이에 퍼뜨렸습니다. 우리 원주민에게, 낯설고 위험해 보이는 것보다 우리 것이 못하다는 자기 의혹을 심어 놓았습니다.

'하우나니' 가 무슨 뜻입니까?

― 마우이 섬에 있는 화산, '할레아칼라 산의 봉우리에 쌓인 아름다운 눈'이란 뜻인 하우나니오카웨키우 오 할레아칼라의 줄임말입니다. 하우나니 자체는 '아름다운 얼음' '아름다운 봉우리' 혹은 '아름다운 눈'을 뜻하는 단어로 하와이에서 그리 특이한 이름이 아닙니다.

타로 토란은 하와이의 우주론에서 중요한 위치를 차지하는데, 타로 토란이 뭡니까?

― 타로 토란은 태평양에서는 흔한 토착 덩이줄기 식물입니다. 초록색 잎이 아주 아름답습니다. 물론 덩이줄기는 땅 속에 있고요. 타로 토란으로 우리는 '포이'라는 요리를 만듭니다. 아마 하와이 음식 중에 가장 유명한 것이 '포이'일 겁니다. 사모아, 파푸아 뉴기니, 타히티에서처럼 이무imu라는 토기 오븐에 타로 토란을 쪄먹을 수도 있습니다. 타로 토란은 고구마와 아주 유사합니다. 우리 창조설화에 따르면, 타로 토란은 하와이 원주민의 조상입니다. 대지의 여신이 타로 토란을 땅에 심었고, 하늘의 아버지가 하와이 사람을 창조했습니다. 이런 창조설화는 고구마, 옥수수, 호박이 등장하는 아메리카 원주민의 창조설화와 그렇게 다르지 않습니다. 이런 설화에서 땅은 우리 형이고, 손윗 친척으로 우리를 지켜

주고 돌봐주는 존재입니다. 한마디로, 우리는 땅의 사람들입니다.

하와이 말로 영어에 편입된 단어로는 '마나mana'도 있지요?

— '마나'는 영적인 의미에서나 전기공학의 의미에서나 모두 '힘'을 뜻
합니다. 실제로 누구나 인간의 '마나'를 느낄 수 있습니다. 요즘 하와이
주권 독립운동을 전개하는 우리 지도자들, 예컨대 우리나라를 새로 세
웠고 헌법까지 제정한 내 동생 밀랄라니는 강력한 마나를 갖고 있습니
다. 뛰어난 사람의 옆에 있을 때 우리는 실제로 '마나'를 느낄 수 있습니
다. 마틴 루터 킹이나 말콤 엑스와 같은 사람의 옆에 있을 때 전기 충격
을 받은 듯이 찌릿한 느낌과 다르지 않습니다. 족장들은 마나를 가진 것
으로 여겨졌습니다. 물론 요즘에도 위대한 지도자는 마나를 지녔다고
우리는 믿습니다.

당신은 하와이 원주민들이 '고향에서의 추방'을 겪고 있다고 말했습
니다. 무슨 뜻인지 자세히 설명해주십시오.

— 우리는 하와이에서 태어나서 이 땅에 발을 붙이고 살고 있지만 안전
하지 않습니다. 그래서 우리가 고향에서 추방되었다고 말한 겁니다. 우
리는 땅이 없습니다. 미국 정부와 군대를 비롯해서 외국인이 우리 땅을
거의 모두 소유하고 있습니다. 우리 언어, 우리 문화, 우리만의 생활방
식, 우리 풍습을 존중해주지도 않습니다. 하와이 주민에 대한 차별도 극
심합니다. 우리는 지금도 혈연 분량blood quantum으로 분류되는 극소수
종족 중 하나입니다. 잘 아시겠지만, 유엔도 이런 분류를 인종차별적이

라 판정하고 있습니다. 우리는 많은 점에서 아메리카 원주민과 똑같은 입장입니다. 우리가 이 땅의 진짜 주인이지만 완전히 무시당하며 살아가고 있습니다. 이런 처지인데 고향에서 추방당한 꼴이 아닐까요.

당신은 여러 글에서 당신에게 영감을 준 사람으로 말콤 엑스, 응구기 와 티옹고Ngugi wa Thiongo, 프란츠 파농, 세 사람을 꼽았습니다.

— 세 사람 모두 내 생각의 발전에 크게 영향을 미쳤습니다. 1년 동안 시카고 대학에서 지내는 동안 말콤 엑스를 처음 읽게 되었습니다. 프란츠 파농에 관심을 갖기 시작한 것은 위스콘신 대학에 있을 때였고요. 베트남 전쟁을 반대하는 학생운동이 한창이던 시절의 앞뒤로 10년을 위스콘신 대학에서 지냈습니다.

응구기 와 티옹고는 나중에야 알게 되었습니다. 그의 대표작이라 할 수 있는 『식민지적 생각 벗어나기Decolonising the Mind』(1986)에서 티옹고는 "정치적 식민지에서 벗어나기 전에 정신의 탈식민화가 있어야 한다"고 말했습니다. 즉 종속에 따른 사고思考의 이데올로기적이고 관념적인 억압에서 벗어나야 한다는 뜻입니다. 파농도 이런 식으로 말했지만 티옹고는 모국어 회복 운동을 통한 사고의 전환을 주장했습니다.

식민지에서 벗어나는 한 방법은 우리만의 표현법, 우리만의 발음, 즉 우리 모국어를 회복하는 것입니다. 식민 세계가 해방될 때는 언제나 그랬습니다. 우리말은 1898년에 금지되었습니다. 나는 영어를 말하고 읽으면서 자랐습니다. 우리말을 하고 읽을 기회를 전혀 갖지 못했습니다. 하와이 어는 1978년 순전히 관광 목적으로 금지가 해제되었습니다. 따라서 우리 하와이 사람은 모국어를 회복해서 가르치려고 애쓰는 다른 원주민들과 거의 비슷한 수준에 이르렀습니다.

당신에게 영향을 준 세 사람은 모두 남자입니다. 당신에게 영향을 준 여성은 없었나요?

— 나는 아드리엔 리치Adrienne Rich와 같은 시인들, 로자 룩셈부르크 Rosa Luxemburg와 같은 이론가들, 리고베르타 멘추Rigoberta Menchu와 같 은 정치 지도자들, 그리고 내게 큰 힘을 보태준 마오리 족 여성들에게도 영향을 받았습니다. 그러나 흥미롭게도, 내게 이론적으로 가장 큰 감동 을 준 사람들은 카리브 연안의 흑인이든, 아프리카 계 미국인이든, 아프 리카의 흑인이든, 하여간 흑인이었습니다. 나는 아메리카 원주민들에게 도 적잖은 영향을 받았습니다. 그들에게서는 이론적으로 배웠다기보다 는 그들과 함께 일하면서 배웠습니다.

다른 지역의 여성 행동주의자들과 관계를 갖고 있습니까?

— 내가 원주민의 권리를 되찾는 데 주력하기는 하지만, 내가 피부색과 계급을 떠나서 많은 여성의 지도자라는 사실이 그들에게 힘이 되는 듯 합니다. 여성의 리더십은 무척 중요합니다. 나는 '원주민 여성의 모임' 에 소속되어 있습니다. 녹색당 부통령 후보로 출마한 아니샤나브 족의 위노나 라듀크Winona LaDuke가 창립한 단체입니다. 나는 남태평양에서 투쟁하면서 많은 친구와 멘토, 동료를 사귀었습니다. 특히 마오리 사람 들과 친하게 지내고 있습니다.

남태평양의 다른 원주민들과 공동으로 진행하는 프로젝트가 있습니까?

— 우리는 '비핵 및 독립을 위한 태평양 운동'을 결성하고 있습니다. 벌써 20년 전입니다. 첫 모임은 1980년 하와이에서 있었고 나도 당연히 참석했습니다. 우리는 핵실험 문제를 제기하는 데 어느 정도 성공을 거두었습니다. 프랑스가 타히티 섬에서 핵실험을 중단했으니까요. 물론 방사능의 영향은 지금도 남아 있습니다. 마샬 제도에서도 괄목할 만한 성과를 거두었습니다. 우리가 핵폭탄, 핵실험, 핵연료를 없애야 할 이유를 세상에 꾸준히 역설해온 결과입니다. 우리는 일본의 행동주의자들과 협력합니다. 히로시마와 나가사키에 핵폭탄이 떨어진 적이 있기 때문에 일본에는 대규모 비핵 단체가 있습니다. 나는 캐나다 사스카츄완 주의 원주민들과도 긴밀히 협조하고 있습니다. 나는 거기에 가서야, 캐나다의 가장 큰 우라늄 광산이 그 지역에 있다는 걸 알았습니다. 이렇게 나와 협조하는 원주민들은 핵실험, 방사능 후유증, 우라늄 광산 등 어떤 형태로든 핵과 관계가 있습니다. 우라늄 채굴이 어디에서 이루어지고 있느냐를 밝혀내는 노력도 무척 중요합니다. 북아메리카 대륙에서의 우라늄 채굴은 주로 원주민 지역과 관계가 있으니까요.

당신의 주장이 실현될 가능성은 있습니까?

— 우리는 주권 쟁취를 위해서 줄기차게 나아갈 것입니다. 우리는 해낼 수 있다고 생각합니다. 의지의 문제지 방법론의 문제가 아닙니다.

수업 첫날부터 우리는 영어에 익사할 지경이었다. 우리 모국어를 버리지 않고는 살아남을 길이 없었다. 이스트 할렘 제87 공립학교 1학년 때, 한 젊은

후안이 아니다. 이 나라에서는 존이라고 한다. 이제부터 너를 존이라고 불러도 되겠니? 라고 물었다. 당혹스럽고 두려웠다. 하지만 내 운명을 결정하

죽어가는 목소리로 "아니요"라고 대답했다. 그러나 대부분의 아이들은 그런 용기조차 내지 못했다. 따라서 학교 교사들은 기계적으로 아이들의 이름

유치원에 입학할 때까지 나는 에스파냐 이밖에 할 줄 몰랐다. 하지만 교사들은 내가 영어를 하루가 다르게 습득해가는 것에 놀라는 모습이었다. 그때

학생이 올 때마다 교사들은 그 아이를 내 옆에 앉혔다. 그리고 나는 그 아이에게 수업 내용을 설명해주었다. 전학생들은 교사들의 낯선 말을 서툴게

을 이해하려고 안간힘을 다했다. 하지만 학년이 끝날 때마다 그 아이들은 유급하기 일쑤였다. 때로는 두 번 이상 유급하는 아이들도 적지 않았다. 그

내면화 된 '식민지적 심성'

후안 곤잘레스 Juan Gonzalez

interview date | 2000년 7월

식민주의가 겨냥하는 이런 심리적 효과는
푸에르토리코 인들에게 아직 팽배합니다. 오래 전 내가
'젊은 군주들'의 일원으로 활동할 때 우리는 이런 심리를
'식민지적 심성colonial mentality'이라 칭하기도 했습니다.

후안 곤잘레스는 『뉴욕데일리 뉴스』의 칼럼니스트다. 푸에르토리코 폰세에서 태어난 그는 뉴욕시 공영 주택단지에서 자랐고, 콜롬비아 대학교에서 수학하면서 1968년 학생시위에 적극 가담했다. 그는 "콜롬비아에서 공부할 때였습니다. 큰 강의동 하나가 사우스 푸에르토리코 설탕회사의 소유주인 설탕재벌의 이름을 따서 지어졌습니다"라고 내게 말했다.

푸에르토리코 행동주의 단체인 '젊은 군주들Young Lords'의 창립 회원인 곤잘레스는 '푸에르토리코 권리를 위한 국민회의' 의장을 역임했다. 『뉴욕데일리 뉴스』의 칼럼 이외에, 그는 잡지 『당대In These Times』에도 정기적으로 글을 기고한다. 또한 4년 전부터는 파시피카 라디오에서 「지금은 민주주의」라는 프로그램을 1주일에 두 번씩 에이미 굿맨Amy Goodman과 공동으로 진행하고 있다.

굿맨은 "후안은 내부자인 동시에 외부자의 시각에서 세계를 관찰합니다. 후안은 우리 프로그램에 국내적이고도 국제적인 깊이를 더해줍니다"라고 후안 곤잘레스를 평가했다.

곤잘레스는 『당신의 창문을 내려라: 잊힌 아메리카에서 들려온 이야기Roll Down Your Window: Stories from a Forgotten America』(1995)와 『제국의 수확: 미국에 사는 라틴아메리카 사람들의 역사Harvest of Empire: A History of Latinos on America』(2000)를 썼다. 『제국의 수확』에서 그는 뉴욕 공립학교에서의 경험을 이야기했다. 내가 특히 감명 깊게 읽었던 구절을 여기에 인용해보려 한다. "우리 대부분은, 그야말로 죽느냐 사느냐 하는 공립학교 철학의 산물이 되었다."

수업 첫날부터 우리는 영어에 익사할 지경이었다. 우리 모국어를 버리지 않고는 살아남을 길이 없었다. 이스트 할렘 제87 공립학교 1학년 때, 한 젊은 교사가 내게 "네 이름은 후안이 아니다. 이 나라에서는 존이라고 한다. 이제부터 너를 존이라고 불러도 되겠니?"라고 물었다. 당혹스럽고 두려웠다. 하지만 내 운명을 결정하는 순간이라는 느낌에 나는 죽어가는 목소리로 "아니요"라고 대답했다. 그러나 대부분의 아이들은 그런 용기조차 내지 못했다. 따라서 학교 교사들은 기계적으로 아이들의 이름을 영어식으로 고쳐갔다. 유치원에 입학할 때까지 나는 에스파냐 어밖에 할 줄 몰랐다. 하지만 교사들은 내가 영어를 하루가 다르게 습득해가는 것에 놀라는 모습이었다. 그때부터 푸에르토리코에서 전학생이 올 때마다 교사들은 그 아이를 내 옆에 앉혔다. 그리고 나는 그 아이에게 수업 내용을 설명해주었다. 전학생들은 교사들의 낯선 말을 서툴게나마 해석해주려는 내 설명을 이해하려고 안간힘을 다했다. 하지만 학년이 끝날 때마다 그 아이들은 유급하기 일쑤였다. 때로는 두 번 이상 유급하는 아이들도 적지 않았다. 그들이 영어를 완전히 습득하지 못한 탓이었다. 그로부터 40년이 지난 지금까지 그 아이들의 얼굴이 내 기억에 생생히 떠오른다. 그들의 존재 때문에라도 두 개 언어를 이용한 교육이 더욱 절실하게 필요한 듯하다. 영어만을 사용하는 현재의 수업 방식이 재고되어야 한다는 뜻이다.

곤잘레스는 『히스패닉 비즈니스Hispanic Business』에서 선정한 가장 영향력 있는 100인의 히스패닉 중 한 명으로 선정되었고, '히스패닉 미디어 예술 및 과학 아카데미'에서 공로상을 받았다. 곤잘레스가 『제국의 수확』의 마케팅을 위해 전국을 순회하던 중 덴버의 태터드 카버 서점에서 행사를 끝내자마자 밤을 새워 볼더까지 찾아왔다. 화창한 금요일 아침, 나는 그를 만났다. 그는 나와의 인터뷰를 끝내자마자 다음 행사를 위해서 로키 산중의 브레켄리지로 향했다.

당신의 기억에 아직도 생생히 남아 있다는 그 학생들의 얼굴에 대해
좀더 자세히 말씀해주십시오.

— 뭔지도 모르면서 학교를 다니고 수업 시간에 조금이라도 배우려고
안간힘을 다해야 하는 나라에서 겪어야 했던 그 아이들의 두려움을 나
는 결코 잊지 못할 겁니다. 내가 알기에, 새 언어의 학습 성과는 얼마나
어린 나이에 시작하느냐에 달려 있습니다. 나는 유치원에 들어가면서,
그러니까 비교적 어린 나이부터 영어를 시작했기 때문에 신속하게 영어
를 습득할 수 있었습니다. 가령 도미니카 공화국이나 베네수엘라에서
초등학교 4학년을 마치고 오는 아이들, 심지어 초등학교를 졸업하고 오
는 아이들은 영어를 습득하는 것이 더욱 어렵습니다. 게다가 심리적인
고충도 대단합니다. 또 언어를 배운다는 것은 말하는 법을 배우는 것이
기도 하지만 생각하는 법을 배우는 것이기도 합니다.

나는 뉴욕 이스트 87번가에서 자랐습니다. 당신이 자랐던 곳과 아주 멀리 떨어진 곳은 아닙니다. 내 부모는 아르메니아에서 건너온 이민 자였습니다. 어머니는 내 미국 친구들 앞에서도 습관처럼 내게 아르 메니아 어로 말했죠. 그때마다 나는 쥐구멍에라도 숨고 싶은 기분이 었습니다. 너무 부끄러웠거든요.

— 미국의 이민자들이 흔히 겪는 일입니다. 도미니카 공화국 출신인 내 아내는 뉴욕의 한 고등학교에서 에스파냐 어를 가르치는 교사로 일하고 있습니다. 아내의 말에 따르면, 에스파냐 어를 배우는 데 가장 소극적인 아이들이 라티노(미국에 사는 라틴아메리카 사람 —옮긴이)라고 합니다. 그 들은 에스파냐 어를 2류 언어로 생각합니다.

그 때문에 아내의 마음고생이 심합니다. 그래서 아내는 라티노 아이 들에게 에스파냐 어를 외국어라 생각하며 배우라고 권한다고 합니다. 하지만 에스파냐 어는 미국에서 외국어가 아닙니다. 멕시코가 미국 남 서부에 합병되고 푸에르토리코가 미국에 합병되었다지만 그들이 미국 에 온 것은 아닙니다. 미국이 그들의 땅으로 가서 그들을 미국 시민으로 만들었습니다. 따라서 그들은 그들의 원래 땅에서 그들의 말을 사용하 고 있는 겁니다.

2개 국어로의 교육에 대해서는 어떻게 생각하십니까?

— 2개 국어로의 교육은 좋은 생각인 것 같습니다. 다른 나라의 언어와 문화를 유지해주는 것이 공립학교의 의무라고 생각하지는 않지만, 학생 들이 학습에 뒤처지지 않도록 과도기적 교육을 충분히 제공하는 것은

공립학교의 의무일 수 있습니다. 텍사스 남부나 캘리포니아, 뉴욕처럼 라티노가 많은 곳에서는 모두가 에스파냐 어를 배워야 합니다. 영어를 모국어로 하는 사람이나 에스파냐 어를 모국어로 하는 사람이나 모두가 에스파냐 어를 배워야 합니다. 단일 언어라는 둥지를 깨고 나와야 합니다. 그래야 문화적 이해가 더 깊어질 겁니다.

미국에는 지금 라티노가 거의 3000만 명에 이르고, 인구 증가율도 상당히 높습니다. 이런 인구 분포를 정치적으로는 어떻게 해석할 수 있을까요?

— 앞으로 50년이 지나면 미국 인구의 25퍼센트가 라티노일 겁니다. 2100년경에는 절반을 차지할 거고요. 라틴아메리카의 경제 수준을 향상시키기 위한 조치가 취해지지 않는다면 미국행 발길은 끊이지 않을 겁니다. 이렇게 된다면 미국의 사회·문화 조직 전체가 급격한 변화를 겪을 수밖에 없을 겁니다. 따라서 우리는 양자 간에 선택을 해야 합니다. 라틴아메리카의 경제 수준을 향상시켜서 미국 이민자의 수를 줄일 것이냐 아니면 옛 로마 제국처럼 미국이 정복한 민족에 의해서 내부에서부터 변화를 겪을 것이냐의 선택입니다.

『제국의 수확』에서 특별히 말하고 싶은 것이 있었다면요?

— 라티노의 미국화 과정 전체를 말하고 싶었습니다. 아니, 라티노가 제대로 미국화되지 못하는 이유를 말하고 싶었습니다. 동화 과정에서 그들이 심리적으로나 사회적으로 겪는 고통을 말하고 싶었습니다.

당신은 "이 나라에서, 공립학교 아이들은 푸에르토리코에 대해 거의 아무것도 배우지 않는다. 그 지리적 위치와 미국에 '속한 땅'이라는 사실이 공립학교에서 가르치는 전부다"라고도 썼는데요.

— 대부분의 미국인이 푸에르토리코에 대해 기본적인 지식조차 갖추지 못한 것을 알고 나는 놀라지 않을 수 없었습니다. 심지어 푸에르토리코 인이 외국인인지 미국인인지도 모르는 실정입니다. 최근에 텍사스에서 낭송회를 가졌습니다. 그때 푸에르토리코 인이 미국에 입국하려면 여권을 소지해야 하느냐는 질문까지 받았을 정도입니다. 푸에르토리코 인은 여권이 필요없습니다! 1917년 의회에서 통과된 존스법에 따라서 푸에르토리코 인은 모두 미국 시민이 되었습니다.

당시 푸에르토리코에서 투표로 선출된 유일한 대표기구이던 푸에르토리코 의회는 그런 시민권을 만장일치로 거부하고, 그들은 그런 시민권을 원하지 않는다고 미국 의회에 통고했습니다. 그러나 미국 의회는 강제로 푸에르토리코 인에게 시민권을 부여했습니다. 그 후, 푸에르토리코 인은 여권 없이 미국을 왕래할 수 있습니다. 마치 미국의 한 주인 것처럼 말입니다.

당신은 "푸에르토리코 인은 이탈리아 인, 스웨덴 인, 폴란드 인과는 입장이 다르다. 우리 고향은 침략당하고 영구히 점령당한 상태다. 우리가 이민 간 나라가 우리 애국자들을 박해하고 감옥에 가뒀다"고 말하기도 했는데요.

— 최근에 푸에르토리코 문제를 다룬 의회 청문회가 있었습니다. 루이

프리Louis Freeh FBI 국장이 호세 세라노 민주당 하원의원에게, FBI가 분열과 혼란을 조장하며 독립운동을 억누른 악명 높은 COINTELPRO(대對 파괴자 정보활동)를 했던 것을 정식으로 사과했습니다.

법적으로 말하면 푸에르토리코 섬은 미국의 자치령입니다. 무슨 뜻인지 정확히 설명해주시겠습니까?

— 자치령은 영연방의 국가들과는 완전히 다른 개념입니다. 과거에 영국의 식민지였고 지금은 영연방에 속한 나라들은 독립된 주권을 갖고, 국제기구에서 자체의 대표를 파견합니다. 한마디로, 완전한 독립국가와 마찬가지입니다. 하지만 푸에르토리크 자치령은 다릅니다. 물론 푸에르토리코 인은 지역 정부를 운영할 지역 관리를 투표로 선출할 수 있습니다. 하지만 지역 정부는 미국 의회를 통과한 법에 종속되고, 그 법을 따라야만 합니다.

가령 미국 의회가 푸에르토리코 헌법을 개정하고 싶으면 언제라도 개정할 수 있습니다. 또 푸에르토리코 법을 무시하고 싶으면 언제라도 무시할 수 있습니다. 실례가 있습니다. 연방법이 사형제를 부활시키면서, 그 다툼이 있었습니다. 푸에르토리코 헌법이 사형제를 폐지했기 때문입니다. 하지만 법적 모순이 있을 때는 언제나 연방법이 푸에르토리코 법보다 우선합니다. 미국 의회는 이런 식으로 푸에르토리코를 지배 아래 두고 있습니다.

푸에르토리코 인의 시민권은 출생하면서 자동으로 부여받는 시민권이 아닙니다. 법으로 인정된 시민권입니다. 미 의회가 푸에르토리코 인들에게 시민권을 부여했습니다. 따라서 미 의회가 예컨대 2001년부터 푸에르토리코에서 태어난 사람은 미국 시민이 아니라고 결정한다면 그때 이후 태어난 푸에르토리코 인은 미국 시민이 아닙니다.

나는 푸에르토리코 폰세에서 태어났습니다. 나는 미국 시민이지만 대통령에 출마할 수 없습니다. 나만이 아니라 푸에르토리코에서 태어난 사람은 누구도 대통령에 출마할 수 없습니다. 미국 헌법이 미국에서 태어난 사람만이 대통령이 될 수 있다고 규정하고 있기 때문입니다. 요컨대 시민권은 있지만 2등급 시민권인 셈입니다. 푸에르토리코 인은 대통령 선거에 투표권도 없습니다. 상원이나 하원 선거에도 투표권이 없습니다.

당신이 식민주의 사상의 국제화를 다룬 프란츠 파농의 『대지의 저주받은 사람들』을 언급한 것이 무척 흥미롭게 생각되는데요?

— 파농이 말하고 있는 것에 가장 가까운 형태가 푸에르토리코 인의 처지일 겁니다. 파농의 생각을 확대하면 언어는 물론 언어가 매개체인 모든 것에 적용될 수 있습니다. 예컨대 한 민족의 역사적 기억, 한 민족의 자의식 등에도 적용될 수 있습니다. 파농은 이렇게 말했습니다

> 식민주의는 한 국민을 억압해서 그들의 뇌에서 온갖 인식을 빼앗는 것으로만 만족하지 않는다. 식민주의는 억압받는 민족의 과거로 방향을 돌려, 그 과거를 왜곡시키고 가치를 떨어뜨리며 파괴한다 … 식민주의가 의식적으로 추구하는 효과는 지배자가 떠난다면 그들이 다시 옛날처럼 야만적인 상태로 되돌아갈 것이란 생각을 원주민의 머릿속에 심어주는 것이다.

식민주의가 겨냥하는 이런 심리적 효과는 푸에르토리코 인들에게 아직 팽배합니다. 오래 전 내가 '젊은 군주들'의 일원으로 활동할 때 우리는 이런 심리를 '식민지적 심성colonial mentality'이라 칭하기도 했습니다. 예컨대 1950년대와 1960년대에 많은 푸에르토리코 인들이 "푸에르토리코가 독립 국가가 된다면 아마 굶어죽을 거야"라고 말했습니다. 미국의 지원이 없다면 살아남지 못할 것이란 두려움이 있었던 것입니다.

이런 선입견이 어디에서 왔을까요? 바로 미국, 1900년대 초부터 푸에르토리코를 식민지로 지배했던 사람들이 우리에게 심어준 것입니다. 금세기 첫 50년 동안, 푸에르토리코 인들은 자체의 총독조차 갖지 못했습니다. 미국 대통령이 지명한 미국인 총독이 식민지를 운영했습니다. 푸에르토리코 내각에서 주요 인물들은 모두 미국인이었습니다. 1948년이 되어서야 푸에르토리코는 자체의 총독을 선거로 뽑았지만, 총독의 권한은 무척 제한적이었습니다. 그러나 푸에르토리코는 주권국가, 독립국가로 우뚝 서기에는 무력하기만 했습니다. 푸에르토리코는 올바로 기능할 만한 역량과 수단을 갖추지 못했던 것입니다.

놀랍겠지만 카리브 연안 지역에, 푸에르토리코보다 인구나 자원 및 면적에서 훨씬 작으면서도 어엿한 독립 국가로 꿋꿋하게 살아가는 나라가 적어도 12개국은 됩니다. 그러나 대부분의 푸에르토리코 인은 우리가 독립국가로 살아갈 수 있으리라 믿지 않습니다.

1898년 미국의 점령 이후 푸에르토리코는 주로 음악과 문학을 통해서 저항의 몸짓을 보였습니다. 그 이유가 무엇일까요?

— 1898년 미국에게 점령당하기 전에 푸에르토리코는 400년 동안 에스

파냐의 식민지였습니다. 결국 500년 동안이나 푸에르토리코 사회는 외국에게 지배당하고 관리받아 왔습니다. 그렇다고 푸에르토리코라는 나라가 존재하지 않았다는 뜻은 아닙니다. 다만 정치적 주권을 갖지 못했을 뿐입니다. 그 결과로, 문화와 언어가 푸에르토리코 인이 국민성을 표현하는 수단이 되었습니다. 푸에르토리코 인이 그나마 음악, 시, 연극, 미술 등에서 문화적 정체성을 유지하려는 노력은 국민의식에서 상당한 부분을 차지합니다. 정치의 장에서 부족한 것을 문화의 장에서 만회하려는 몸부림처럼 보일 지경입니다.

푸에르토리코 인의 3분의 1 이상이 고향 밖, 즉 미국에서 살고 있습니다. 미국으로 이주했거나 미국에서 성장한 푸에르토리코 인은 미국에서의 삶과 푸에르토리코 인으로서의 경험 때문에 이중의 정체성을 갖고 있습니다. 따라서 많은 작가와 시인과 음악가가 미국에서 예술 활동을 하지만 푸에르토리코를 여전히 정체성의 근원이라 생각하고 있습니다.

요즘 푸에르토리코 섬에서 일어나는 독립운동에 대해서는 어떻게 생각하십니까? 푸에르토리코가 주州로 승격하더라도 대다수가 에스파냐 어를 사용하는 공동체가 미국에 편입되는 것을 미국 의회가 꺼려하지 않을까요?

— 푸에르토리코는 결코 미국의 한 주가 되지 않을 것이라 믿습니다.

왜 그렇죠?

— 푸에르토리코는 독립 국가이기 때문입니다. 푸에르토리코만이 아니

라 미국인도 그렇게 알고 있습니다. 미국에 편입된 모든 주가 편입될 당시에 백인 정착민이 과반수거나 압도적 다수였습니다. 푸에르토리코는 근 100년 동안이나 미국의 영토였습니다. 그렇게 100년이 지났지만 푸에르토리코에 거주하는 백인의 수는 3~4퍼센트를 넘지 않습니다. 섬이기 때문에, 본토와 연결된 땅이 아니기 때문에, 또 하와이와 달리 인구가 많기 때문에 푸에르토리코는 에스파냐 어를 사용하는 라틴아메리카의 일원으로 남아 있는 것입니다.

푸에르토리코가 미국의 한 주로 편입된다면 과거 어느 때보다 미국의 성격이 크게 변할 것입니다. 미 의회의 모든 공화당 의원이 이런 사실을 알고 있으며, 민주당 의원들도 다수가 그런 변화를 우려하고 있습니다. 이런 이유에서, 그들은 우리에게 미국의 한 주가 되려면 공식 언어로 영어를 채택하라고 요구하는 것입니다. 푸에르토리코 인은 "천만에!"라고 대답합니다. 우리 언어까지 포기하고 싶지는 않기 때문입니다. 우리는 두 언어를 동등한 공식 언어로 유지하고 싶을 뿐입니다.

또한 푸에르토리코가 미국의 한 주가 되지 않을 거라고 내가 생각하는 두 번째 이유는 면적 때문입니다. 푸에르토리코가 미국에 편입된다면 콜롬비아 특별구의 문제가 중요한 쟁점으로 부각될 겁니다. 아프리카 계 미국인들이 "푸에르토리코를 독립된 주로 인정한다면서 콜롬비아 특별구를 배제하는 이유가 뭐냐?"고 따질 테니까요. 공화당 의원들은 가난하고 유색인이 많으며, 게다가 민주당 지지자가 많은 두 곳을 독립된 주로 인정하고 싶지 않을 겁니다. 더구나 푸에르토리코의 표가 미국의 24개 주보다 많으니까요.

오래 전부터 독립을 주장해왔지만 현실을 인정할 수밖에 없습니다. 국민투표에서 푸에르토리코 국민의 압도적 다수가 주나 자치령을 원하고 있다는 사실입니다. 독립을 원하는 사람은 투표자 중 4~5퍼센트입니다.

그럼 해결책은 무엇이겠습니까?

— 식민지는 얻는 것이 포기하는 것보다 훨씬 쉽습니다. 결혼하는 것이 이혼하는 것보다 훨씬 쉬운 것처럼 말입니다. 미국과 푸에르토리코가 결별하려면 양측 모두가 무엇인가를 얻어야 합니다. 푸에르토리코와 미국의 관계에서 이런 딜레마를 해결할 수 있는 실질적인 방법은 유엔에서 식민지 해방의 한 방법으로 인정한 자유연합free association입니다.

유엔은 3가지 형태의 식민지 해방법을 인정하고 있습니다. 주州로서의 지위를 부여하는 합병, 독립, 그리고 자유연합입니다. 자유연합은 식민지를 주권국가로 인정하는 방법입니다. 따라서 식민지는 국제관계를 독자적으로 운영하면서 무역조약을 체결하고 유엔에 독립적으로 가입할 수 있어서 별도의 국가로 인정받게 됩니다. 그러나 자유연합은 옛 식민지배국과 자유의지에 따른 연합이므로 때로는 이중국적을 가질 수 있고 지속적인 관계를 유지할 수도 있습니다.

따라서 나는 자유연합이 양측의 욕구를 만족시키는 해결책이 될 수 있으리라 생각합니다. 푸에르토리코는 언어와 문화를 지키고 미국과의 관계를 유지하면서 자유롭게 왕래할 수 있지만 이등시민이라는 자괴감에서 비롯되는 원망을 떨쳐낼 수 있습니다.

미 의회는 자유연합이 헌법에 위배된다고 주장합니다. 헌법을 수정해야 할 사안이라는 겁니다. 지금까지 미국 헌법은 27번이나 수정되었습니다. 미국인과 푸에르토리코 인이 더불어 살 수 있는 지위를 푸에르토리코 인에게 줄 수 있다면 헌법을 수정하지 못할 이유가 어디에 있습니까?

"저 친구의 약점을 캐내라!… 저 친구 좀 치워버려!… 저 친구의 입 좀 막아!" 제네럴모터스(GM)가 랄프 네이더의 약점을 캐내려고 고용한 사설탐정

년 네이더는 『어떤 속도에도 불안하다Unsafe at Any Speed』(1965)를 출간해서 GM의 분노를 불러 일으켰다. GM 자동차의 형편없는 안전기록과 악

으로 순식간에 베스트셀러가 되었다. 그러나 GM은 네이더를 어떤 식으로도 옭아맬 수 없었다. 오히려 사생활 침해죄로 네이더에게 거액의 배상금

그 돈을 바탕으로 자신의 첫 공익조직을 결성했다. 1960년대 중반에 전국 무대에 혜성처럼 등장한 네이더는 기업계와 정치계의 악행과 권력 남용을

금까지 계속하고 있다.

네이더는 '퍼블릭 시티즌' '공익연구회' '자동차 안전 센터' '공익 과학 센터' '입법대응 연구 센터'와 같은 소비자 보호단체를 결성하고 '다국적

창간하는 데 촉매 역할을 해왔다. 또 1996년에는 '전국 교통 및 자동차 안전법'을 통과시키는 데도 일익을 담당했다. 1970년에는 환경보호청을 신설

고, 4년 후에는 정보자유법을 통과시키는 데 큰 역할을 해냈다. 건강과 안전에 대한 기업계와 정치계의 의식을 고취시키려는 그의 노력이 수십만의

NAFTA(북대서양 자유무역기구)와 WTO(세계무역기구)에 맞서 최전선에서 투쟁을 벌이고 있는 중이다. 요즘 기업복지corporate welfare라는 개념이

된 것은 네이더가 꾸준히 그 단어를 언급한 덕분이라 할 수 있다. 그의 근면한 습관은 이제 거의 전설이 되었다. 그는 주변의 모든 사람이 그만큼 열

코네티컷의 윈스테드라는 조그만 마을에서 태어난 아랍계 미국인인 네이더와 보조를 맞추려면 무척 어렵다. 그러나 네이더는 두 세대 동안 행동주의

기자들을 키워냈다. 1996년 네이더는 녹색당 대통령 후보가 되었다. 그는 선거운동을 거의 하지 않았고, 22개 주에서만 대통령 후보 지명 투표권을

0.7퍼센트를 얻었다. 올해 그는 다시 녹색당 대통령 후보가 되었다. 한 보좌관의 말에 따르면, 네이더의 목표는 녹색당의 재건을 돕는 것이다. 네이더

획득한다면 녹색당은 2004년 대통령 선거에서 연방정부로부터 수백만 달러의 선거기금을 보조받게 된다.

랄프 네이더는 흔히 도토리와 오크나무에 비유된다. 이런 비유는 "시작은 미약하지만 결과는 창대하리라!"는 성경 구절을 떠올리게 한다. 나는 1990년대

를 가졌다. 그는 내가 진행하는 『얼터너티브 라디오』의 단골손님이기도 하다. 그가 대통령에 입후보하겠다고 선언한 며칠 후, 또 그의 66세 생일을 며

이더와 전화 인터뷰를 가졌다.

미국 정치의
새로운 가능성을 위하여

랄프 네이더 Ralph Nader

interview date | 2000년 4월

"덜 나쁜 쪽에 투표를 하든지, 아니면 집에 그냥 있어라!" 이런 말은
흔히 들리지만 대부분의 사람은 이런 말을 듣고 싶어하지 않습니다.
더 많은 선택 가능성이 있기를 바랍니다. 우리가 자동차를 사더라도 두 대만을
놓고 고릅니까? 집을 사야 할 때 두 집만을 놓고 고르고 싶은 사람은
없을 겁니다. 그런데 미국에서는 두 집 중 한 집을 골라야 합니다.

"저 친구의 약점을 캐내라! … 저 친구 좀 치워버려! … 저 친구의 입 좀 막아!" 제네럴모터스(GM)가 랄프 네이더의 약점을 캐내려고 고용한 사설탐정에게 내린 지시였다. 1965년 네이더는 『어떤 속도에도 불안하다Unsafe at Any Speed』(1965)를 출간해서 GM의 분노를 불러 일으켰다. GM 자동차의 형편없는 안전기록과 악명 높은 코베어를 폭로한 책으로 순식간에 베스트셀러가 되었다. 그러나 GM은 네이더를 어떤 식으로도 옭아맬 수 없었다. 오히려 사생활 침해죄로 네이더에게 거액의 배상금을 지불해야 했다. 네이더는 그 돈을 바탕으로 자신의 첫 공익조직을 결성했다. 1960년대 중반에 전국 무대에 혜성처럼 등장한 네이더는 기업계와 정치계의 악행과 권력 남용을 고발하는 십자군 전쟁을 지금까지 계속하고 있다.

네이더는 '퍼블릭 시티즌' '공익연구회' '자동차 안전 센터' '공익 과학 센터' '입법대응 연구 센터'와 같은 소비자 보호단체를 결성하고 『다국적 모니터』 등과 같은 잡지를 창간하는 데 촉매 역할을 해왔다. 또 1996년에는 '전국 교통 및 자동차 안전법'을 통과시키는 데도 일익을 담당했다. 1970년에는 환경보호청을 신설하는 데 영향력을 행사했고, 4년 후에는 정보자유법을 통과시키는 데 큰 역할을 해냈다.

건강과 안전에 대한 기업계와 정치계의 의식을 고취시키려는 그의 노력이 수십만의 인명을 구했다. 최근에는 NAFTA(북대서양 자유무역기구)와 WTO(세계무역기구)에 맞서 최전선에서 투쟁을 벌이고 있는 중이다. 요즘 기업복지corporate welfare라는 개념이 공적 담론에서 대두하게 된 것은 네이더가 꾸준히 그 단어를 언급한 덕분이라 할 수 있다.

그의 근면한 습관은 이제 거의 전설이 되었다. 그는 주변의 모든 사람이 그만큼 열심히 일해주기를 기대한다. 코네티컷의 윈스테드라는 조그만 마을에서 태어난 아랍계 미국인인 네이더와 보조를 맞추려면 무척 어렵다. 그러나 네이더는 두 세대 동안 행동주의자, 진보적인 법률가, 폭로 기자들을 키워냈다.

1996년 네이더는 녹색당 대통령 후보가 되었다. 그는 선거운동을 거의 하지 않았고, 22개 주에서만 대통령 후보 지명 투표권을 얻었다. 그는 총 투표수의 0.7퍼센트를 얻었다. 올해 그는 다시 녹색당 대통령 후보가 되었다. 한 보좌관의 말에 따르면, 네이더의 목표는 녹색당의 재건을 돕는 것이다. 네이더가 총투표수의 5퍼센트만 획득한다면 녹색당은 2004년 대통령 선거에서 연방정부로부터 수백만 달러의 선거기금을 보조받게 된다.

랄프 네이더는 흔히 도토리와 오크나무에 비유된다. 이런 비유는 "시작은 미약하지만 결과는 창대하리라!"는 성경 구절을 떠올려준다. 나는 1990년대에 네이더와 자주 인터뷰를 가졌다. 그는 내가 진행하는 「얼터너티브 라디오」의 단골손님이기도 하다. 그가 대통령에 입후보하겠다고 선언한 며칠 후, 또 그의 66세 생일을 며칠 앞둔 2월 말에 나는 네이더와 전화 인터뷰를 가졌다.

지난 번 출마했을 때 당신은 전력을 다하지 않은 듯합니다. 이번에는
전력투구해볼 생각입니까?

— 1996년 나는 몇몇 주의 환경단체 등으로부터 "녹색당의 대통령 후보
로 당신 이름을 올려놓는 것이 어떻겠느냐?"고 묻는 편지를 받으면서
대통령 선거에 뛰어들기 시작했습니다. 나는 대통령 후보가 될 용의가
있었지만 출마를 한답시고 선거자금을 모금해서 선거전에 뛰어들 생각
은 조금도 없다고 그들에게 말했습니다. 또 나는 언론과 인터뷰하는 정
도로 그치겠다는 점도 분명히 해두었습니다. 나는 그 약속을 지켰습니
다. 그들도 처음부터, 내가 녹색당을 대신해서 선거에 끼어든 것이란 사
실을 잘 알고 있었습니다.

　이번에는 다릅니다. 이번에는 내가 출마할 겁니다. 녹색당의 지위를
올려놓고, 기업의 권력 남용과 승자가 독식하는 정치법칙을 전국적 논

란거리로 승화시키는 중대한 기회로 삼을 겁니다. 우리는 500만 달러를 모금할 예정입니다. 우리는 매칭펀드matching fund를 목표로 뛸 겁니다. www.VoteNader.com이란 웹사이트까지 개설했습니다. 적재적소에 정력적이고 헌신적인 사람들을 배치할 겁니다. 우리는 워싱턴을 비롯한 전국에 30명 정도의 참모를 배치하려 합니다.

일차적인 목표는 미시건, 일리노이, 오클라호마, 텍사스, 조지아, 노스캐롤라이나, 펜실베니아, 웨스트버지니아 등과 같이 까다로운 주에서 입후보권을 확보하는 것입니다. 1996년에 내가 섰다면 올해 2000년에는 달릴 겁니다. 이번 선거전에서 나는 모든 시민에게 이렇게 물을 겁니다. 더 강해지고 싶지 않습니까? 사방에서 재촉받는 데 지치지 않았습니까? 사소한 것을 추구하며 즐거움을 찾는 데 물리지 않았습니까? 기업의 광고꾼들에게 우리 아이들이 착취당하는 것에 지치지 않았습니까? 소수의 탐욕과 권력이 다수를 지배하면서 미국의 꿈을 억누르도록 방치할 겁니까? 그렇게 할 수는 없습니다. 나를 지지해주십시오! 그럼 내가 모든 문제를 해결하겠습니다.

기업복지에 대항하는 납세자로서, 노동조합을 조직하려는 노동자로서, 보통 사람의 건강과 안전과 경제적 권리를 증진시키려는 소비자로서, 또 지금까지 고안된 가장 소중한 도구인 강력한 민주주의를 건설하려는 유권자로서, 여러분의 역할을 정말로 강화시키고 싶지 않습니까? 더 강해지고 싶지 않습니까? 그것이 문제입니다. 여러분이 더 강해지길 원한다면 나는 이번 선거전에 뛰어들겠습니다.

1996년 선거에서, 당신은 기업의 권력 남용에 초점을 맞추었습니다. 『뉴욕타임스』의 칼럼니스트 윌리엄 새파이어William Safire를 공격해 많은 사람을 자극하면서, '생식선 정치gonadal politics'에는 관심이 없다고 말하기도 했습니다. 올해는 좀 다를까요?

— 무엇보다, 올해의 선거전은 민주주의를 똑바로 세우고, 권력과 부에서 기업이 정부, 시장, 일터, 환경, 어린이, 교육제도를 지배하는 구조를 고발하는 데 초점을 맞출 것입니다. 둘째, 나는 새파이어를 경멸적인 어투로 공격한 것이 아닙니다. 옥스퍼드 사전을 보시면, 'gonadal'이란 단어는 '결과로 생기게 하는 것'이란 뜻입니다. 나는 '섹슈얼 정치sexual politics'라는 표현을 사용할 수도 있었습니다. 그랬더라면 사람들이 이해하기가 더 쉬웠겠지요.

하지만 시민의 권리와 시민의 자유를 위해 싸운 역사를 보면 멀리 거슬러 올라갈 것도 없습니다. 예컨대 내 첫 기사는 아메리카 인디언의 처참한 상황을 다룬 것이었습니다. 그들의 보호구역 내에서 말입니다. 또 나는 여성에게 시민 배심원의 자격을 허락하지 않는 차별을 철폐하려 싸웠고 남보다 앞서 동성애와 낙태 등의 문제를 정치적 쟁점으로 끌어냈습니다.

녹색당은 이런 모든 문제에서 분명한 입장을 갖고 있습니다. 녹색당원들은 이 분야들에서 나보다 훨씬 경험 많은 사람들입니다. 그들은 이 문제들에 대해서 분명하게 말할 겁니다. 내가 관계된 문제들에 대해서 목소리를 높일 때 나는 가장 편안한 기분입니다.

무슨 말인지 알겠습니다. 하지만 당신은 '로 대 웨이드' 사건(1973년 낙태를 허용한 연방대법원의 판결 —옮긴이) 등 여러 쟁점에서 오히려 문제에 봉착할 것 같습니다. 녹색당에 가는 표 때문에 부시가 당선되면 '로 대

웨이드’ 사건을 뒤집어버릴 연방 대법원 판사를 지명할 테니까요.

— 공화당과 민주당 모두가 외면하는 중요한 쟁점들은 부지기수로 많습니다. 의미 있는 군축, 파괴적인 환경오염의 규제, 유전공학 산업의 제한, 빈곤, 얼마든지 예방할 수 있는 질병, 문맹, 붕괴되어가는 사회기반시설, 기업복지, 공공예산의 왜곡…. 따라서 우리 각자에게는 한두 가지가 문제지만, 현재의 부패한 정치 시스템을 개선하려면 그밖에도 많은 문제가 있다는 사실을 기억해야 합니다.

여러 번 밝혔듯이, 나는 ‘로 대 웨이드’ 사건이 뒤집어지리라고는 생각지 않습니다. 공화당이 낙태 방지를 극단적으로 주장한다면 자폭을 재촉하는 길이라 생각합니다. 예컨대 패트 부캐넌Pat Buchanan(개혁당 대통령 후보 —옮긴이)처럼 공화당은 강경한 입장을 취하지 않습니다. 오히려 지나치게 신중해 보입니다. 그들이 이렇게 신중하게 처신하는 이유는 모두 표 때문입니다. 강경한 입장을 취하면 많은 표를 잃게 된다는 걸 알고 있으니까요.

이라크 제재에 대한 당신의 견해는 어떻습니까? 또 포괄적 핵실험 금지조약, 체첸과 코소보 사태에 대해서는 어떻게 생각하십니까? 이런 질문도 미리 준비해두었을 텐데요.

— 그 문제들은 구조적 관점에서 해결책을 찾아야 합니다. 미시적으로 따지고 들면 초점이 흐려집니다. 언론은 기사감이 될 만한 문제를 주로 다룹니다. 체첸이 기사감이면 언론은 체첸을 집중적으로 다룹니다. 우리 자신에게 솔직히 물어봅시다. 우리나라의 외교 및 국방 정책에서 국

민이 참여할 여지가 있습니까? 거의 없다고 말해도 과언이 아닙니다. 우리는 프레임워크를 개발하려 합니다. 예컨대 미국이 신무기 시스템을 구축하는 정책을 추구하는 식으로, 국가 예산을 평화유지에 투자한다고 굳건한 평화유지 정책을 추구할 수 있을까요? 기업이 대외정책과 국방정책에 깊숙이 연루되어 있습니다.

당신이 잘 알고 있는 문제, 가장 잘 해낼 수 있는 문제에 논의의 초점을 맞추려는 심정은 이해하겠습니다. 하지만 가령 포괄적 핵실험 금지조약에 대한 당신의 견해를 간단하게라도 말씀해주십시오. 이 문제에 대한 입장을 말씀하지 않았는데요.

— 물론 나는 포괄적 핵실험 금지조약에 찬성합니다. 군축은 아주 중요한 과제니까요.

선거전에 뛰어들기 전에 좀더 구체화할 필요가 있겠습니다.

— 그 문제가 내게 전혀 생소한 것은 아닙니다. 군비 경쟁이 제너럴다이나믹스나 록히드마틴 등과 같은 군수산업체의 요구에 좌우된다는 사실을 잘 알고 있습니다. 이 군수산업체들은 의회를 통해 군비 경쟁을 부추깁니다. 그들은 펜타곤에 근무한 관리를 로비스트로 고용해서 ‘워싱턴 군수산업복합체’에서 일하게 합니다. 아마 아이젠하워가 그런 표현을 썼을 겁니다.

그렇게 흑백논리로만 볼 것은 아닌 듯합니다. 예컨대 미국 기업들은 쿠바와 이란에 들어가려고 무진 애를 쓰고 있습니다. 그런데 이데올로기가 벽이지요. 이런 점에 대해서는 어떻게 생각하십니까? 특히 쿠바에 대해서 어떻게 생각하십니까?

— 그들이 그런 나라에 들어가서 뭐하려고 그렇게 안달할까요? 그들은 1990년 전에도 이라크에 기를 쓰고 들어가서 사담 후세인에게 무기를 팔려고 했습니다. 그들은 무기를 팔려고 다른 나라에 들어가려는 것입니다. 그렇게 들어가는 것은 좋은 방법이 아니라고 생각합니다. 그들이 쿠바에 무엇을 팔고 싶은 걸까요?

카지노와 호텔을 세우려고요.

— 물론, 그렇겠죠. 카지노와 호텔, 그리고 정크 푸드 같은 것이겠죠. 또 그들은 쿠바의 유기농업, 독자적인 의료 시스템을 해치려 할 겁니다. 온갖 약품을 무기로 쿠바 사람들을 종속관계에 놓으려 애쓸 겁니다. 또 환경과 자립적인 공동체를 파괴하는 경제확장 모델을 수출하려고도 할 겁니다.

녹색당원들이 스포일러spoiler(방해 입후보자)가 되어 부시가 대통령에 당선될 수도 있다는 우려감을 당신에게 분명히 전해주고 싶군요.

— 공화당과 민주당, 정확히 말하면 기업 돈을 받는 두 하수인이 우리나라 정치를 지배하고 있습니다. 두 당이 경쟁을 피하려고 각자의 당에 유리한 식으로 선거구를 쪼개놓았습니다. 제3당이 끼어들기 힘든 이런 시스템을 만든 장본인이 바로 공화당과 민주당입니다. 제3당을 창당하는

방식으로는 두 당을 이겨낼 수 없습니다. 물론 그들을 깨끗이 숙청해버린다면 가장 좋겠지요. 그럴 수 없으니, 그들이 대기업을 대표하는 사람들이 아니라 국민을 대표하는 사람이라는 인식을 새로 심어주기 위해서라도 채찍을 휘둘러야 합니다. 따라서 스포일러는 두 당, 아니 다른 식으로 화장한 두 얼굴을 가진 하나의 기업 정당입니다.

정치를 쇄신하고 싶다면 작은 씨가 싹틀 기회를 줘야 합니다. 현재는 승자가 모든 것을 독식하는 정치체제입니다. 그 때문에 군소 정당과 무소속 후보는 새로운 방향이나 새로운 운동을 시작해볼 엄두조차 내기 힘듭니다. 따라서 우리는 비례대표제를 심각하게 고민해봐야 합니다. 비례대표제는 먼저 지방에서부터 시작해서 차근차근 올라가면 됩니다.

1998년 하원선거에서는 약 75개 지역에서 현직 의원의 대항마로 민주당이나 공화당이 후보를 내지 않았습니다. 나는 녹색당이 이런 진공 지역을 우선적으로 공략해야 한다고 생각합니다. 하원의원, 주의원, 시의원 등 어떤 차원에서나 말입니다. 그런데 미국에는 한 당은 독점적 지위를 누리고, 다른 당은 경쟁에도 끼어들지 못할 정도로 주민의 믿음을 상실한 지역이 얼마나 있는지 충분히 알려져 있지 않습니다. 하기야 두 당은 너무 닮은꼴이라 신경 쓸 일도 아니겠죠. 하지만 나는 그런 곳이 녹색당에게는 기회의 땅이라 생각합니다.

얼마 전부터, 민주당을 선택하든 공화당을 선택하든 차선次善이 아니라 차악次惡의 선택이란 이야기가 들립니다. 평화운동가 데이브 델린저Dave Dellinger는 이런 현상을 '두 사악한 쓰레기evil of two lessers' 간의 선택이라 칭합니다.

— "덜 나쁜 쪽에 투표를 하든지, 아니면 집에 그냥 있어라!" 이런 말은 흔히 들리지만 대부분의 사람은 이런 말을 듣고 싶어하지 않습니다. 더 많은 선택 가능성이 있기를 바랍니다. 우리가 자동차를 사더라도 두 대만을 놓고 고릅니까? 집을 사야 할 때 두 집만을 놓고 고르고 싶은 사람은 없을 겁니다. 그런데 미국에서는 두 집 중 한 집을 골라야 합니다. 우리는 더 많은 집을 두고 고르고 싶습니다.

내 강연장을 찾는 청중의 반응으로 판단하건대, 미국민은 '지지 후보 없음' 법을 압도적으로 지지하고 있습니다. 즉 입후보자 중에서 마음에 드는 사람이 없으면 각자의 선거구에서 '지지 후보 없음'에 투표하자는 겁니다. 가령 '지지 후보 없음'이 가장 많은 표를 얻으면 그 선거는 무효가 되고, 30~40일 내에 기존의 입후보자들을 배제한 채 새로운 선거를 실시해서 새로운 후보를 선출하는 방식을 생각해봐야 합니다.

그 밖에 다른 반응은 없었나요?

— 기업의 세계화, 기업을 모델로 한 경제 발전, 세계무역기구WTO의 독재적인 지배 구조 등이 지방자치단체와 연방정부의 주권을 침해하고, 건강과 안전에 관련된 기존 법들을 위태롭게 한다는 지적도 있었습니다. 세계무역기구의 모토는 그야말로 무역지상주의trade über alles입니다. 무역이 소비자, 환경, 건강, 안전, 노동기준 등 모든 것 위에 군림합니다.

요즘 들어 기록적인 풍요를 구가하고 있지만 이익은 상위 몇 퍼센트에 속한 극소수의 부자들이 거의 독식하고 있습니다. 따라서 인플레이션을 감안한다면 대다수 노동자의 실질소득이 1979년에 비해서 떨어졌습니다. 이런 부조리만 있는 것이 아닙니다. 노동자들이 예전에 비해 더 많은 시간을 일해야 합니다. 20년 전과 비교하면 연간 163시간을 더 일해야 합니다. 또 노동자들은 30~40년 전에는 돈을 쓸 필요가 없었던 것에 돈을 써야 합니다.

그 이유가 무엇인지 아십니까? 통근 거리가 길어졌고, 가족당 자동차 수가 늘어났으며, 자동차보험 종류가 많아졌고, 집에서 식사하는 대신에 패스트푸드 식당에서 외식하는 경우가 잦아졌으며, 아이들과 떨어져 있는 시간이 많아졌기 때문입니다. 닌텐도 게임기를 70달러에 사서 집에 가져와야 한다면 그만큼 소득이 줄어든 셈입니다. 사람들이 곤궁하다고 느끼는 주된 이유 중 하나는 예전엔 돈을 쓸 필요가 없었던 것에 돈을 써야 하기 때문입니다. 이 모든 문제를 이번 선거전에서 쟁점화시키려 합니다.

녹색당 전국 전당대회가 6월 23일 덴버에서 개최될 예정입니다. 1996년에는 위노나 라듀크가 부통령 후보로 당신의 러닝메이트였습니다. 이번에도 그녀에게 러닝메이트가 되어달라고 말씀하셨습니까?

— 예, 그랬습니다. 위노나는 다시 러닝메이트가 되겠다고 약속했습니다. 정말 기뻤습니다. 모두가 그녀의 신작, 『우리의 모든 관계All Our Relations』를 읽어보기를 바랍니다. 기업과 정부가 원주민 보호구역을 어떻게 황폐화시키고 있는지 적나라하게 보여주는 책입니다. 사우스엔드 출판사에 출판되었습니다.

당신이 아랍계라는 사실은 거의 알려지지 않았습니다. 양친 모두가 레바논에서 태어났습니다. 당신은 이런 사실을 거의 언급하지 않습니다. 여하튼 이런 배경이 당신에게 어떤 영향을 주었는지 궁금합니다.

— 시민으로서 합리적으로 생각하고 행동하라는 교육을 받았습니다. 내 부모는 우리에게 "자유에는 시민으로서 책임이 따른다"고 가르쳤습니다. 또 우리에게 공동체 활동에 적극적으로 참여하고 공동체를 향상시키는 데 노력을 게을리하지 말라고 가르쳤습니다. 소극적인 방관자나 구경꾼이 되지 말라고 가르쳤습니다. 부모는 우리를 '주민총회'에 곧잘 데리고 갔습니다. 시민과 행정위원과 시장 간에 격렬한 토론이 벌어지기 일쑤였습니다. 이때 아이들은 외톨이가 될 수밖에 없었지요. 하지만 우리는 비디오 게임에 빠지지 않았습니다. 1주일에 30~40시간씩 텔레비전을 보며 시간을 보내지 않았습니다. 우리는 감자칩을 씹으면서 폭력이 난무하는 만화 영화를 보는 데 시간을 보내지 않았습니다. 우리는 뒷마당에서 열심히 뛰어놀았습니다.

아랍 문화에서 물려받은 유산이 있다면요?

— 우리는 아랍어를 배우면서 자랐습니다. 특히 속담이 우리에게 용기와 교훈을 주었습니다. 우리는 아주 문화적인 분위기에서 자랐습니다.

그런데 당신은 진보적인 의제를 주장할 때 당신의 명성이나 위치를 이용하는 걸 쑥스러워하는 것 같던데요.

— 정확히 보셨습니다. 나는 과거에 이룬 업적을 자랑하듯 떠벌리는 걸 좋아하지 않습니다. 하지만 35년이나 40년이 지나면 우리가 이룬 업적

이 상당한 의미를 가질 겁니다. 우리는 이 나라의 건강과 안전을 향상시키는 데 큰 역할을 해왔고, 개개인이 시민으로서 어떤 일을 해낼 수 있는지 보여주었습니다. 또 기업과 정부의 권력 남용을 고발했습니다. 그러나 나는 미래를 기대합니다. 내가 정말로 이루고 싶었던 것은 아직 하나도 이루지 못했습니다.

그러나 우리 국민, 특히 의기소침하고 무관심하게 세상을 살아가는 젊은이들에게 우리가 대단한 승리를 거뒀다는 사실을 알려주는 것도 중요합니다. 우리는 1960년대 후반에 탄광의 건강과 안전에 관련된 법을 제정하는 데 핵심적 역할을 해냈고, 환경보호법과 소비자보호법을 제정하는 데 큰 역할을 해냈습니다. 이 모든 성과가 유권자인 소수의 사람들로부터 시작되어, 러니드 핸드Learned Hand 판사가 '기본적인 국민감정essential public sentiment'을 일깨워냈습니다.

요즘에는 그렇게 하기가 점점 더 어려워지고 있습니다. 기업이 정부를 접수해서, 정부가 국민의 뜻을 정책에 반영하는 것을 방해하기 때문입니다. 게다가 기업이 국민의 참여를 가로막고 소비자, 환경, 노동, 소액 납세자, 깨끗한 재산 등에 관련된 개혁 운동을 방해하기 때문입니다.

키케로는 "자유는 권력에의 참여다"라고 자유를 정의했습니다. 나는 이 정의가 마음에 듭니다. 이 세계를 현명한 눈으로 관찰한다면 아무리 사소한 것도 변화를 일으킬 수 있다는 교훈을 우리에게 주는 정의이기 때문입니다. 키케로는 2000년 전에 그렇게 말했습니다. 나는 연방 대법원 판사 루이스 브랜다이스Louis Brandeis의 말도 항상 기억하며 살아갑니다. 거의 60년 전, 그는 "우리는 민주주의를 가질 수 있다. 그렇지 않으면 소수의 손에 부가 집중될 수 있다. 둘 모두가 동시에 가능할 수는 없다"고 말했습니다. 이 말이 이번 선거전의 실질적인 표어가 될 겁니다.

노암 촘스키는 매사추세츠 공과대학 언어학 교수로 재직하면서 정치적 행동주의자로 활동하고 있으며, 미국의 외교 정책, 국제 관계, 인권, 미디어

히 발표해왔다. 대표작으로는 에드워드 허만과 함께 쓴 『여론조작 : 매스미디어의 정치경제학Manufacturing Consent』(1988) 『민주주의 단념시

(1991) 『세계질서, 과거와 오늘World Order Old and New』(1994) 『그들에게 국민은 없다Profit Over People』(1999) 『숙명의 트라이앵글Fateful Tria

군국주의적 휴머니즘The New Military Humansim』(1999)을 최근에 발표했다.

나는 1980년경에 촘스키에게 처음 편지를 썼다. 놀랍게도 촘스키는 답장을 보내주었다. 그리고 4년 후 우리는 첫 인터뷰를 가졌다. 그 이후로 우리는

고, 그 인터뷰를 바탕으로 몇 권의 책을 출간했고 라디오 프로그램까지 만들었다. 촘스키와의 인터뷰를 모은 책은 관측 활동도 벌이지 않았고 좌파

았지만 수십만 권이 판매되는 놀라운 성과를 거두었다.

거의 20년 가까이 촘스키와 함께 일하면서 나는 그의 일관된 자세와 인내심 그리고 침착함에 깊은 감명을 받았다. 고압적이고 거만한 자세는 찾아볼

인 탁월함은 새삼스레 말할 것도 없고, 전혀 관계가 없어 보이는 광범위한 정보들을 서로 연결시켜 논리적으로 분석해가는 능력에서도 타의 추종을 불

벌써 일흔 살이지만 촘스키는 여전히 왕성하게 활동 중이다. 정치와 언어학에 관련된 책과 논문을 꾸준히 발표하면서도 살인적인 강연 스케줄을 소화

쇄도해서 2~3년 후까지 예약되어 있을 정도다. 그가 가는 곳마다 청중이 구름처럼 모여든다. 그렇다고 그가 불같이 열정적으로 강의하는 것은 아니다

언젠가 그는 내게 "나는 카리스마를 지닌 강연자가 아닙니다. 내게 그런 능력이 있더라도 그런 능력을 발휘하지는 않았을 겁니다. 나는 청중을 설득시

습니다. 그저 사람들이 스스로 생각하는 능력을 일깨워주고 싶을 뿐입니다"라고 말했다. 실제로 촘스키는 어떤 지식인보다 오랫동안 일관된 자세로 노

력해왔다. 『뉴 스테이츠먼New Stateman』(영국의 평론주간지 ―옮긴이)은 촘스키를 가리켜 '미국 국민의 양심'이라 칭했다.

민중을 향한 촘스키의 사랑을 보여주는 단적인 예를 들어보자. 작년 KGNU 지역 라디오 방송국의 개국 20주년을 맞이해서, 나는 촘스키에게 콜로라도

을 해달라고 부탁했다. 그때 촘스키는 얼마 전에 받은 수술로 건강이 완전히 회복되지 않았는데도 기꺼이 와주었을 뿐 아니라 강연료도 받지 않았다.

촘스키는 권력자에게 진실을 말하라는 퀘이커 교도의 격언을 몸으로 실천해 보이는 표본이라 소개되기도 한다. 그러나 촘스키 자신은 이런 비유를 달

무엇이든 의심하라

노암 촘스키 | Noam Chomsky

interview date | 1999년 9월

무력을 실질적으로 독점하고 있어 세계 유일한 초강대국인 미국이
"우리는 원하면 무력과 폭력을 사용할 것이다. 다치기 싫으면 길을 비켜라!"라고
공개적으로 선언하고 있으니 세계 모두가 놀랄 수밖에요.

 노암 촘스키는 매사추세츠 공과대학 언어학 교수로 재직하면서 정치적 행동주의자로 활동하고 있으며, 미국의 외교 정책, 국제 관계, 인권, 미디어 등에 관련된 책과 글을 꾸준히 발표해왔다. 대표작으로는 에드워드 허만과 함께 쓴 『여론조작 : 매스미디어의 정치경제학Manufacturing Consent』(1988) 『민주주의 단념시키기Deterring Democracy』(1991) 『세계질서, 과거와 오늘World Order Old and New』(1994) 『그들에게 국민은 없다Profit Over People』(1999) 『숙명의 트라이앵글 Fateful Triangle』(1999) 등이 있다. 『신 군국주의적 휴머니즘The New Military Humansim』(1999)을 최근에 발표했다.

나는 1980년경에 촘스키에게 처음 편지를 썼다. 놀랍게도 촘스키는 답장을 보내주었다. 그리고 4년 후 우리는 첫 인터뷰를 가졌다. 그 이후로 우리는 수십 차례의 인터뷰를 했고, 그 인터뷰를 바탕으로 몇 권의 책을 출간했고 라디오 프로그램까지 만들었다. 촘스키와의 인터뷰를 모은 책은 판촉 활동도 벌이지 않았고 좌파 잡지에도 서평이 실리지 않았지만 수십만 권이 판매되는 놀라운 성과를 거두었다.

거의 20년 가까이 촘스키와 함께 일하면서 나는 그의 일관된 자세와 인내심 그리고 침착함에 깊은 감명을 받았다. 고압적이고 거만한 자세는 찾아볼 수 없었다. 촘스키의 지적인 탁월함은 새삼스레 말할 것도 없고, 전혀 관계가 없어 보이는 광범위한 정보들을 서로 연결시켜 논리적으로 분석해가는 능력에서도 타의 추종을 불허한다.

벌써 일흔 살이지만 촘스키는 여전히 왕성하게 활동 중이다. 정치와 언어학에 관련된 책과 논문을 꾸준히 발표하면서도 살인적인 강연 스케줄을 소화해내고 있다. 강연 요청이 쇄도해서 2~3년 후까지 예약되어 있을 정도다. 그가 가는 곳마다 청중이 구름처럼 모여든다. 그렇다고 그가 불같이 열정적으로 강의하는 것은 아니다.

언젠가 그는 내게 "나는 카리스마를 지닌 강연자가 아닙니다. 내게 그런 능력이 있더라도 그런 능력을 발휘하지는 않았을 겁니다. 나는 청중을 설득시키는 데는 별로 관심이 없습니다. 그저 사람들이 스스로 생각하는 능력을 일깨워주고 싶을 뿐입니다"라고 말했다. 실제로 촘스키는 어떤 지식인보다 오랫동안 일관된 자세로 민중의 의식을 일깨우려 노력해왔다. 『뉴 스테이츠먼New Stateman』(영국의 평론주간지 —옮긴이)은 촘스키를 가리켜 '미국 국민의 양심'이라 칭했다.

민중을 향한 촘스키의 사랑을 보여주는 단적인 예를 들어보자. 작년 KGNU

지역 라디오 방송국의 개국 20주년을 맞이해서, 나는 촘스키에게 콜로라도의 불더에 와서 특별 강연을 해달라고 부탁했다. 그때 촘스키는 얼마 전에 받은 수술로 건강이 완전히 회복되지 않았는데도 기꺼이 와주었을 뿐 아니라 강연료도 받지 않았다.

촘스키는 권력자에게 진실을 말하라는 퀘이커 교도의 격언을 몸으로 실천해 보이는 표본이라 소개되기도 한다. 그러나 촘스키 자신은 이런 비유를 달갑게 생각지 않는다. 그는 권력자는 이미 진실을 알고 있으며, 정말로 진실을 들어야 할 사람은 민중이라 말한다.

필라델피아에서 어린시절을 보낼 때, 촘스키는 학교 신문에 에스파냐 내란에 대한 글을 기고하기도 했지만 프로야구팀 애슬레틱스 팬이기도 했다. 그는 당시를 회고하며 "애슬레틱스는 언제나 양키스에게 완패당했다"며 "첫 세대 유대인 이민자의 자식들에게는 야구에 대해 많이 아는 것이 미국화되는 것이었다"라고 말했다.

운동 경기에 한참 동안 관심을 끊었지만 요즘 들어 촘스키는 손자들을 데리고 경기장을 자주 찾는다. 그러나 그의 예리한 비판은 스포츠에도 여지없이 가해진다. "스포츠는 맹목적 애국주의와 극단적 배타주의를 부추기는 역할을 한다. 스포츠는 한 공동체가 현대판 글레디에이터에 열광하도록 구조화되었다."

따라서 촘스키의 주장에 따르면, 우리가 팀을 짜서 경기를 하더라도 더 나을 것은 없다. "스포츠는 권위에 복종하는 비합리적 태도를 조장하기 때문이다."

나는 촘스키의 주장을 이해할 수 있을 것 같다. 예컨대 촘스키는 타자이고 나는 투수라 해보자. 9회 말이고 볼 카운트는 투 스트라이크 쓰리 볼인 상황이다. 물론 촘스키의 팀이 지고 있다. 내가 공을 던지고, 촘스키가 배트를 휘두른다. 공은 외야로 쭉쭉 뻗어간다. 그리고 공은 … .

다음의 인터뷰는 2월 초 매사추세츠 렉싱턴과 케임브리지에서 4시간 동안 진행된 대담을 정리한 것이다.

노암 촘스키 ∫

Noam Chomsky

우리 인터뷰는 일종의 룰렛게임이라 할 수 있습니다. 선생님은 내가 어떤 질문을 할지도 모르고, 또 어느 정도나 자세히 대답해야 하는지도 모르잖습니까. 이런 경우에 어떤 느낌이십니까?

— 바사미언 당신이 나보다 우위에 있는 입장입니다. 결국 나는 종인 셈이고요. 따라서 나는 별로 힘들 게 없습니다. 당신이 이끄는 대로 따르기만 하면 되니까요.

선생님은 국제사면위원회Amnesty International의 역할을 하는 것은 아니라고 여러 차례 밝혔습니다. 그럼 어떤 쟁점에 관여하는 기준은 무엇입니까?

— 내가 어떤 문제에 대해 아무런 역할도 하지 못하는데 목소리만 높인

다고 크게 도움이 되는 것은 아닙니다. 우리가 힘을 합해서 "징기스칸을 타도하자!"고 말할 수는 있습니다. 하지만 그렇게 한다고 도덕적 가치가 있는 것은 아닙니다. 따라서 우리가 그 문제에 어느 정도나 영향을 미칠 수 있느냐는 질문부터 우리 자신에게 던져야 합니다. 예컨대 미국이 개입한 경우라면, 그렇지 않은 경우보다 우리가 더 큰 영향력을 행사할 수 있습니다.

아주 널리 알려진 사건이라 하더라도 내가 그 사건에 대해 언급한다면 사정이 크게 나아질 것은 없다고 생각합니다. 남아프리카공화국을 예로 들어봅시다. 비록 내가 아파르트헤이트에 대해 많은 말을 하지는 않았지만 그 문제를 해결하는 것이 무척 중요하다고는 생각했습니다. 하지만 내가 아파르트헤이트를 종식시켜야 한다고 말했다고 그 차별을 종식시키는 데 큰 역할을 했으리라고는 생각지 않습니다. 나는 정말로 중요하면서 공론의 장에서 멀어져가는 문제로서, 우리가 상당한 역할을 해낼 수 있는 문제를 다루는 것이 더 낫다고 생각합니다.

물론 개인적으로 흥미를 갖는 문제도 있습니다. 어린시절부터 나는 이스라엘, 뒤집어 말하면 팔레스타인과 깊은 관계가 있었습니다. 나는 그런 환경에서 자랐습니다. 그런 환경에서 살면서 히브리 어 신문을 읽었고, 그곳에 친구도 많습니다. 따라서 나는 자연스레 이스라엘·팔레스타인 문제에 관심을 갖게 되었습니다.

1991년 걸프전이 한창일 때 선생님은 국립공영라디오National Public Radio의 「모든 것을 다룬다」라는 프로그램에 출연해서, 안전보장이사회의 결의안을 위배한 나라들에 대해 언급하셨습니다. 그때 선생님은 미국이 텔아비브, 앙카라, 자카르타까지 폭격할 수 있다고 하셨는데요.

— 미국의 원조를 받는 나라들을 살펴보면 아시겠지만 모든 나라가 한결같이 인권 침해국입니다. 서반구에서, 1990년대 내내 미국의 군사원조를 받아온 나라로 콜롬비아가 있습니다. 그런데 콜롬비아는 최악의 인권 탄압국입니다. 내가 지적한 것이 바로 이 점입니다. 물론 미국이 그 나라들을 폭격할 필요는 없습니다. 하지만 그들이 자행하는 잔혹행위와 테러를 중단시키고자 한다면 그들에 대한 지원도 당연히 중단해야 합니다.

그런데 2분 30초간의 논평이 걸프전을 미화시킨 프로파간다에 완전히 덮혀버렸습니다.

—「나이트라인」의 진행자이던 제프 그린필드Jeff Greenfield의 논평을 생각해보십시오. 그의 논평에서,「나이트라인」이 나를 부르지 않는 이유를 설명했습니다. 그는 두 가지 이유를 말했습니다. 첫째는 내가 해왕성에서 왔기 때문이고, 둘째는 내가 정신적으로 정화淨化되지 않았다는 것입니다. 맞는 말인 것 같습니다.

두 이유가 모두요? 해왕성에서 왔다는 말도요?

— 나는 2분 30초 동안, 합리적인 청취자에게 내가 해왕성에서 온 사람처럼 들렸어야 합니다. 앞뒤 맥락이나 배경도 없었고 증거도 없었습니다. 하여간 그들이 평소에 듣던 말과는 완전히 달랐을 것입니다. 따라서 합리적인 사람이라면 당연히 '촘스키가 해왕성에서 온 사람이 맞는 모양이군'이라 생각했을 것입니다. 그러니 제프 그린필드의 설명은 맞는 셈입니다.

결국 나와 같은 사람은 둘 중 하나를 선택할 수밖에 없습니다. 남들처럼 똑같은 말을 되풀이할 것이냐, 아니면 진실을 말하면서 해왕성에서 온 사람처럼 여겨질 것이냐 하는 선택입니다. 그리고 정신적 정화요? 대체 그 잣대가 무엇이고 그 증거가 무엇입니까? 오히려 이구동성의 목소리가 광기처럼 들릴 뿐입니다.

조지 오웰George Orwell은 "조련사가 채찍으로 소리를 내면 서커스 개들은 펄쩍 뛰어오른다. 하지만 정말로 잘 훈련된 개는 채찍 소리가 없어도 재주를 넘는다"라고 말했습니다.

— 오웰이 지식인을 두고 그런 말을 한 듯합니다. 지식인들은 잘 훈련되고 잘 세뇌되어 채찍이 필요없습니다. 그들은 어떤 의식도 없이 권력자에게 빌붙는 식으로 행동합니다. 그러면서 정직하고 헌신적으로 일한다고 생각합니다. 한마디로, 지식인은 잘 훈련된 개입니다.

뉴스를 올바로 해석하려는 국민에게 조언을 해주신다면요?

— 항상 의심하라는 것입니다. '권력층이 사회를 어떻게 어지럽히고 있는가? 생산되고 소비되며 분배되는 것을 누가 결정하는가?'라는 의문을 갖는 것부터 시작하십시오. 그럼 대부분의 경우에 올바른 해답을 찾을 수 있을 것입니다. 또 정책과 정보가 힘의 적절한 분배를 반영하고 있는지 따져보십시오. 그럼 그 관계를 어렵지 않게 설명할 수 있을 것입니다.

이라크를 예로 들어볼까요? 왜 미국과 영국은 이라크를 폭격하고 제제 조치를 계속 고집하는 걸까요? 이런 의문을 갖고 자료를 찾아보면 거의 100퍼센트 찬성할 수 있는 대답을 찾아낼 수 있습니다. 즉 토니 블레어, 매들린 올브라이트, 신문사 편집자들, 그리고 정치 평론가들이 한목소리로 말한다는 사실을 확인할 수 있습니다. 그들의 대답은 "사담 후세인은 괴물이다. 후세인은 극악한 짓을 저질렀다. 자기 국민을 독가스로 죽였다. 그런 괴물을 살려둘 수야 없지 않은가!"라는 것입니다.

어떤 주장이 한 목소리로 주어진다면 의심해봐야 합니다. 세상에 명확한 것은 없습니다. 이라크의 경우에는 그들의 주장이 정말인지 쉽게 확인해볼 수 있습니다. 사담 후세인이 극악한 짓을 저지를 때 미국과 영국은 어떻게 했을까요? 기록이 있습니다. 쿠르드 족의 도시 할라뱌에 독가스를 처음 살포한 때가 1988년 4월이었습니다. 그 후 8월에 다시 살포했습니다. 더 정확히 말하면, 이란이 실질적으로 항복하면서 휴전한 지 닷새 후였습니다. 그때 미국과 영국은 사담 후세인에 대한 지원을 계속하고 있었습니다. 아니, 더 강화했습니다.

이런 기록이 무엇을 뜻하겠습니까. 우리가 지금 사담 후세인을 제거하려고 노력하는 것은 그가 자국민에게 독가스를 살포한 때문이 아니라는 것입니다. 후세인이 괴물이고 극악한 짓을 저지른 것은 사실입니다. 그런데 미국과 영국은 그런 짓을 눈감아주었습니다. 오히려 잘한 짓이라 생각했습니다.

기초적인 합리성마저 허락되지 않습니다. 합리성이 있는지 살펴보려면, "사담 후세인이 극악한 짓을 저질렀기 때문에 우리는 그를 혼쭐내야한다"는 식의 발언이 있을 때마다 가해자들이 '미국의 지원'을 받았는지 면밀히 조사해보면 됩니다. 또한 조사의 범위를 확대하면, 민중의 생각과 여론을 만들어가는 사람들, 즉 광고 및 홍보 산업과 세상이 운영되는 방식에 대해 떠벌리는 지식인들이 지향하는 주된 목표가 국민의 정신을 엄격히 통제하는 데 있다는 점도 확인할 수 있습니다. 마치 군대가 군인들의 몸과 정신을 길들여 가듯이 말입니다.

윌리엄 코헨 국방장관은 오하이오 주에서 '끔찍한 홍보 사건'이 있은 후 1998년 초에 "다음에 이라크를 폭격하려 할 때는 타운미팅(미국의 식민지 시대부터 시작된 주민총회 ─옮긴이)은 없을 것입니다"라고 말한 약속을 지켰더군요.

─ 지난 번에는 미 정부가 중대한 실수를 한 셈입니다. 이라크 폭격을 강화하면서 그들은 아주 신중하게 조작한 타운미팅을 열었습니다. 안전하리라 생각했지요. 그런데 오하이오 콜럼버스에서 사고가 터졌습니다. 물론 그들이 마음대로 조절할 수 있으리라 생각되는 사람들로 질문자들을 미리 선정했습니다. 따라서 완벽하게 짜인 프로파간다가 될 것처럼 보였습니다. 모두가 배후에서 비밀리에 이뤄진 일입니다.

그런데 그 얌전한 사람들 중 몇몇이 각본에서 벗어나 진짜 질문다운 질문을 한 것입니다. 그들은 당국자에게 조용히 예절바르게 물었습니다. 하지만 각본에서 벗어난 첫 질문이 주어지자 코헨과 올브라이트, 그리고 샌디 버거 안보 보좌관은 우왕좌왕하면서 제대로 답변을 못했습니다. 이처럼 정부 정책에 반발하는 의견이 제시되자 청중이 웅성대면서 거의 평지풍파가 일어났습니다. 코헨은 이런 맥락에서 그처럼 발언한 것입니다.

지난 12월에 있었던 이라크 폭격은 거의 전격적으로 단행되었습니다. 국제법을 명백하게 위반한 것입니다. 미국이 유엔 안전보장이사회를 거치지 않은 이유는 자명합니다. 안전보장이사회가 그런 폭격을 허락할 가능성이 거의 없었기 때문입니다. 그래서 안전보장이사회는 미국의 입장에서 '악의적 토론장hostile forum'에 불과합니다. 불필요한 기구라는 뜻입니다. 미국과 영국은 무력을 사용해야 한다고 판단되면 무력을 사용해야 하는 나라들입니다.

게다가 두 나라는 유엔과 국제법을 무시한다는 자세를 과시라도 하듯이 지금까지 안하무인격으로 행동해왔습니다. 안전보장이사회가 이번 사건을 처리하기 위해서 긴급회의를 가진 것은 타이밍이 절묘하게 맞아떨어진 것일 뿐입니다. 다른 이사국들에게는 어떤 정보도 주어지지 않았습니다. 결국 미국과 영국의 행위는 "너희는 필요없다. 국제법도 거추장스럽다. 우리는 불량국가다. 우리는 우리 입맛대로 국제법을 해석하고 무력을 사용할 것이다"라고 말하는 셈입니다.

이런 작태는 1947년의 경우와 크게 다릅니다. 40년 만에 공개된 비밀문서에 따르면 당시에도 국제법을 은밀하게 위반했습니다. 하지만 요즘에는 아예 내놓고 국제법을 무시합니다. 게다가 과장되게 말하면, 지식인들에게 '승인'까지 받습니다. 그래서 그들이 국제법을 위반한 사실이 들통나지 않으리라 생각합니다. 하기야 숨을 쉬듯이 국제법을 위반하니까요. 미국은 폭력적인 테러 국가입니다. "국제법과 유엔헌장은 우리에게 부적절하다. 우리는 총이 있으니 총을 사용하겠다!"고 공공연히 말하는 국가입니다.

미국인은 모르지만 세계 사람들은 모두가 그렇게 생각합니다. 예컨대 인도에서 '인도 법학자 협의회'는 미국과 영국을 전범으로 국제사법재판소에 고소했습니다. 바티칸은 이라크 폭격을 '침략'이라 표현했습니다. 하여간 여러 나라에서 미국과 영국의 이라크 폭격을 약간씩 언급했습니다. 특히 아랍 세계에서는 명백한 침략이라고 비난했습니다. 심지어 영국 언론도 미국 언론처럼 획일적으로 보도하지 않았습니다. 『옵서버Observer』는 사설에서 이라크 폭격을 침략이라며 비난했습니다.

미국을 벗어나면 다른 언론을 만나는 즐거움을 맛볼 수 있기는 합니다. 지난 1월 초에 나는 타일랜드를 다녀왔습니다. 『네이션』은 타일랜드에서 발행되는 두 영자신문 중 하나입니다. 「냉전 이후의 미국」이란 제목으로 미국을 무척 비판한 기사가 실렸더군요. 수라비트 자야나마Suravit Jayanama가 "워싱턴은 사담 후세인을 견제한다고 말하지만, 자국의 이익을 보호하는 데 혈안이 된 초강대국은 어떻게 견제해야 할까?"라는 의문을 제기했습니다.

— 대부분의 나라에서 미국에 대해 품고 있는 우려입니다. 적절한 지적이기도 합니다. 무력을 실질적으로 독점하고 있어 세계 유일한 초강대국인 미국이 "우리는 원하면 무력과 폭력을 사용할 것이다. 다치기 싫으면 길을 비켜라!"라고 공개적으로 선언하고 있으니 세계 모두가 놀랄 수밖에요.

이런 폭력적 행위의 실례를 들어주시겠습니까?

— 라오스를 볼까요? 라오스는 그야말로 포탄 조각으로 뒤덮여 버렸습니다. 미국 정부도 라오스의 폭격이 베트남 전쟁과 아무런 관계가 없었다고 인정했습니다. 당시 라오스는 인류 역사상 유례가 없을 정도의 융단폭격을 받았습니다. 그것도 힘없는 농촌이 주로 폭격당했습니다. 나는 이에 관련된 정보를 적잖게 갖고 있습니다. 실제로 그곳에 가서, '항

아리 평야Plain of Jars'에서 쫓겨난 피난민들을 인터뷰까지 했으니까요. 피난민의 수만도 수만 명에 달했습니다.

가장 치명적인 폭격은 '밤비'라는 야구공 크기의 울긋불긋한 작은 폭탄을 쏟아 부은 것입니다. 밤비는 인간을 불구로 만들거나 죽이도록 설계된 대인살상용 폭탄입니다. 그 지역에만 아직 폭발되지 않은 폭탄이 무수히 흩어져 있습니다. 수억 개에 이를 것이라 추정되지만 누구도 정확한 수를 모릅니다. 희생자는 주로 어린아이와 농부입니다. 한 지역에서 조사한 바에 따르면 피해자의 55퍼센트가 어린아이였습니다. 아이들이 놀다가 예쁘게 색칠된 그 폭탄을 발견하고 만지작대면, 폭발이 일어나 주변 아이들까지 목숨을 잃는 사례가 허다합니다. 농부는 밭을 개간하다가 밤비를 건드립니다. 지금 이 순간에도 밤비로 인한 피해자가 발생하고 있습니다. 내가 옛날이야기를 하고 있는 것이 아닙니다.

이 문제를 해결하려고 가장 먼저 행동을 취한 단체가 메노파 기독교인들입니다. 메노파 기독교 중앙위원회는 1977년부터 그곳에 자원봉사자를 파견해서 폭탄제거 활동을 벌이고 있습니다. 그들은 이런 활동을 세계에 알리면서 관심을 가져달라고 촉구해왔습니다. 또 농부에게는 첨단 농기구보다 삽을 사용하라고 권합니다. 영국에서는 지뢰탐사 전문가들이 자원봉사로 참여하고 있습니다. 하지만 영국 정부의 지원은 전혀 없습니다. 물론 영국 언론이 지적하듯이 미국인들도 눈에 띄지 않습니다.

영국의 우익 신문인 『선데이 텔레그라프』가 영국 지뢰탐사팀을 인용해서 보도한 기사에 따르면, 펜타곤은 그들에게 폭탄을 해체하는 데 필요한 기술적 정보조차 제공하지 않는다고 합니다. 이 때문에 영국 지뢰탐사팀은 큰 위험을 무릅써야 합니다. 이제 미국도 국제적인 압력을 견디다 못해 라오스 사람들을 훈련시키고 있는 중이기는 합니다. 그래서

『크리스천 사이언스 모니터』는 이처럼 미국이 라오스 사람을 선발해서 폭탄 잔해를 처리하는 법을 가르쳐주는 인도적 사회라는 자랑스러운 기사를 내보기도 했습니다.

그 폭탄들은 내 고향인 해왕성에서 날아온 것이 아닙니다. 그 폭탄이 어디에서 날아온 것인지는 모두가 압니다. 그런데 폭탄의 잔해들을 처리하려고 그곳에서 땀 흘리는 사람이 누구인지는 모릅니다.

선생님, 에드워드 사이드, 하워드 진, 에드 허먼이 최근에 이라크에 관련해서 공동성명을 발표했습니다. 대략 "양심 있는 사람들이 행동할 때가 되었다. 미국이 조직적으로 베트남 전쟁을 끝냈듯이, 우리도 조직화해서 이 문제를 우선적으로 다루어야 한다. 세계 곳곳에 가해진 모든 제재를 해제하라는 전국적인 운동을 전개할 필요가 있다"는 내용이었습니다. 내가 알기에, 선생님은 남아프리카공화국을 언급하면서 모든 제재의 해제에는 반대하고 선별적 해제를 주장하셨습니다.

— 맞습니다. 우리 넷은 공동성명서에 서명했습니다. 하지만 그 성명서는 텍사스 대학의 로버트 젠슨Robert Jensen이 작성해서 서명 작업을 주도했습니다. 이 일을 실질적으로 해낸 사람들은 대외적으로 거의 알려지지 않은 사람들입니다. 다만 분연히 일어서서 뭔가를 해보이겠다며 탄원서에 서명한 사람으로만 알려져 있을 뿐입니다.

미국 정부는 그 나라들에 제재를 가한 증거를 제시하라는 요구에 곤혹스러워합니다. 그런데 때로는 그런 증거의 부담을 극복할 방법이 없지 않습니다. 남아프리카공화국을 예로 들어봅시다. 이 나라의 경우에는 두 방향에서 그런 부담을 떨쳐내고 있습니다. 첫째는 국민의 압도적 다수가 제재를 찬성하고 있다는 점입니다. 국민이 찬성하면 그 정책이 좋다는 뜻일 수 있습니다. 따라서 증거가 필요없습니다. 둘째로는 미국이 제재를 꾸준히 유지했다면 십중팔구 그럴 만한 타당한 이유가 있을 것이란 선입견입니다.

그런데 미국이 앞장서서 제재의 약속을 어겼습니다. 미국과 남아프리카공화국은 무역과 교역을 계속해왔고, 앞으로 교역량은 더 증가할 것이라 추정됩니다.

1999년 1월 중순 AP가 내보낸 기사에 따르면, 이스라엘 안보기관이 팔레스타인 사람들을 심문하면서 고문과 폭력을 일삼는다는 비판적 기사에 반발하며 예후다 셰퍼 법무장관은 "유토피아를 지향하는 시오니스트가 주장하듯이, 다른 문제들과 마찬가지로 이 문제에서도 우리는 세계 모든 국가의 빛입니다"라고 주장했습니다.

— 고문 문제로 이스라엘 내에서도 시끄럽습니다. 국제 기준에 따르면, 이스라엘은 명백히 고문을 자행하고 있습니다. 실제로 인권단체들이 이 문제로 이스라엘을 끊임없이 비난해오기도 했습니다. 재판도 받지 못하고 행정명령으로 구속되는 아랍 인들은 심문받으면서 고문당하기 일쑤입니다. 10년 전에도 이 문제가 공론화된 적이 있습니다. 드루즈교도인 한 장교가 기소당했을 때였습니다. 그는 실질적으로 무죄였지만 죄를 지었다고 자백했습니다. 즉각 "그가 왜 자백했을까?"라는 의문이 제기되었고, 고문이 있었다는 사실이 밝혀졌습니다.

그 전에도 팔레스타인 사람들은 법정에 서면 고문을 이기지 못하고 죄를 자백한 것이라 주장했습니다. 그러나 법정은 그런 주장을 일축해버렸고, 대법원에서도 피고들의 고문 주장을 거짓말이라며 인정하지 않았습니다. 드루즈 사건이 있은 후, 이스라엘은 그 사건의 경우에는 고문으로 자백을 얻어냈다고 인정했습니다. 그러자 감사가 시작되었고, 정보기관이 심문할 때 습관처럼 고문을 자행했다는 사실이 밝혀졌습니다. 당연히 커다란 소동이 벌어졌습니다. 그런데 정보기관의 고문보다는 정보기관이 법정에서 위증을 했다는 사실에 초점이 맞춰졌습니다. 이스라엘 판 워터게이트 사건이었습니다. 이런 식이면, 캄보디아를 폭격한 것은 죄가 아니고 의회 청문회에서 위증한 것이 진짜 범죄가 되는 셈입니다.

하여간 이스라엘 대법원은 정보기관의 위증을 문제삼았습니다. 한 편의 코미디가 아닐 수 없습니다. 대법원 판사들을 제외하고는 법정 바깥사람들은 모두가 고문으로 자백을 얻어냈다는 사실을 알고 있었습니다. 1977년인가 이스라엘의 대법원 판사 모세 에치오니는 런던 방문 중에 국제사면위원회와 인터뷰하게 되었습니다. 국제사면위원회는 이스라엘에서 자백률이 유독 높은 이유가 뭐냐고 물었습니다. 그 질문의 의도는 양식 있는 사람이라면 누구라도 짐작할 수 있습니다. 그런데도 에치오니 판사는 "아랍 인들은 쉽게 자백합니다. 그들의 국민성이죠"라고 대답했습니다. 국제사면위원회는 아무런 논평도 없이 그 인터뷰를 실었습니다.

이스라엘이 고문을 자행한 것은 의심의 여지가 없었습니다. 그런데도 대법원을 비롯해서 법정은 정보기관의 주장을 비판 없이 받아들였습니다. 따라서 정보기관의 위증에 속았다는 법원 측의 주장은 오해의 여지가 있습니다. 오히려 그들은 모른 척하면서 속아주었던 것입니다. 이때쯤 란다우 위원회Landau Commission가 결성되었습니다. 그 위원회는 몇 차례 비밀회동을 가진 후, '위압' 혹은 '압력'의 사용이 있었다는 사실을 부분적으로 공개했습니다. 위의 표현에서 보듯이 그 위원회도 '고문'이란 단어를 사용하지 않았습니다. 게다가 란다우 위원회는 비밀리에 고문 사용을 권고하기도 했습니다. 물론 그 위원회는 그런 사실을 부인했지만 이스라엘 정보기관에 은밀한 원칙을 제안한 것은 사실인 듯합니다. 그 안에 어떤 내용이 담겼는지는 누구도 모릅니다. 사용 가능한 고문 방법이 쓰였을 것이란 추측입니다. 요컨대 죄수별로 어떤 방법의 고문을 사용해야 하는지 친절히 안내한 책인 셈입니다.

이런 사건을 추적할 수 있는 좋은 방법이 있습니다. 서로 모르는 사이지만 같은 장소에서 붙잡힌 죄수들의 증언을 분석해보면 됩니다. 그들이 궁극적으로 똑같은 증언을 하고 있는지 살펴보면 됩니다. 인권단체들은 몇 년 전부터 이런 식으로 작업을 해오고 있습니다. 인권단체들만큼 이스라엘의 고문을 조직적이고 면밀하게 조사하는 곳도 없을 것입니다. 이스라엘에 관련해서는 조사 기준을 높게 잡아야 합니다.

가령 파키스탄에서 고문이 있었다면 별도로 조사할 필요조차 없습니다. 곧바로 신문에 크게 보도되니까요. 하지만 이스라엘에서 일어난 고문을 보도하려면 거의 물리학적 기준을 만족시켜야 합니다. 따라서 스위스의 국제인권연맹, 국제사면위원회, 『선데이 타임스』를 비롯해 주요 신문사들은 이스라엘의 고문을 추적할 때 무척 신중합니다. 하지만 미국에서는 이스라엘의 고문이 이런 식으로조차 보도되지 않습니다.

선생님이 이스라엘의 고문을 비난하는 말을 듣고 "시리아는 왜 그냥 넘어갑니까? 왜 리비아나 이라크는 비난하지 않습니까? 그들은 훨씬 잔혹한 짓으로 저지르고 있지 않나요?"라고 반발하는 사람들에게는 어떻게 말해주시겠습니까?

— 나는 파키스탄을 분명히 언급했습니다. 물론 당신이 방금 언급한 나라들은 훨씬 심합니다. 그들의 지적에 동의합니다. 나는 그런 나라들을 실제로 비판하지 않으니까요. 나는 휴먼 라이츠 워치Human Rights Watch와 국제사면위원회의 발표를 인용하는 정도입니다. 그 기관들의 지적은 상당히 보수적입니다. 나는 그런 단체와 동일한 입장을 취해왔습니다. 즉 조직적으로 고문을 자행하는 나라에는 원조를 금지하는 미국법을 엄격하게 지키자는 것입니다. 따라서 우리가 이라크를 원조해서는 안 된다고 생각합니다. 그래서 미국 정부가 1980년대에 이라크를 원조했을 때 나는 강력하게 항의한 적도 있습니다. 그러나 이스라엘, 이집트, 터키, 파키스탄, 콜롬비아 등 미국의 주요 원조국들도 고문을 밥 먹듯이 합니다. 이런 나라들에 대한 원조는 불법입니다!

자본주의의 세계화로 인한 현재의 위기를 어떻게 생각하십니까?

— 세계 인구의 상당수, 어쩌면 대다수가 오래 전부터 위기 상황을 맞고 있다는 사실부터 인정해야 할 것입니다. 지금까지는 자본주의의 세계화가 가난한 사람에게만 악영향을 주었지만 부자와 권력자의 이익에도 악영향을 미치기 시작했다는 점에서 또 다른 위기가 아닐 수 없습니다.

자본주의의 세계화는 '누구도 앞날을 예측할 수 없다'는 미스터리를 갖습니다. 중앙은행의 중앙은행이고, 세계에서 가장 보수적이면서도 가장 존중받는 기관인 국제결제은행BIS은 매년 보고서를 내놓습니다. 최근에 발간한 보고서에 따르면, 현재 어떤 일이 벌어지고 있는지 누구도 모르기 때문에 우리는 이런 의문들에 겸손한 자세로 접근해야 한다고 말했습니다. 실제로, 그런대로 정직하다고 알려진 국제 경제학자들도

"무슨 일이 어떻게 진행되고 있는지 정확히 알 수는 없지만 서너 가지 생각이 있기는 하다"라고 말합니다. 이처럼 전문가들도 모른다고 하는데 내가 무슨 말을 덧붙일 수 있겠습니까!

하지만 몇 가지는 분명하고, 어느 정도 합의가 된 듯합니다. 2차 대전 이후부터 1970년대 초까지 계속된 브레턴우즈협정 시대에 환율은 거의 고정환율에 가까웠고, 자본의 이동은 대체로 잘 관리되었습니다. 따라서 자본의 극단적인 흐름은 없었습니다. 그런데 1970년대 초부터 자본의 이동이 자유화되면서 이런 환경이 변하기 시작했습니다. 국제경제 시스템은 스카치테이프로 붙여 놓은 듯이 위태위태합니다.

국제통화기금IMF에 대한 연구서를 잠시 살펴볼까요? IMF의 회원국은 약 180개국입니다. 1980년부터 1995년까지, 회원국의 25퍼센트 가량이 중대한 금융위기를 서너 차례 겪었고, 심지어 3분의 2가 한두 차례의 금융위기를 겪었습니다. 이와 관련된 토론이 있었지만, 금융시장이 자유화된 이후로 자본이 극히 불안정하고 예측할 수 없어 합리적으로는 설명하기 힘든 위기가 반복되고 있는 실정입니다. 요컨대 자본시간이 어떤 식으로 폭발할지 누구도 모릅니다.

물론 "우리는 그런 위기를 극복할 수 있을 거야"라고 말할 수는 있습니다. 그럴 수도 있겠죠. 하지만 저명한 국제 경제학자인 폴 크루그먼Paul Krugman조차 『포린 어페어스』에 게재한 「대공황이 다시 닥칠 것인가?」라는 글에서, "우리는 현재 벌어지고 있는 현상을 완전히 이해하지 못한다. 마치 대공황 때와 비슷하다. 경제가 대충 땜질을 하며 운영되는 듯하다. 하지만 누구도 확실하게 말할 수 없다. 무엇을 어떻게 해야 할지 아무도 모른다"는 투로 말했습니다.

크루그먼이 배제한 것이 하나 있습니다. 바로 자본의 통제입니다. 그는 이론적인 근거를 제시하며 자본의 통제를 제외시켰습니다. 그의 주장에 따르면, 자본의 통제는 자원의 비효율적인 사용을 불러오기 때문에 자본을 통제해서는 안 된다는 것입니다. 신고전주의라는 경제의 추상적인 모델에서는 그럴 수도 있겠죠. 그 모델이 실물경제와 실질적인 관계를 갖느냐 않느냐는 다른 문제입니다. 여하튼 객관적 증거에 따르면 크루그먼의 주장은 잘못된 듯합니다.

또한 우리는 '자원의 효율적 이용이 무엇을 뜻하는가'라는 의문도 제기해야 합니다. 그 뜻을 해석할 때 이데올로기적 개념이 필연적으로 개입됩니다. 따라서 국민총생산이 증가해야 자원을 효율적으로 이용한 것이 됩니다. 그러나 국민총생산의 증가가 국민 모두에게 피해를 줄 수도 있습니다. 요컨대 이데올로기가 개입될 때 한 측면에서는 효율적일 수 있지만 다른 기준에서는 전혀 효율적이지 않을 수도 있습니다.

내친 김에 구체적인 예를 들어봅시다. 1년 전인가 2년 전에 교통부가 고속도로 관리 예산을 삭감한 결과에 대한 평가를 한 연구소에 의뢰했습니다. 레이건 시대 이후로 고속도로 관리 예산이 크게 삭감되었습니다. 따라서 고속도로를 보수하지 않아 엄청난 돈이 절약된 것은 사실입니다. 그래서 교통부가 비용을 계산해보려 한 것입니다. 지금 그 정확한 수치는 기억나지 않지만 비용이 절약한 돈보다 월등히 많았습니다. 그러나 그 비용이 고스란히 개인에게 전가되었습니다. 가령 당신 자동차가 구덩이에 빠질 때 그로 인한 수리비용은 당신이 감당해야 합니다. 따라서 관리 예산의 삭감은 경제학적으로는 이득입니다. 즉 경제의 효율성을 높이는 효과를 갖습니다.

구체적으로 말하면 두 방향에서 경제의 효율성이 높아집니다. 무엇보다 정부가 할 일을 개인이 대신합니다. 그래서 정부의 규모가 작아지는 효과를 갖습니다. 정부는 경제를 허약하게 만들고 개인은 경제를 회생시켜 왔습니다. 요컨대 개인이 이익과 고용과 생산을 증가시켜 왔습니다. 물론 개인에게는 손해입니다. 그러나 경제적 측면에서는 이데올로기가 개입된 방식으로 효율성이 측정되기 때문에 이익입니다. 이런 사례는 아주 작은 경우에 불과합니다. 이런 식의 계산이 전 분야로 확대된다고 생각해보십시오. 따라서 '효율성'이란 말을 들을 때마다 "정확히 무슨 뜻인가요?"라고 물으십시오.

사회보장제도가 무너지고 있다고 생각하십니까? 화급하게 손봐야 한다고 생각하십니까?

— 그 질문에 답하기 전에, 어째서 사람들이 그렇게 말하는지 생각해볼까요? 몇 년 전만 해도 사회보장제도는 미국 정책의 '제3궤도third rail'라 불렸습니다. 쉽게 말해서 누구도 감히 건드릴 수 없는 문제였습니다. 그런데 요즘에는 "어떻게 해야 사회보장제도를 구할 수 있을까?"라고 물어야 할 지경이 되고 말았습니다. 이런 전략도 프로파간다 탓입니다.

경제가 역사적으로 전례 없는 장기적인 침체기를 맞게 된다면 주식시장도 당연히 가파르게 떨어지게 마련입니다. 양다리를 걸칠 수는 없습니다. 이런 비판은 특별히 과격한 비판도 아닙니다. 『비즈니스 위크』에서도 얼마든지 읽을 수 있는 비판입니다.

사회보장법의 요지는 '주변에 굶주리는 노인이 없는가 살펴보자. 우리는 그런 불행한 일이 일어나는 걸 원치 않는다'는 것입니다. 이런 철학이 주식시장에 들어가면 온갖 기만적인 어법을 동원해서 사회적 연대를 와해시키고, "너 자신이나 잘 관리해라. 어떤 사람이 70세가 되어 노숙자로 길거리를 헤매다가 굶어 죽더라도 네가 상관할 문제가 아니다. 그의 문제다. 그가 잘못 투자했거나 운이 없었던 것이다”라는 말로 둔갑해 버립니다.

부자에게는 더 없이 반가운 소리입니다. 하지만 부자가 아닌 사람들의 장래는 위험을 어떻게 관리하느냐에 달려 있습니다. 이런 점에서 사회보장제도는 무척 효율적이었습니다. 그 때문에 굶주리는 노인의 수가 현격하게 줄었으니까요.

공교육에도 똑같은 식의 프로파간다가 시도된 것으로 알고 있습니다.

— 그렇습니다. 인간의 삶에서, 특히 사회적 연대와 관련된 생각과 마음가짐을 함양시키는 데 반드시 필요한 공교육 시스템을 근본부터 와해시키려는 프로파간다가 지금도 진행 중입니다. 온갖 방향에서 시도되고 있습니다. 가장 간단한 방법이 자금 지원을 중단하는 것입니다. 이런 식으로 공립학교를 부실하게 만들어버리면 사람들이 대안을 찾게 마련입니다. 요컨대 교육 서비스를 민영화하기 위해서 공교육부터 부실하게 만들어버리겠다는 전략입니다. 그런 후에 “우리는 공교육을 믿을 수 없다. 제대로 운영되지 않지 않느냐. 차라리 학교 운영을 록히드에게 맡기자!”라고 주장하는 것입니다.

노인의료보험제도의 민영화에 대해서는 어떻게 생각하십니까?

— 민영화된 기관은 ‘삶의 조건을 최소화하고 이익을 극대화하라!’는 한 가지 목표만을 갖습니다. 따라서 위험 부담이 적고 비용도 적게 드는 환

자는 받아들이고, 그렇지 않은 환자는 외면할 것이 뻔합니다.

사회보장제도, 공교육, 노인의료보험제도, 건강관리 따위의 국내 문제가 민중운동을 촉발시키는 피뢰침이 될 수 있으리라 생각하십니까?

— 실제로 그 문제들이 전면에 부각되고 진지하게 논의된다면 상당한 문제를 야기할 수 있습니다. 북미자유무역협정NAFTA이 언론에서 크게 왜곡되어 보도된 이유도 그 때문입니다. 1년 전 행정부가 의회에서 '신속승인절차'권을 얻어내지 못한 후 『월스트리트 저널』은 아주 흥미로운 기사를 내보냈습니다. 즉 의회의 지원이 없어도 대통령에게 무역협상은 누워서 떡먹기처럼 쉬운 일이지만 야당은 이른바 '궁극적 무기'라는 것을 갖고 있다는 기사였습니다. 결국 국민이 북미자유협정을 반대하고 있으며, 국민의 뜻을 무시하기가 쉽지 않을 것이란 뜻이었습니다.

그런데 정책 입안자들에게 국민은 방패막이가 되어야 합니다. 나는 독립선언문 서명 200주년을 맞아 실시한 여론조사 결과를 지금도 뚜렷이 기억하고 있습니다. 당시 정책 입안자들은 온갖 유형의 표어를 국민에게 제시하며 헌법 정신에 가장 적합한 표어를 선택하라고 했습니다. 그렇게 선택된 표어 중 하나가 "각자의 능력에 따라서! 각자의 욕구에 따라서!"였습니다. 국민의 절반 가량이 이 표어를 헌법 정신에 가장 가깝다고 선택했습니다. 정책 입안자들은 흐뭇한 미소를 지었을 것입니다. 하기야 그런 생각을 국민에게 심어주지 못했다면 그 정책 입안자는 실패한 사람입니다.

선생님의 시간을 뺏는 강연 요구 등이 빗발칠 텐데요. 그런 요구를 어떻게 다 감당하십니까?

― 시간이 턱없이 부족합니다. 많은 요구를 거절할 수밖에 없습니다. 물리적 한계가 있는데 어떻게 그런 요구를 다 감당할 수 있겠습니까. 하루는 기껏해야 24시간입니다. 어떤 일을 선택하면 다른 일을 포기해야 합니다. 시간이 유한하다는 진리는 누구도 이겨낼 수 없습니다. 따라서 선택을 해야 합니다. 그러나 잘못 선택할 때도 있고 그런대로 적절하게 선택할 때도 있게 마련입니다.

특별히 일하고 싶은 시간이 있으십니까?

― 그렇지는 않습니다. 매 순간 최선을 다하려 합니다.

선생님은 관람 중심의 스포츠가 국민을 정치에서 멀어지게 만든다고 주장하면서 그런 스포츠를 줄곧 무시해왔습니다. 그런데 지난 1월, 선생님은 슈퍼볼에 진출한 두 팀의 이름만이 아니라 그 결과까지 알고 계셨습니다. 평소의 소견을 바꾸신 건가요?

― 나는 『뉴욕타임스』의 1면 기사를 항상 읽습니다. 1면 기사에 승리팀과 스코어도 보도되었습니다. 하지만 그보다 훨씬 끔찍한 일도 있습니다.
　운동을 하는 손자가 있습니다. 그 녀석 덕분에 프로농구 경기장에 가고 싶었던 은밀한 꿈을 성취한 것 같습니다. 인정해야 할지는 모르겠지만 내가 근 50년 만에 처음 농구장을 찾은 것은 사실입니다.

에두아르도 갈레아노는 라틴아메리카에서 가장 유명한 작가이자 저널리스트이며 역사학자이기도 하다.

그의 대표작은 『수탈된 대지: 라틴아메리카 500년사Open Veins of Latin America: Five Centuries of the Pillage of a Coutinent』(1973)다. 그 [

Embraces』(1992) 『우리는 '노'라고 말한다: 1963년부터 1991년까지의 기록We Say No: Chronicles 1963~1991』 그리고 작년에 노튼 출판사에서

Memoria del fuego』이 있다. 작년에는 베르소 출판사에서 『축구, 그 빛과 그림자Soccer in Sun and Shadow』를 출간했다.

갈레아노의 나른하고 부드러운 목소리 뒤에는 면도칼처럼 날카로운 지성과 시적인 감수성, 신랄한 풍자, 그리고 사회 정의를 향한 염원이 감춰져 있[

한 영어권 작가들에게 그의 어색한 영어를 용서해달라고 하지만, 내 귀에는 그의 독특한 억양이 더욱 명료하게 들린다.

1940년 몬테비데오에서 태어난 에두아르도 갈레아노는 신동이었다. 13세에 그는 사회주의 색채를 띤 지역 주간지에 정치 평론과 카툰을 기고할 [

『라 에포카La Epoca』를 비롯해서 여러 매체의 편집자를 지냈다. 1973년에는 아르헨티나로 망명해서 잡지 『위기Crisis』를 창간하고 직접 편집했다[

에스파냐에 살았지만 그 후 고향인 우루과이로 돌아갔다.

미디어와 소비지상주의를 매섭게 비판하는 갈레아노는 『우리는 '노'라고 말한다』에서 이렇게 말했다.

매스미디어는 현실을 그대로 보여주지 않는다. 현실에 가면을 씌운다. 변화를 이루는 데 아무런 도움을 주지 않는다. 오히려 변화를 회피하는 데 도움[

도움을 주지 못한다. 오히려 무관심과 체념과 이기주의를 부추긴다. 매스미디어는 창조성을 자극하지 못한다. 그저 소비자를 만들어낼 뿐이다.

『사랑과 전쟁의 낮과 밤Days and Nights of Love and War』(1982)에서 갈레아노는 자신이 글을 쓰는 이유를 이렇게 설명했다.

인간은 다른 사람과 의견을 나누고 교제하려는 욕구에서 글을 쓴다. 고통을 주는 것을 비난하고, 행복을 나눠 갖고 싶은 욕구에서 글을 쓴다. 인간은 [

해서, 또 타인의 외로움을 달래주기 위해서 글을 쓴다 … 의식을 깨우고 정체성을 드러내기 위해서도 글을 쓴다. 이 시대에 문학만큼 이런 역할을 [

을까? 갈레아노는 독자의 손을 끌고 라틴아메리카를 주유한다. 이사벨 아옌데Isabelle Allende의 표현에 따르면, 라틴아메리카는 『병든 가슴의 형상[

다. 갈레아노의 상상력 넘치는 문체는 온 세상의 병든 환자들에게 산소를 불어넣는다. 『불의 기억』 제2편, 『얼굴과 가면』을 시작하는 신화적 이야기[

역사를 통해 미래를 상상한다

에두아르도 갈레아노 Eduardo Galeano

interview date | 1999년 7월

달리 말하면 우리는 우리가 가진 것으로 정의됩니다.
아무것도 갖지 못한 사람은 존재조차 않습니다.
존재할 권리는 무엇을 살 수 있느냐에 따라 좌우됩니다.
우리는 우리가 가진 것으로 정의됩니다.

에두아르도 갈레아노는 라틴아메리카에서 가장 유명한 작가이자 저널리스트이며 역사학자이기도 하다.

그의 대표작은 『수탈된 대지: 라틴아메리카 500년사 Open Veins of Latin America: Five Centuries of the Pillage of a Coutinent』(1973)다. 그 밖에도 『포용의 책 Book of Embraces』(1992) 『우리는 '노'라고 말한다: 1963년부터 1991년까지의 기록 We Say No: Chronicles 1963~1991』 그리고 작년에 노튼 출판사에서 재출간된 3부작 『불의 기억 Memoria del fuego』이 있다. 작년에는 베르소 출판사에서 『축구, 그 빛과 그림자 Soccer in Sun and Shadow』를 출간했다.

갈레아노의 나른하고 부드러운 목소리 뒤에는 면도칼처럼 날카로운 지성과 시적인 감수성, 신랄한 풍자, 그리고 사회 정의를 향한 염원이 감춰져 있다. 그는 셰익스피어를 비롯한 영어권 작가들에게 그의 어색한 영어를 용서해달라고 하지만, 내 귀에는 그의 독특한 억양이 더욱 명료하게 들린다.

1940년 몬테비데오에서 태어난 에두아르도 갈레아노는 신동이었다. 13세에 그는 사회주의 색채를 띤 지역 주간지에 정치 평론과 카툰을 기고할 정도였다. 그 후 그는 일간지 『라 에포카 La Epoca』를 비롯해서 여러 매체의 편집자를 지냈다. 1973년에는 아르헨티나로 망명해서 잡지 『위기 Crisis』를 창간하고 직접 편집했다. 1976년부터 1984년까지는 에스파냐에 살았지만 그 후 고향인 우루과이로 돌아갔다.

미디어와 소비지상주의를 매섭게 비판하는 갈레아노는 『우리는 '노'라고 말한다』에서 이렇게 말했다.

매스미디어는 현실을 그대로 보여주지 않는다. 현실에 가면을 씌운다. 변화를 이루는 데 아무런 도움을 주지 않는다. 오히려 변화를 회피하는 데 도움을 준다. 민주적 참여에도 도움을 주지 못한다. 오히려 무관심과 체념과 이기주의를 부추긴다. 매스미디어는 창조성을 자극하지 못한다. 그저 소비자를 만들어낼 뿐이다.

『사랑과 전쟁의 낮과 밤 Days and Nights of Love and War』(1982)에서 갈레아노는 자신이 글을 쓰는 이유를 이렇게 설명했다.

인간은 다른 사람과 의견을 나누고 교제하려는 욕구에서 글을 쓴다. 고통을 주는 것을 비난하고, 행복을 나눠 갖고 싶은 욕구에서 글을 쓴다. 인간은 자신의 고독을 떨쳐내기 위해서, 또 타인의 외로움을 달래주기 위해서 글을 쓴다 … 의식을 깨우고 정체성을 드러내기 위해서도 글을 쓴다. 이 시대에 문학만큼 이런 역할을 제대로 해낼 수 있는 것이 있을까?

갈레아노는 독자의 손을 끌고 라틴아메리카를 주유한다. 이사벨 아옌데Isabelle Allende의 표현에 따르면, 라틴아메리카는 "병든 가슴의 형상으로 지도에 그려진 대륙"이다. 갈레아노의 상상력 넘치는 문체는 온 세상의 병든 환자들에게 산소를 불어넣는다. 『불의 기억』 제2편, 「얼굴과 가면」을 시작하는 신화적 이야기를 잠깐 소개해보자.

푸른 호랑이가 세상을 산산이 부숴버릴 것이다. 이 땅이 부숴지면서 악도 없고 죽음도 없는 다른 땅이 태어날 것이다. 이 땅은 그렇게 되기를 바란다. 이 땅은 죽어서 다시 태어나기를 바란다. 늙고 학대당한 이 땅은! 이 땅은 지치고 의식을 잃었다. 닫힌 눈꺼풀 뒤로 하염없이 눈물을 흘린다. 죽음이 닥친 순간에 이 땅은 시간의 쓰레기더미인 낮을 훌쩍 건너뛰고, 밤에는 별에서 연민을 얻는다. 곧 최초의 아버지가 이 땅의 애달픈 하소연을 들을 것이다. 이 땅이 다

른 땅이 되고 싶다는! 그리고 그분의 해먹 아래에서 잠자던 푸른 호랑이가 벌

떡 일어나 이 땅을 향해 달려올 것이다.

갈레아노는 지난 4월 산타페에서 래넌 재단Lannan Foundation이 수여하는 문화자유상과 25만 달러의 상금을 받았다. 또 갈레아노가 지명한 우루과이의 세 개의 대안문화기관에게도 10만 달러가 별도로 주어졌다. 재단의 세계에 혜성처럼 나타난 래넌 재단은 다국적 기업인 ITT(International Telephone and Telegraph)의 옛 간부가 돈줄이지만 진보적인 정치관을 지향하는 단체다.

래넌 재단은 수브코만단테 마르코스Subcomandante Marcos가 쓴 어린이책 『색이야기La Historia de los Colores』를 2개 국어로 제작하는 비용을 부담하겠다고 발표하면서 지난 3월에 큰 반향을 불러일으키기도 했다. 원래 이 책의 제작비를 부담하기로 약속한 국립예술기금이 저자의 정체를 알게 되면서 지원 약속을 갑자기 철회한 때문이었다.

시상식이 끝난 후 열린 연회에서, 갈레아노는 바쁜 스케줄을 이유로 인터뷰를 짧게 하자고 말했다. 그러나 내가 『프로그레시브』를 대신해서 나왔다고 말하자 그는 긴장을 풀었고, 우리는 편안한 마음으로 인터뷰를 시작했다.

『수탈된 대지 : 라틴아메리카 500년사』는 100만 부 이상이 팔렸고 여러 언어로 번역되기도 했습니다. 이 책을 3개월 만에 썼다고 하는데 정말 놀랍습니다. 그런 에너지가 어디에서 나온다고 생각하십니까?

— 커피! 이 책의 진짜 저자는 커피입니다. 나는 커피를 쉴 새 없이 마셨습니다. 그때, 정확히 말하면 1970년에 나는, 아침에는 몬테비데오 대학에서 일하고 있었습니다. 대학 출판부 편집을 맡고 있었으니까요. 오후에는 개인 출판사들에서 역시 편집자로 일하면서 교정·교열을 보았습니다. 그때 인간이 상상할 수 있는 온갖 주제를 만날 수 있었습니다. 심지어 모기의 성생활까지 다룬 책도 보았습니다. 그 후 저녁 7~8시부터 새벽 5~6시까지 『수탈된 대지』를 썼습니다. 석 달 동안 잠을 자지 않았습니다. 커피 덕분에요! 그런데 좌익이 되고 싶지 않은 사람은 커피를 조심하십시오.

그 책이 꾸준히 읽히는 이유는 무엇일까요?

— 마조히즘 때문일까요? 잘 모르겠습니다. 하여간 그 책은 일반 독자에게 역사적 정보를 적잖게 주는 책입니다. 내가 『수탈된 대지』에서 말하고 있는 사실들이 새로운 것은 아닙니다. 다만 나는 누구나 이해할 수 있는 언어로 역사를 다시 쓰고 싶었습니다. 그래서 이 책이 그런 호응을 얻는 것 같습니다. 처음에는 정말 전혀 반응이 없었습니다. 그런데 시간이 지나자, 이 책이 스스로 길을 만들어가면서 걷기 시작했습니다. 지금도 마찬가지고요.

이 책의 척수脊髓라 할 수 있는 핵심적 주장은 난쟁이와 어린이를 혼돈하지 말자는 것입니다. 둘의 키는 엇비슷하지만 난쟁이와 어린이는 엄연히 다릅니다. 고급 관료들은 개발도상국가에 대해 말하면서 우리가 자본주의의 초기 단계에 살고 있다는 듯이 말합니다. 하지만 사실은 전혀 그렇지 않습니다. 라틴아메리카는 개발을 향해 가는 단계에 있지 않습니다. 오히려 개발의 결과이고, 500년 동안 수탈당한 역사의 결과입니다.

대학에서 강의를 하고, 잡지에 글을 기고하면서 편하게 살 수도 있었는데, 목소리 없는 사람들을 대신해서 몸을 바치기로 결심하신 이유가 있다면요?

— 목소리 없는 사람이 어디에 있겠습니까? 나는 그렇게 생각하지 않습니다. 모두가 할 말이 있고, 다른 사람들에게 자신의 목소리를 들려줄 권리가 있습니다. 따라서 나는 목소리 없는 사람들의 목소리가 되겠다고 생각해본 적이 없습니다. 그런데 소수만이 말할 자격이 있는 것처럼

전개되는 세상이 문제입니다. 나는 순교자도 아니고 영웅도 아닙니다.

우리 모두가 알 권리가 있고, 우리 의견을 표현할 권리가 있습니다. 하지만 우리가 보이지 않는 독재의 명령에 따라 생각하고 행동하는 한 그런 권리를 누리기가 무척 어렵습니다. 하나의 말, 하나의 이미지, 하나의 소리를 강요하는 독재입니다. 이런 독재가 팽배하기 때문에 다른 형태의 독재보다 위험합니다.

그 독재는 범세계적인 권력 구조로, 소비와 폭력을 우선시하는 보편 가치를 우리에게 강요하고 있습니다. 달리 말하면 우리는 우리가 가진 것으로 정의됩니다. 아무것도 갖지 못한 사람은 존재조차 않습니다. 존재할 권리는 무엇을 살 수 있느냐에 따라 좌우됩니다. 우리는 우리가 가진 것으로 정의됩니다. 차가 당신을 운전하고, 슈퍼마켓이 당신을 삽니다. 텔레비전이 당신을 보고, 컴퓨터가 당신을 프로그램합니다. 우리는 우리 도구의 도구가 되고 말았습니다.

그런 악순환을 끊을 방법이 없을까요?

— 소비사회가 그 가치관을 전세계에 강요한다면 이 세계는 사라지고 말 겁니다. 우리는 현재와 같은 소비사회를 감당할 수 없습니다. 이 땅에는 그런 재앙을 소화할 만큼의 공기, 흙, 물이 없습니다.

라틴아메리카에 강요되는 모델은 암스테르담, 피렌체, 볼로냐가 아닙니다. 이 도시들에서는 자동차가 거리의 주인이 아닙니다. 자전거, 공공 교통, 보행자의 도시들입니다. 시민이 주인이라고 느낄 수 있는 도시들입니다. 공공의 공간을 제공하는 도시들입니다. 만남의 필요성 때문에 태어난 도시들입니다. '나는 친구를 사귀고 싶다. 나는 다른 사람과 함께 있고 싶다'는 욕구의 결과로 태어난 도시들입니다. 그런데 요즘 도시들은 기계가 기계를 만나는 공간입니다. 우리 인간은 그저 침입자가 된 기분입니다.

우리는 대체 어떤 모습이 되기를 원하는 걸까요? 로스앤젤레스처럼? 자동차가 사람보다 훨씬 많은 공간을 차지하는 도시입니다. 불가능한 꿈입니다. 우리는 그런 도시가 되어서는 안 됩니다. 전세계가 미국과 같은 수의 자동차를 갖는다면, 미국처럼 한 사람이 자동차 한 대씩을 갖는다면 이 지구는 폭발하고 말 겁니다. 우리는 공기를 오염시켰고, 대지를 오염시켰으며, 물을 오염시켰습니다. 인간의 영혼까지 오염시켰습니다. 모든 것이 오염되어 더러워졌습니다.

라틴아메리카의 한 대통령이 "우리는 제1세계로 진입하고 있습니다"라고 말했습니다. 하지만 그 말은 거짓말입니다. 우리가 제1세계로 진입하는 것은 실질적으로 불가능합니다. 게다가 우리가 제1세계가 되자면 범죄를 유도해야 하기 때문에 그 대통령은 투옥시켜야 마땅합니다. 요컨대 당신이 "나는 몬테비데오가 로스앤젤레스가 되기를 바랍니다"라고 말한다면 몬테비데오가 파괴되기를 바라는 것이나 마찬가지입니다.

미국의 많은 사람이 라틴아메리카 하면 칸쿤과 아카풀코에서 코파카바나와 마르델플라타까지 이어지는 드넓은 해변과 운동장을 머리에 떠올립니다. 때로는 마약밀매꾼, 좌익 게릴라, 빈민가와 판자촌 사람 등과 같은 험악하고 협박하는 듯한 얼굴을 떠올리기도 합니다. 대체 무엇 때문에 미국인은 라틴아메리카를 이런 식으로 생각할까요?

— 내가 미국을 방문할 때마다 상당히 많은 미국인이 라틴아메리카나

세계를 너무 모르는 것에 깜짝 놀랍니다. 미국인들은 미국 밖에서 일어나는 일에는 거의 눈과 귀를 막고 사는 듯한 느낌입니다.

나는 3년 전에 스탠포드 대학교에서 가르쳤습니다. 꽤 유명하고 교양 있는 노교수와 이야기를 나눌 기회가 있었습니다. 그런데 그 노교수가 불쑥 내게 "어디에서 오셨죠?"라고 묻더군요. 나는 "우루과이에서 왔습니다"라고 대답했습니다. 노교수는 고개를 갸우뚱하면서 "우루과이?"라고 되물었습니다. 노교수는 우루과이가 어디에 있는 나라인지 모르는 것 같더군요. 그래서 나는 황급히 화제를 돌려서 다른 이야기를 했습니다. 그런데 노교수가 "아, 우리나라가 당신 나라에서 끔찍한 짓을 저질렀다면서요." 나는 노교수가 과테말라를 이야기한다는 것을 알았습니다. CIA가 과테말라 사태에 관련되었다는 기사가 『뉴욕타임스』에 얼마 전에 실렸기 때문입니다. 나는 "아닙니다, 그 나라는 과테말라입니다"라고 말했습니다. 노교수는 "아, 과테말라?"라고 말하더군요. 나도 "예, 과테말라요"라고 대답했습니다.

미국 밖에서 일어나는 일은 몰라도 상관없다는 뜻입니다. 코소보가 어디 있고, 이라크가 어디 있고, 과테말라나 엘살바도르가 어디 있는지 몰라도 월등한 군사력으로 원하는 것이면 무엇이든 할 수 있으니까요. 게다가 미국인은 뉴욕이 건설되기 수백 년 전에 바그다드가 100만의 시민이 사는 대도시였고 세계에서 가장 뛰어난 문화를 지닌 도시였다는 사실도 모릅니다. '우리' 아메리카, 즉 라틴아메리카의 경우도 마찬가지입니다. 우리는 주인 목소리를 그대로 따라 하는 메아리에 불과합니다.

몸뚱이의 그림이자기도 하고요.

― 그렇습니다. 라틴아메리카에서는 지배계급조차 그림자가 되고 메아리가 되려 합니다. 내가 줄곧 말해왔듯이, 라틴아메리카의 가장 큰 죄는 우둔함의 죄입니다. 우리는 희화된 우리 모습을 의식 없이 받아들이니까요. 가령 미국에서 만난 라틴아메리카 사람들은 한결같이 내게 "나는 아메리카에 있습니다"라고 말합니다. 그가 미국에 있기 때문에 아메리카에 있다는 겁니다. 그럼 그가 과거에 어디에 있었단 말입니까? 그린란드에요? 아시아에요? 일본에요? 우리는 이처럼 왜곡된 우리 자신의 모습을 받아들였습니다. 우리를 경멸하고 멸시하는 거울을 쳐다보면서 말입니다.

빈곤의 불공평에 대한 글을 썼는데요.

― 이 세상은 광범위한 분야에서 불공평한 현상을 찾을 수 있습니다. 물질적인 면에서 부자와 가난한 사람의 격차는 『수탈된 대지』를 발표한 이후 30년 동안 더욱 벌어졌습니다.

최근 유엔이 발표한 보고서에 따르면, 1999년 현재 225명의 재산이 인류의 절반이 벌어들이는 소득의 총액과 비슷합니다. 빵과 고기가 얼마나 불공평하게 분배되었는가를 보여주는 증거입니다.

하지만 습관에서는 온 세계가 평등해지고 있습니다. 범세계적인 획일화를 받아들이라고 강요받습니다. 전세계가 맥도널드화되어 가고 있습니다. 이런 획일화의 강요는 온 세계에 가해지는 일종의 폭력입니다. 나는 둘 중 하나를 선택해야 한다는 생각을 거부한다고 거듭 말해왔습니다. 굶어 죽거나 아니면 지루해 죽어라! 우리는 이 둘 중 하나를 선택하라는 강요를 받고 있습니다.

우리는 다양성을 추구하고 서로 다른 식으로 삶을 살고 축하하며 먹고 춤추며 꿈꾸고 마시며 생각하고 느낄 수 있는 우리 능력을 매일 죽여가고 있습니다. 이런 학살은 눈에 띄지 않기 때문에 대부분이 의식하지 못합니다. 이제 우리는 하나의 길만을 받아들여야 하는 처지에 빠져들고 있습니다. 이 하나의 길이 주로 미국의 공장에서 생산되고 있습니다.

당신은 아주 어린 나이부터 급진적인 정치관을 받아들였습니다. 가족의 영향이었던가요?

— 아닙니다. 내 분노였습니다. 나는 지금도 분노를 체계화하려고 애씁니다. 내 머리는 특별히 뛰어나지는 않지만 느낌을 체계화해서 그 의미를 파악하는 데는 그런대로 쓸 만합니다. 하지만 그 과정은 언제나 느낌에서 생각으로 진행됩니다. 생각에서 느낌으로 발전되는 경우는 전혀 없습니다.

다른 것과 마찬가지로 정치에서도 나는, 내 생각과 내 느낌 간의 불가능한 듯하지만 바람직한 교감을 찾아내려 합니다. 달리 말하면, 감정과 생각을 동시에 표현할 수 있는 언어, 즉 카리브 연안의 작은 마을들에 사는 콜롬비아 인들이, '느낌과 생각의 언어feel-thinking language'라고 칭하는 것을 찾아내려 합니다. 그 언어는 지배문화가 산산이 쪼개놓은 것을 재결합시킬 수 있는 언어입니다. 지배문화는 건드리는 것마다 예외 없이 산산조각내지 않습니까! 이제 우리는 생각을 표현하는 언어와 감정을 표현하는 언어를 별도로 갖고 있습니다. 마음과 정신이 분열된 것입니다. 대중 앞에서 하는 말과 개인적인 삶, 역사와 현재도 역시 분리되고 말았습니다.

그래서 역사가 박물관에 처박힌 잠자는 공주가 아니라고 말했던가요?

— 공식적인 역사는 박물관에서 잠자는 공주, 때로는 잠자는 괴물입니다. 하지만 나는 기억이 도착점이 아니라 출발점이라 믿습니다. 역사는 우리를 현 시대로 내던져, 현재의 상황을 무작정 받아들이는 대신에 미래를 상상하게 해주는 매개체라 할 수 있습니다. 그렇지 않다면 우리는 역사와 어떤 관련성을 가질 수가 없습니다. 역사가 그저 죽은 사람들, 죽은 이름들, 죽은 사실들을 모아 놓은 것에 불과할 테니까요.

이런 이유에서 나는 『불의 기억』을 현재형으로 썼습니다. 그렇게 해서라도 과거에 있었던 모든 것을 되살려내고, 독자가 과거의 기억을 읽는 즉시 과거가 재현되기를 바랐습니다.

3부작 『불의 기억』은 전통적 역사서와 현격하게 다릅니다. 시詩, 새로운 항목, 학문적 글쓰기 등을 뒤섞어놓은 듯한 책입니다. 굳이 이런 식으로 글을 쓴 이유는 무엇입니까?

— 나는 영혼의 경계를 인정하지 않습니다. 글쓰기 방법의 경계도 인정하지 않습니다. 어렸을 때는 나는 카톨릭 식으로 교육을 받았습니다. 몸과 영혼이 서로 적이라고 배웠습니다. 몸이 죄와 쾌락의 근원이고, 미녀와 야수처럼 영혼을 병들게 하는 것이라 배웠습니다.

나는 이런 가르침, 즉 몸과 영혼의 구분을 받아들이기 어려웠습니다. 내가 내면에서 실제로 느끼는 것과 하느님의 말씀이라며 가르치는 진리가 서로 모순된다는 것을 분명히 인식했습니다. 당시 나는 하느님의 존재를 믿었습니다. 하느님이 나를 믿는다는 것도 믿었습니다. 따라서 이런 모순을 받아들이기가 더더욱 어려웠습니다.

열 살인가 열한 살이었을 때는 호된 위기를 겪었습니다. 내 몸이 온통 죄로 물들었다는 두려움이 몰려왔습니다. 내가 성에 관심을 갖기 시작한 것과 관련이 있으리라 생각합니다. 내 몸이 타락의 근원이 되어 나를 지옥으로 떨어뜨릴 것처럼 느껴졌습니다. 하지만 이제 나는 내 몸을 기꺼이 인정합니다. 내가 지옥에 가리라는 것도 잘 알고 있습니다. 나는 열대의 나라에서 훈련되어 지옥의 불이라도 견디어낼 겁니다. 지옥의 불도 그다지 무섭지 않을 겁니다.

글을 쓰기 시작했을 때 나는 수필과 논픽션을 다른 장르의 글, 예컨대 시, 단편소설, 장편소설 등과 같은 장르와 구분하는 경계를 존중해야 한다고 생각했습니다. 그러나 나는 분류되는 것을 싫어합니다. 이 세상은 강박관념에 사로잡힌 듯이 모든 것을 분류합니다. 우리 인간이 벌레처럼 취급됩니다. 이마에 이름표를 붙이고 다녀야 할 지경입니다.

따라서 많은 기자가 "당신은 정치적 작가죠?"라고 묻습니다. 그런데 인류의 역사에서 정치적이지 않았던 작가가 있었던가요? 그런 작가를 안다면 이름을 대보십시오! 우리 모두가 정치적입니다. 우리가 정치적 존재라는 사실을 모르고 있지만 말입니다.

나는 경계를 무시합니다. 경계를 무시할 때마다 짜릿한 행복감을 느낍니다. 나는 작가가 아니라 밀수꾼이 된 듯한 기분까지 맛봅니다. 경계를 범할 때마다 그런 즐거움을 느끼는 이유는 내 안에 감춰진 밀수꾼, 즉 범죄적 본능을 드러낼 수 있기 때문입니다.

당신은 최근에 래넌 재단에서 상을 받았습니다. 그런데 래넌 재단은 ITT의 옛 간부가 쾌척한 기금으로 설립된 재단입니다. ITT는 당신이 신랄하게 비판해왔던 다국적 기업인 동시에, 칠레에서 살바도르 아옌데를 축출하는 데 관련된 기업이기도 합니다.

— 나는 ITT에서 상을 받은 게 아닙니다. 나는 래넌 재단에서 상을 받았습니다.

하지만 기금의 종자돈이 ITT에서 나온 건데요?

— 개과천선해서 지옥에서 천당으로 옮겨온 돈이죠.

미국을 폭력적인 사회라고 생각하시는 이유는 무엇입니까?

— 나는 미국이 폭력적인 사회라고 말한 적이 없습니다. 미국은 아름다움과 민주주의를 가진 나라입니다. 나는 "세계에서 덩치 큰 나쁜 녀석이 미국이다"라고 말하면서 선입견의 덫에 빠지고 싶지 않습니다. 그렇게 말하기는 쉽습니다. 하지만 현실은 그렇게 간단하지 않습니다. 훨씬 더 복잡합니다.

　폭력 문화, 군사 문화가 모든 것에 흔적을 내고, 모든 것을 퍼뜨리며 모든 것에 스며들고 있습니다. 대표적인 예가 오락산업입니다. 폭력이 넘쳐 흐르고, 텔레비전이나 대형 화면은 피로 바다를 이룹니다. 자동차, 사람 등 모든 것이 쉴 새 없이 폭발적으로 증가합니다. '모든 것의 폭격'이라 할까요?

　'닭과 달걀 중 어느 것이 먼저냐?'라는 옛날이야기가 번뜩 떠오릅니다. 오락산업이 "우리는 죄가 없다. 영화나 텔레비전은 폭력적 현실을 반영한 것일 뿐이다. 우리가 폭력을 만든 것은 아니다. 폭력은 길거리에서 나온 것이다"라고 항변합니다. 하지만 이런 악순환에 미디어도 한몫을 하고 있습니다.

따라서 유고슬라비아와 콜로라도의 리틀턴은 보이지 않는 끈으로 연결되어 있다고 말할 수 있습니다. 두 곳 모두 폭력이란 동일한 문화로 짓눌린 곳이니까요. 전쟁은 평화의 이름으로 저질러집니다. 군사 행위는 언제나 인도주의적 사명이란 이름을 띱니다. 우리는 뉴스와 영화를 통해서, 그리고 길거리에서 매일 폭력에 물들어갑니다.

이 세계는 폭력의 공간입니다. 훔치고 납치하며 죽이는 가난한 사람들을 비난하기는 쉽습니다. 마약 중독자를 비난하는 것도 쉽습니다. 하지만 그 원인을 찾아내서, 범죄를 유발하고 마약 사용을 부추기는 시스템을 비난하기는 그렇게 쉽지 않습니다. 이렇게 우리 모두가 고뇌와 번민을 매일 먹고 마시고 있습니다.

펜타곤의 역할은 어떻게 생각하십니까?

— 미국의 국방비는 비상식적일 정도로 많습니다. 적이 누구입니까? 마치 서부영화를 보는 듯한 기분입니다. 악역bad guy이 필요합니다. 악역이 존재하지 않으면 만들어라도 내야 합니다. 미국에는 새로운 악당이 필요합니다. 아침에는 사담 후세인, 저녁에서 밀로세비치가 악당이 됩니다. 악역이 필요합니다. 싸워야 할 사탄이 없다면 하느님이 얼마나 심심하겠습니까!

이렇게 뒤죽박죽인 세계에서 가장 큰 패러독스의 하나는 평화를 지켜야 할 다섯 나라가 무기를 가장 많이 만들어내는 다섯 나라라는 점입니다. 세계 무기의 절반 가량을 미국이 만들어냅니다. 영국, 프랑스, 러시아, 중국이 차례로 그 뒤를 잇습니다. 이 나라들은 유엔 안전보장이사회에서 거부권을 지닌 나라들이기도 합니다. 유엔은 세계 평화를 위해서 탄생했지만, 평화를 지키라는 아름답고 신성하고 시적인 사명을 부여받은 이 다섯 나라는 전쟁 사업에 앞장서는 나라입니다.

우루과이는 유엔 총회 회원국입니다. 총회는 상징적인 존재일 뿐입니다. 총회는 제안이나 할 수 있을 뿐입니다. 모든 결정이 세상을 주무르는 다섯 나라에 의해 이뤄지니까요.

20세기는 전쟁의 세계였습니다. 1억 명 이상이 전쟁으로 죽었습니다. 엄청난 수입니다. 유고슬라비아, 이라크, 아프리카 등 어딘가에서 전쟁이 터졌다는 소식을 들을 때마다 나는 "누가 무기를 팔고 있는가? 누가 이 비극에서 이익을 취하는가?"라는 의문을 제기하지만 대답을 들어본 적이 없습니다. 미디어에서 이런 의문에 대한 대답을 읽어본 적이 없습니다. 전쟁이 터졌다는 소식이 들릴 때마다 우리는 이런 의문을 가져야 합니다. 누가 무기를 팔고 있는가? 평화를 지킨다는 다섯 나라입니다! 끔찍한 일입니다. 하지만 이것이 현실입니다.

원주민에게 배운 것이 있다면 무엇일까요?

— 많습니다. 첫째, 자연과의 교감에 대한 확신입니다. 그런 확신이 없다면 생태학과 원예학을 올바로 구분하기 어렵습니다. 자연을 풍경이라 착각할 수도 있습니다. 하지만 자연은 당신이고 나입니다. 우리는 자연의 일부입니다. 따라서 자연에게 범한 범죄는 인간에게 범한 범죄라 할 수 있습니다. 그러나 우리가 자살행위를 저지르고 있다는 주장에는 공

감하지 않습니다. 나는 자살행위를 저지르고 있지 않기 때문입니다. 고작 20퍼센트의 인구가 자연자원을 낭비하며 지구를 병들게 하고 있을 뿐입니다. 나머지 80퍼센트는 그로 인한 결과로 고통받는 신세고요.

정치 지도자가 충심으로 "우리는 자살행위를 저지르고 있습니다"라고 말할 때, 그 '우리'는 세상에서 가장 많은 이익을 거둬들이는 기업들을 가리킵니다. 자연을 훼손할수록 더 큰 이익을 거둬들입니다! 그래도 그들 모두가 녹색으로 위장하고 있습니다.

내가 어렸을 때 녹색은 계곡이었습니다. 그 밖에 조크가 녹색이었고, 여자를 좇는 늙은 남자가 녹색이었습니다. 하지만 이제는 모두가 녹색입니다. 세계은행도 녹색이고, 국제통화기금IMF도 녹색이며, 화학 산업도 녹색입니다. 자동차 산업도 녹색입니다. 심지어 군수 산업도 녹색입니다. 모든 것이 녹색입니다. 16세기와 17세기 유럽이 아메리카를 정복했을 때 많은 인디언이 우상을 섬긴다는 이유로 화형당하거나 처형당했습니다. 그러나 그들은 자연을 섬겼습니다!

오늘날 지배계급은 자연을 극복해야만 하는 장애물이라 말하지 않습니다. 이득을 거두기 위해서 극복해야 할 장애물이라 말하지 않습니다. 자연 정복은 이제 옛말입니다. 새로이 등장한 언어는 자연 보호입니다. 두 경우에서도 언어는 분열을 보여주고 있습니다. 우리 인간과 자연은 다르다고!

우리는 인디언 문화에서 교감의 깊은 의미를 배워야 합니다. 교감은 하느님의 십계명에 포함되어야 합니다. 교감은 열한 번째 계명이 되어야 합니다. "너희는 너희가 속한 자연을 사랑하라!"

소련의 붕괴에 대해서는 어떻게 생각하십니까?

— 나는 소련에서 주장하던 사회주의에 공감한 적이 없습니다. 소련의 사회주의는 사회주의가 아니었다고 생각합니다. 국민을 전혀 배려하지 않는 관료 정권에 불과했습니다. 그들은 국민의 이름으로 행동했지만 실제로는 국민을 경멸했습니다. 말로는 국민을 찬양했지만 실제로는 국민을 소수집단, 어린아이나 어리석은 양처럼 취급했습니다.

따라서 소련이 붕괴되었다고 사회주의가 죽었다고는 생각지 않습니다. 소련이 그처럼 쉽게 붕괴되었다는 사실은 많은 것을 말해줍니다. 붕괴 과정에서 피도 없었고 눈물도 없었습니다. 아무것도 없었습니다. 사회주의는 죽지 않았습니다. 아니, 사회주의는 태어나지도 않았습니다. 나는 언젠가 인류가 사회주의를 발견해낼 수 있으리라 믿습니다.

세계의 변방에 위치한 가난한 나라들의 관점에서 볼 때, 현재의 상황은 과거 어느 때보다 처참합니다. 그나마 예전엔 소련이 있어 힘의 균형이 이뤄졌습니다. 그런데 그런 힘의 균형이 사라지고 말았습니다. 이제 우리에게는 선택의 여지가 없습니다. 독립적으로 행동할 가능성이 줄어들었습니다.

그런데 희망의 징조는 있습니까?

— 미국과 멕시코에는 희망의 기운을 곳곳에서 찾을 수 있습니다. 물론 다른 나라들에서도요. 많은 저항운동이 있지만 언론에 언급되는 경우는 극히 드뭅니다. 게다가 저항운동이 지역적 차원에서 일어나기 때문에, 또 소규모인 경우도 있기 때문에 널리 알려지지 않는 것도 사실입니다. 하지만 저항운동은 대안을 찾고 다른 세계를 추구합니다. 현 상황을 운명으로 인정하지 않고 도전하며 살아갑니다. 인권을 위해서, 성차별을

철폐하기 위해서, 불공평을 척결하기 위해서, 아동 착취를 금지하기 위해서, 땅을 훼손시키지 않는 농법을 보존하고 개발하기 위해서 사방에서 작은 저항운동이 일어나고 있습니다.

멕시코에는 엘바르손El Barzon이란 민중운동 조직이 있습니다. 멕시코 밖에는 전혀 알려지지 않은 운동 조직이지만 무척 중요한 의미를 갖는 조직입니다. 멕시코 은행들의 압력에 저항하려고 자연발생적으로 결성된 조직입니다. 처음에 엘바르손은 탐욕스런 금융기관에게서 집, 사업, 농장 등 재산을 지키려던 100명 남짓의 사람으로 시작되었습니다. 그 후 엘바르손의 회원은 점점 늘어나, 지금은 100만 명이 넘습니다. 엘바르손은 이제 무척 중요한 위치를 차지하고 있습니다. 엘바르손의 대표단이 워싱턴에 갔을 때 IMF 부의장에게 영접을 받았을 정도니까요. IMF의 부의장이라면 자기 아내와도 대화할 틈이 없을 정도로 대단히 높은 사람입니다. 그런 사람이 엘바르손의 대표단을 맞아주었습니다.

당신은 자선과 연대를 구분하시는데요.

— 나는 자선을 믿지 않습니다. 연대를 믿을 뿐입니다. 자선은 수직적이어서 굴욕감을 줄 수 있습니다. 위에서 아래로 가는 것이니까요. 반면에 연대는 수평적입니다. 연대는 타인을 존중하고 타인에게서 배우려는 정신입니다. 나는 다른 사람들에게 많은 것을 배웠고, 지금도 배우고 있습니다. 나는 매일 배웁니다. 나는 쿠리오소curioso입니다. 호기심이 많은 사람입니다. 다른 사람들의 주장, 그들의 목소리, 그들의 비밀, 그들의 하소연, 그들의 설명 등을 열심히 듣고 배웁니다. 나는 그들의 말을 훔치기도 합니다. 이런 것도 절도죄일까요?

아브리가르 에스페란자스abrigar esperanzas라는 말을 좀 설명해주십
시오.

— 에스파냐 어로 '희망을 지키다'라는 뜻입니다. 희망은 지키고 보호해
야 하는 것입니다.

희망이 깨지기 쉬운 것이기 때문인가요?

— 그렇습니다. 희망은 깨지기 쉬운 것입니다. 아주 연약하지요. 하지만
희망은 끈질기게 살아 있는 것입니다. 내게 "나는 완전히 희망을 잃었어.
이제 어떤 것도 믿지 않을 거야"라고 푸념하는 친구들이 있습니다. 이렇
게 말하면서도 그들은 여전히 살아갑니다. 어떻게 그럴 수 있을까요?
　나는 희망을 잃고 싶지 않습니다. 하지만 그날이 온다면 그래서 기대
할 것도 없고 믿을 것도 없으며, 인간이 범죄나 저지르면서 우둔하게 살
아가야 할 운명에 처한다면 나는 미련 없이 자살의 길을 택하고 싶습니
다. 물론 인간 조건이 몸서리쳐질 만큼 끔찍한 동시에 경이로운 것이란
사실을 나도 잘 압니다. 그렇습니다, 우리 처지가 아무리 나쁘더라도 우
리 삶까지 끝난 것은 아닙니다!

나는 12년 전부터 에드워드 사이드와 적잖은 인터뷰를 했다. 내 기억으로 첫 인터뷰는 1987년에 있었다. 나는 초조한 마음을 금할 수 없었다. 더구나

질문이라도 준비했냐고 친절하게 물었을 때도 불안감은 가시지 않았다.

사이드는 1935년 팔레스타인 계 예루살렘에서 태어나서, 그곳과 카이로에서 학교를 다녔다. 그는 프린스턴 대학교에서 학사학위를 받고, 하버드 대학

학위를 받았다. 현재 그는 콜롬비아 대학교 교수이며, 현대언어학회 회장을 맡고 있다(이 인터뷰는 1999년에 있었고, 사이드는 2003년에 사망했다―옮

사이드는 『오리엔탈리즘Orientalism』(1978) 『팔레스타인 문제The Question of Palestine』(1979) 『이슬람이란 무엇인가?Covering Islam』(1981) 『문화

Imperialism』(1993) 『지식인의 표상Representations of the Intellectual』(1994) 『수탈의 정치학The Politics of Dispossession』(1994) 『평화와 그 불만Pe

(1996)을 썼다. 『자서전Out of Place : A Memoir』(1999)과 『망명에 대한 단상Reflections on Exile』(2000), 그리고 한 편의 오페라를 준비 중에 있다. 그

발행되는 『알 하야트』에 칼럼을 기고하고 있다. 그는 자서전에서 『나는 중립적인 삶을 살 수 없었다. 나는 인기는 없더라도 대의를 위한 삶을 선택하

않았다』라고 말했다.

1967년 아랍과 이스라엘 간의 전쟁이 벌어지면서 사이드는 정치적 행동주의에 본격적으로 뛰어들었다. 1년 후, 그는 첫 정치적 시론時論인 「아랍의

을 발표했다. 골다 메이더 이스라엘 수상이 "팔레스타인 인은 없다!"고 과렴치하게 선언했을 때 사이드는 "골다 메이어의 주장을 논박하고 상실과 수

약간은 터무니없는 도전을 감행하기 결심했다. 그 상실과 수탈의 역사를 1분씩, 한 단어씩, 한 뼘씩 해방시키기로 결심했다"고 말했다.

그 후로 줄곧 사이드는 미국에서 팔레스타인의 입장을 대변하는 학자로 활동해왔다. 그는 "팔레스타인은 생색나지 않는 일입니다. 아무런 대가도 없는

만이 있을 뿐입니다. 그렇게 많은 친구가 이 문제를 피하는 이유가 무엇이겠습니까? 그렇게 많은 동료가 팔레스타인 문제에 끼어들지 않는 이유가 무

은 훌륭한 자유주의 사상가들이 보스니아와 소말리아, 남아프리카공화국과 니카라과 등 지구촌 곳곳의 인권과 시민권 문제에 간섭하면서도 팔레스타

해서는 한마디도 하지 않는 이유가 무엇일까요?"라고 반문했다.

사이드는 팔레스타인 문제에 깊숙이 끼어든 대가를 호되게 치러야 했다. '테러의 교수'라는 비난까지 받았다. '유대인 옹호 연맹'은 그를 나치라고 칭했

팔레스타인과 이스라엘, 의도적 무시에서 벗어나기

에드워드 사이드 Edward Said

interview date | 1999년 4월

이스라엘에서는 물론이고 웨스트 뱅크와 가자 지구에서 아랍 세계로 가려면 아주 복잡한 절차를 거쳐야 합니다. 그래서 국경을 넘으려면 서너 번 생각하고 또 생각하지 않을 수 없습니다. 국경을 넘으려면 허가가 필요합니다. 게다가 끝없는 통관 수속을 밟아야 합니다.

나는 12년 전부터 에드워드 사이드와 적잖은 인터뷰를 했다. 내 기억으로 첫 인터뷰는 1987년에 있었다. 나는 초조한 마음을 금할 수 없었다. 더구나 그가 처음부터 내게 좋은 질문이라도 준비했냐고 친절하게 물었을 때도 불안감은 가시지 않았다.

사이드는 1935년 팔레스타인 계 예루살렘에서 태어나서, 그곳과 카이로에서 학교를 다녔다. 그는 프린스턴 대학교에서 학사학위를 받고, 하버드 대학교에서 석사학위와 박사학위를 받았다. 현재 그는 콜롬비아 대학교 교수이며, 현대언어학회 회장을 맡고 있다(이 인터뷰는 1999년에 있었고, 사이드는 2003년에 사망했다 —옮긴이).

사이드는 『오리엔탈리즘Orientalism』(1978) 『팔레스타인 문제The Question of Palestine』(1979) 『이슬람이란 무엇인가?Covering Islam』(1981) 『문화와 제국주의Culture and Imperialism』(1993) 『지식인의 표상Representations of the Intellectual』(1994) 『수탈의 정치학The Politics of Dispossession』(1994) 『평화와 그 불만Peace and Its Discontents』(1996)을 썼다. 『자서전Out of Place : A Memoir』(1999)과 『망명에 대한 단상Reflections on Exile』(2000), 그리고 한 편의 오페라를 준비 중에 있다. 지금은 런던에서 아랍어로 발행되는 『알 하야트』에 칼럼을 기고하고 있다. 그는 자서전에서 "나는 중립적인 삶을 살 수 없었다. 나는 인기는 없더라도 대의를 위한 삶을 선택하는 데 조금도 머뭇거리지 않았다"라고 말했다.

1967년 아랍과 이스라엘 간의 전쟁이 벌어지면서 사이드는 정치적 행동주의에 본격적으로 뛰어들었다. 1년 후, 그는 첫 정치적 시론時論인 「아랍의 초상 The Arab Portrayed」을 발표했다. 골다 메이더 이스라엘 수상이 "팔레스타인 인은 없다!"고 파렴치하게 선언했을 때 사이드는 "골다 메이어의 주장을 논박하고 상실과 수탈의 역사를 재조명하는 약간은 터무니없는 도전을 감행하기 결심했다. 그 상실과 수탈의 역사를 1분씩, 한 단어씩, 한 뼘씩 해방시키기로 결심했다"고 말했다.

그 후로 줄곧 사이드는 미국에서 팔레스타인의 입장을 대변하는 학자로 활동해왔다. 그는 "팔레스타인은 생색나지 않는 일입니다. 아무런 대가도 없습니다. 비난과 욕설, 소외만이 있을 뿐입니다. 그렇게 많은 친구가 이 문제를 피하는 이유가 무엇이겠습니까? 그렇게 많은 동료가 팔레스타인 문제에 끼어들지 않는 이유가 무엇이겠습니까? 그렇게 많은 훌륭한 자유주의 사상가들이 보스니아와 소말리아, 남아프리카공화국과 니카라과 등 지구촌 곳곳의 인권과 시민권 문제에 간섭하면서도 팔레스타인과 팔레스타인 인에 대해서는 한마디도 하지 않는 이유가 무엇일까요?"라고 반문했다.

사이드는 팔레스타인 문제에 깊숙이 끼어든 대가를 호되게 치러야 했다. '테러의 교수'라는 비난까지 받았다. '유대인 옹호 연맹'은 그를 나치라고 칭하기도 했다. 콜롬비아 대학교에 있던 연구실이 방화 테러를 당했고, 그만이 아니라 그의 가족까지 살해 협박을 숱하게 받았다.

사이드는 '팔레스타인 민족평의회'의 회원으로 10년 이상 활동했다. 이때 그는 '이스라엘 유대인과 팔레스타인 아랍인의 공존'을 역설하고 '어떤 군사적 선택'도 동의하지 않았기 때문에 아랍 민족주의자들의 분노를 샀다. 그러나 그는 "나는 '무장투쟁'이라는 상투적인 슬로건에 아주 비판적이었다. 무장투쟁은 죄없는 사람을 죽음으로 몰아갈 뿐, 팔레스타인 문제를 정치적으로 개선하는 데 아무런 효과를 거두지 못했다"고 말했다.

1990년대 민족평의회를 떠난 후, 사이드는 아라파트의 이른바 '평화과정 peace process'을 가장 공개적으로 비난하는 학자가 되었다. 특히 1993년 9월 백악관의 남쪽 잔디밭에서 오슬로 협정이 체결되었을 때 사방에서 미래를 낙관하는 목소리였지만 사이드는 그런 낙관적 해석을 경계했다. 그는 오슬로 협정이 뜻하는 바를 즉시 깨닫고, '팔레스타인 베르사유 협정'이라 불렀다. 그는 "클린턴은 로마제국의 황제처럼 두 속국의 왕을 궁전으로 불러서 억지로 악수하게 만들었습니다"라고 말했다.

그는 정치적 활동을 왕성하게 전개하면서 인간에 대한 연구를 게을리하지 않았다. 『오리엔탈리즘』에서 그는 이슬람교, 아랍인, 중동에 대한 일반인의 인식을 바꿔놓으려 애썼다. 또한 힘을 유지하기 위해서 지식을 어떻게 사용해야 하는지에 대해서도 연구했다. 1993년에 발간된 『문화와 제국주의』는 『오리엔탈리즘』과 더불어 문화에 대한 사이드의 생각을 보여주는 대표작이다.

'레지스탕스 맨' 사이드는 이런 저항의 삶을 살면서도 한가한 틈이 생기면 피아노를 연주했고 음악과 오페라에 대한 글을 썼다. 그는 특히 에메 세제르

Aimé Césaire의 시를 즐겨 인용했다.

> 그러나 인간이 해낸 일은 시작일 뿐
>
> 인간의 내면 깊숙이에 감춰진 모든
>
> 폭력성을 정복하는 것이 인간의 할 일이리라
>
> 어떤 종족도 아름다움을 독점할 수는 없는 법
>
> 지식과 힘도 독점할 수 없는 법
>
> 모두가 승리의 만남을 누리는 공간이 있으리라

말이 난 김에 말하면, 시 덕분에 나는 그와의 첫 인터뷰를 즐겁게 진행할 수 있었다. 내가 팔레스타인의 위대한 시인 마흐무드 다르위시Mahmud Darwish의 대구對句로 이뤄진 시를 언급하자마자 우리는 그 시처럼 이야기를 주고받기 시작했다. 그 후 나는 사이드와 연속 인터뷰를 가졌고, 1994년에 그 인터뷰들을 모아 『펜과 칼』이라는 이름으로 발표했다.

1994년부터 사이드는 백혈병과 싸우고 있다. 나는 지난 2월에 사이드와 인터뷰를 가졌다. 우리는 그의 건강과 '두 민족 한 국가론a binational state'의 문제, 그리고 피아니스트이자 지휘자인 다니엘 바렌보임Daniel Barenboim과의 공동 작업에 대해 이야기를 나누었다.

에드워드 사이드

Edward Said

1998년 말, 선생님은 지금은 이스라엘에 속한 어머니의 고향, 나사렛
에서 연설할 기회가 있었습니다. 프랭크 시나트라 홀, 그러니까 어찌
생각하면 어울리지 않는 곳에서 연설했다고 들었습니다. 특별한 이유
라도 있었나요?

— 프랭크 시나트라는 이스라엘의 대단한 지지자였습니다. 1970년대 시
나트라는 나사렛에 편의시설을 건설하는 데 필요한 돈을 쾌척했습니다.
북부 나사렛에는 유대인촌이 있습니다. 어쨌든 애초에는 아랍 청년과
유대인 청년이 어울려서 농구를 할 수 있는 일종의 스포츠 시설로 사용
할 목적으로 세워진 건물이었습니다. 그런데 시간이 지나면서 이 건물
은 저녁 강연을 위한 시설로 변해갔습니다.

　현재 크네세트(이스라엘의 국회 —옮긴이)의 의원인 팔레스타인 계 이스
라엘 인, 아즈미 비샤라가 나를 강연자로 초대했습니다. 그때가 내게는

이스라엘 시민인 팔레스타인 인들을 처음 만난 때였습니다.

내 정치적 의견이 변해온 과정, 즉 내가 어떻게 현재의 입장에 이르게 되었는지 강연해달라는 부탁을 받았습니다. 하여간 정해진 주제는 없었습니다. 그들은 어떤 질문이라도 내게 할 수 있었습니다. 나는 그들의 질문에 무척 감동받았습니다. 고유한 목소리가 있었습니다. 그들이 다른 아랍인들과는 다른 세계를 살고 있다는 사실을 분명하게 알려주는 목소리였습니다. 그들은 유대인의 나라에서 소수인 팔레스타인 인으로 살아가고 있었습니다. 따라서 그들은 내가 지금껏 만난 어떤 아랍인들보다 이스라엘에 더 잘 알고 있는 듯했습니다. 대부분의 질문이 '평화과정peace process'에 관련된 것이었습니다. 물론 모두가 평화과정을 대신할 수 있는 대안이 있는지 알고 싶어 했습니다. 그때나 지금이나 대답하기 어려운 질문이지만, 중요한 것은 참여였습니다.

요즘 들어 어딜 가나, 내 눈에는 세대 간의 질적인 차이가 확연히 보입니다. 특히 20대 후반의 청년들이 새로운 용기와 회의懷疑, 좋게 말하면 지적인 호기심을 보여준다는 것은 의심할 여지가 없습니다. 내 세대의 사람들이나 그 직후 세대의 사람들과는 확연히 다른 모습입니다.

최근에 『뉴욕타임스 매거진』에 기고한 글에서 '두 민족 한 국가론'을 요구한 걸로 알고 있습니다. 선생님의 관점이 이런 방향으로 바뀐 특별한 이유라도 있습니까?

— 나는 작년에만 서안 웨스트 뱅크와 가자 지구, 이스라엘에 다섯 번을 다녀왔습니다. 1947년 말 팔레스타인을 떠난 후 가장 자주 그곳을 방문한 해였습니다. 그곳에 갈 때마다 나는 이스라엘 유대인과 팔레스타인

인이 돌이킬 수 없을 정도로 얽혀 있다는 사실을 확인하게 됩니다. 그다지 넓은 땅도 아닙니다. 아주 작은 땅입니다. 그래서 상대를 피할래야 피할 수도 없는 땅입니다.

이스라엘이 팔레스타인 사람들을 고용해서 웨스트 뱅크와 가자 지구에 정착촌을 건설하며 정착촌을 확대해가고 있습니다. 그야말로 아이러니입니다. 텔아비브나 하이파와 같은 이스라엘 내에 있는 지역의 식당에서 일하는 사람들도 팔레스타인 인입니다. 물론 웨스트 뱅크에서는 정착자와 팔레스타인 인 간에 반감과 악의가 팽배하지만 그들이 물리적으로 같은 공간에서 살아가는 것은 부인할 수 없는 사실입니다.

이제 그 땅에 경계를 짓고 그들을 억눌러서 경계를 넘어가지 못하도록 한다는 것은 거의 불가능한 일입니다. 그들은 포도넝쿨처럼 뒤엉켜 있습니다. 이스라엘 사람들이 팔레스타인 영토를 무단으로 침범했다는 생각, 즉 애초부터 이스라엘이 팔레스타인의 땅을 침략했다는 생각 때문인 듯하지만, 여하튼 그들이 평화롭게 어울려 살도록 해주는 해결 방법을 모색해야 할 때라고 생각합니다.

분리라는 방법으로는 문제를 해결할 수 없습니다. 오슬로 협정에서 예측되는 방법으로도 문제를 해결할 수는 없습니다. 물론 나를 비롯해 많은 전문가가 습관적으로 주장해왔던 방법, 즉 두 나라로의 분할이라는 방법도 해결책이 될 수는 없을 겁니다.

중요하게 생각해야 할 또 하나의 요인이 있습니다. 팔레스타인 인이지만 이스라엘 시민으로 삶을 시작해야 하는 젊은 세대입니다! 그들은 억압받는 소수집단이기 때문에 짊어져야 할 어려움을 절실하게 인식하고 있으며, 시민권 보장이란 관점에서 투쟁을 시작하고 있는 실정입니다.

그런데 흥미로운 사실이 있습니다. 성직자의 힘이 나날이 증가하는 현상, "유대인은 누구인가?"라는 논의에서 국법을 종교적 잣대로 결정하려는 현상을 몹시 걱정하는 보통 이스라엘 사람들이 팔레스타인의 청년 세대를 암묵적으로 지지한다는 점입니다. 요즘 세속의 세계에서 두텁게 형성된 여론층이 헌법과 같은 것을 논의하기 시작했고, 사람을 인종이 아니라 국가를 기준으로 정의하는 시민권 개념도 언급하기 시작했습니다. 물론 여기에는 아랍인도 당연히 포함됩니다. 그래서 내게 더욱 감동적으로 다가왔습니다. 나는 양측 사람들과 개별적으로 혹은 집단적으로 꾸준히 이야기를 나눠왔습니다.

끝으로 인구의 분포도 고려해야 합니다. 2010년이 되면, 역내의 팔레스타인 인과 유대인의 인구 수가 거의 똑같아집니다. 이스라엘보다 20배는 큰 나라인 남아프리카공화국도 아파르트헤이트를 오랫동안 유지할 수 없었습니다. 이스라엘처럼 아랍국가들로 사방이 에워싸인 나라가 팔레스타인 인에게 아파르트헤이트와 같은 차별책을 영구히 사용할 수는 없습니다.

따라서 두 민족 한 국가론이 미친 생각까지는 아니어도, 지금은 요원한 낭만적 생각처럼 여겨질 수 있겠지만, 두 민족이 서로 죽이지 않고 더불어 살아갈 수 있는 하나의 해결책일 수 있습니다.

포용과 한 국가론이란 해결책은 시오니즘에 바탕을 둔 여러 이론 중 하나와 크게 다르지 않은데요.

— 많은 팔레스타인 인이 그렇듯이, 나도 시오니스트 정착자들 내에서 있었던 논쟁의 역사를 잘 알고 있습니다. 마르틴 부버, 히브리 대학교의 초대 총장을 지낸 유다 마그네스Judah Magnes, 침략적 정착 정책과 아랍

인에 대한 무시가 계속된다면 필연적으로 충돌이 있을 것이라 예견한 한나 아렌트와 같은 유능한 사람들이 있었습니다. 다비드 벤 구리온은 "인류의 역사에서 한 민족이 무작정 포기하고 다른 민족에게 땅을 넘겨준 예는 없었다"라고 말하기도 했습니다.

그들은 갈등이 있으리란 것을 알고 있었습니다. 이상주의자였던 마그네스는 특히 그랬습니다. 그는 시대를 앞서간 사람이었고, 뛰어난 예지력을 지닌 사람이었습니다. 실제로 그는 "도덕적으로, 충심으로 아랍인을 생각하도록 합시다. 아랍인의 입장에서 생각해보도록 합시다"라고 말했습니다.

이런 입장은 이스라엘 역사학자들의 저서에서도 눈에 띕니다. 그들은 이스라엘의 민족 설화까지 거슬러 올라가서 이스라엘의 독립에 관련된 신화를 재검토하고, 그들의 역사가 아랍인의 부정과 말살 및 의도적 기피로 점철되었다는 사실을 인정하고 있습니다. 50년 전부터 이스라엘이 저지른 모든 행위가 자체의 안전을 확보하기 위한 것만은 아니었습니다. 그런 안전은 있을 수 없습니다. 아랍인을 단순히 따돌리는 정책을 유지하는 데 급급했습니다. 그런데 시간이 지나면서 그런 정책은 효력을 잃었습니다. 인구 분포가 변하기도 했지만 아랍인이 아무리 얻어맞아도 포기하지 않기 때문입니다. 아랍인들은 훨씬 단호하고 완강하게 버티고 있습니다.

새로운 의견이 대두되기에 이르렀습니다. 물론 당신처럼, 그 의견이 시오니즘에 뿌리를 둔 것이라 생각할 수도 있습니다. 그러나 나는 그 의견을 부정적이나 비판적인 관점에서 보고 싶지 않습니다. 유대인 내부에서 격론을 벌인 끝에 잉태된 의견이기 때문입니다. 팔레스타인 인과 이스라엘 인 사이에 얻어진 결론이 아닙니다. 마그네스, 부버, 아렌트의 경우처럼 내부에서, 즉 시오니스트 진영, 결국 유대인 진영에서 제기된 의견입니다.

다행히 이스라엘이나 팔레스타인에서 살지 않아 일상의 삶에서 압력을 느낄 필요가 없지만 일정한 거리를 두고 생각할 여유를 가진 나와 같은 사람들이 반대 진영 사람들과 토론하고 격론을 벌이면서 적절한 역할을 할 수 있으리라 믿습니다. 이런 움직임이 눈에 띄기 시작했습니다. 그것도 어느 정도 조직적으로 전개되고 있습니다. 팔레스타인과 이스라엘의 지식인들 사이에서 빈번한 대화가 이뤄지고, 연구를 위한 모임도 잦은 편입니다. 평화협상의 보조 도구로써 정치적인 방법으로 문제를 해결하려는 시도가 아닙니다.

따라서 새로운 형태의 접근법이라 할 수 있습니다. 학자로서 철저한 문헌 연구를 통한 접근법입니다. 정치적 야심을 가진 사람에게는 기대할 수 없는 일입니다. 각 공동체에서 학자와 지식인으로 확고한 위치를 가진 사람들이 나섰습니다. 새로운 현상이 아닐 수 없습니다. 하지만 언론은 이런 움직임에 별다른 관심을 보이지 않는 듯합니다. 실패가 뻔한 '평화과정'에만 몰두하고 있을 뿐입니다.

야시르 아라파트의 건강에 문제가 생긴 것이 확실합니다. 몸을 떨고 얼굴색도 예전과 같지 않습니다. 아라파트의 건강에 대해 아시는 것이라도 있습니까?

— 지난주에 우연히 아라파트의 한 측근과 같은 비행기를 탔습니다. 그를 비롯해서 측근들이 주장하는 바에 따르면 아라파트의 건강에는 아무런 문제가 없습니다. 몸을 약간 떠는 정도라는 겁니다. 하지만 가자 지

구에 살면서 그를 직접 보았다는 한 의사를 비롯해 적잖은 사람이 아라파트가 파킨슨병을 앓고 있다고 확신합니다. 또 내가 작년에 만난 사람들, 더구나 아라파트를 가까이에서 보았던 사람들은 아라파트의 기력이 크게 떨어졌고 예전처럼 민활하고 활기찬 모습을 보여주지 못한다고 이구동성으로 말합니다. 여러 정보를 종합해볼 때, 아라파트의 건강에 문제가 생긴 것은 틀림없는 듯합니다.

그러나 아라파트가 여전히 모든 문제에 관여해서 최종 결정을 내린다는 것은 부인할 수 없는 사실입니다. 직원의 휴가 신청서와 같은 아주 사소한 서류에도 직접 서명을 합니다. 하여간 모든 것이 그의 책상을 거쳐야 합니다. 여전히 '미세경영자micromanager'의 면모를 잃지 않고 있습니다. 권한을 위임할 징조가 눈곱만큼도 보이지 않습니다. 그 때문에 장관들을 비롯해서 아랫사람들은 아라파트를 혹평하고 헐뜯지만, 그들은 어떤 일도 혼자 해낼 수 없는 무력한 존재들입니다.

그런데 많은 사람이 간과하는 점이 있습니다. 아라파트가 전 분야에서 유일한 고용주라는 사실입니다. 어쩌면 이스라엘 정부가 유일한 고용주일지도 모르죠. 세계은행이 7만 7000명에 이르는 그의 관료 구조를 유지해줍니다. 여기에 5만여 명에 이르는 경비 조직은 포함되지 않습니다. 결국 아라파트는 12만 5000명을 고용하고 있습니다. 가령 한 가장家長에 따르는 식솔이 6~7명이라면 그 수는 거의 100만 명에 이릅니다.

세상에 이처럼 비생산적인 경제 단위는 없을 겁니다. 하지만 급료를 받는 직원 수로는 아마 세계에서 가장 큰 조직일 겁니다. 사회간접자본을 위한 투자는 거의 없습니다. 겨우 3퍼센트 남짓에 불과합니다. 그런데도 상황은 하루가 다르게 나빠지고 있습니다. 가장 큰 이유가 아라파트의 통치 방법 때문입니다. 권력을 유지하고 정적政敵을 제거하는 데 급급할 뿐이니까요. 게다가 이스라엘과 미국이 내리는 명령을 그대로 따르는 구조를 바꾸려고도 하지 않습니다.

그 때문인지 선생님의 책은 한때 아라파트의 땅에서 금서로 낙인찍혔습니다. 지금도 그런가요?

— 글쎄, 정확히는 모르겠습니다. 내 책을 살 수는 있는 모양입니다. 은밀히! 그런데 참 재밌는 일이 있었습니다. 정보성 장관이 이름까지 내걸고 내 책들을 금서로 결정하고 1년이 지났을까요? 하여간 그때 그 장관이 웨스트 뱅크에서 내 책을 출판하려고 하는데 나와 계약을 맺을 수 있는지 묻는 편지를 보냈더군요. 상상해보십시오. 얼마나 아이러니한 일입니까! 나로서는 무슨 영문인지 상상조차 못하겠습니다.

이스라엘에서도 금서인가요?

— 그렇지는 않습니다. 어렵지 않게 구해볼 수 있습니다.

다른 아랍 국가에서는요?

— 나라에 따라 다른 걸로 알고 있습니다. 특별히 조사해보지는 않았습니다. 이집트와 레바논에서는 얼마든지 구해 읽을 수 있는 걸로 알고 있습니다. 요르단을 비롯해 걸프 지역의 국가들에서 일부의 책이 금서가 되었다는 말을 듣기는 했습니다. 쿠웨이트와 사우디아라비아에서는 『문화와 제국주의』가 정부의 방해로 아랍어로 번역되지 못했습니다. 하

지만 사람의 운명도 그렇지 않습니까. 그래서 우리가 독재정치, 전제정치를 운운하는 것이고요. 이런 현상을 못마땅하게 생각하는 사람들이 어찌 없겠습니까! 그래도 그들은 "우리는 이런 책을 가질 수 없어!"라고 말하면서 금서로 낙인찍어 버립니다. 때로는 신문이나 잡지의 기사를 지워버리기도 합니다. 모두가 변덕에서 비롯된 부질없는 짓입니다.

최근에 이스라엘을 방문한 후 이집트까지 다녀오셨습니다. 이집트와 팔레스타인 간에는 긴밀한 협조가 이루어지고 있나요?

— 이스라엘에서나 웨스트 뱅크와 가자 지구에서나 팔레스타인 사람들은 소외감에 사로잡혀 지냅니다. 조금만 눈여겨보면 그런 모습을 어렵지 않게 확인할 수 있습니다. 그들이 이스라엘의 힘에 짓눌려 살고 있다는 사실을 의심할 여지가 없습니다. 다른 아랍 세계와 편안하게 접촉하지도 못합니다. 이스라엘에서는 물론이고 웨스트 뱅크와 가자 지구에서 아랍 세계로 가려면 아주 복잡한 절차를 거쳐야 합니다. 그래서 국경을 넘으려면 서너 번 생각하고 또 생각하지 않을 수 없습니다.

국경을 넘으려면 허가가 필요합니다. 게다가 끝없는 통관 수속을 밟아야 합니다. 나도 예외가 아닙니다. 나는 미국 여권을 갖고 있지만, 여권에는 내가 예루살렘에서 태어났다고 기록되어 있습니다. 그 때문에 나는 다른 줄에 서야 합니다. 자동적으로 용의자가 됩니다. 아랍 세계에서도 아랍인과 여행하고, 아랍인과 접촉하는 것이 너무 너무 어렵습니다.

팔레스타인 사람이 아닌 아랍인이 팔레스타인 영토에 입국하는 경우는 거의 없습니다. 이스라엘에 들어가는 경우도 거의 없습니다. 실질적으로는 전혀 없다고 말해도 무방합니다. 대부분의 아랍 국가에서 민족주의자와 급진적 지식인은 그들의 표현대로 '정상화'를 줄기차게 반대해왔습니다. 더 정확히 말하면 이스라엘과 공식적으로 화해한 아랍 국가들과는 '정상적인 공존'을 거부해왔습니다. 팔레스타인과 연대한다는 생각에서 그런 지식인들은 이스라엘과 어떤 관계를 맺기를 거부해왔습니다.

그런데 팔레스타인은 공공건물, 대학, 신문사, 병원을 세우려 애쓰지만, 비슷한 생각을 가진 아랍인들에게 도움을 받지 못한다는 점이 문제입니다. 예컨대 이집트나 시리아, 레바논이나 요르단의 아랍인 의사들이라면 팔레스타인에 쉽게 들어가서 병원을 세우는 데 도움을 줄 수 있습니다. 하지만 그들은 그렇게 하지 않습니다. 정상화를 반대하는 입장 때문에 말입니다.

이스라엘이 이집트와 요르단과 맺은 평화는 그야말로 '차가운 평화cold peace'입니다. 요르단이나 이집트의 보통 시민들은 이스라엘에 들어가지 않습니다. 이스라엘 사람들과는 어떤 관계도 맺지 않습니다. 이스라엘 사람들은 이집트를 관광하며 피라미드를 구경합니다. 하지만 그 이상으로는 어떤 교류도 없습니다. 대학이나 학술 단체 간의 교류도 없고, 상업적 거래도 하지 않습니다. 평화 조약을 맺은 이웃 국가들의 이런 관계는 다른 어떤 곳에서는 볼 수 없는 이상한 현상입니다.

선생님이 아랍인들에게 팔레스타인에 가라고 권유하면 그들은 대체로 어떤 반응을 보입니까?

— 지금 아랍인을 만나려고 아랍 국가를 찾아간다면, 특히 이집트를 간다면 나는 "팔레스타인에 가십시오. 여러분은 이스라엘을 통과할 수 있

습니다. 이스라엘과 이집트는 평화로운 관계에 있으니까요. 이런 기회를 이용해서 팔레스타인을 도울 수 있습니다. 그 땅에서 한동안 머물면서 그들에게 도움을 줄 수 있습니다"라고 말할 겁니다.

그럼 십중팔구 그들은 이렇게 대답할 겁니다. "아니요. 우리 여권으로는 입국 허가를 쉽게 받지 못합니다. 이스라엘 대사관을 찾아가도 비자를 얻지 못할 겁니다. 게다가 국경에서 이스라엘 경찰에게 몸수색을 당하는 굴욕을 받고 싶지 않습니다."

이런 항변이 일면에서는 그럴 듯하게 들리지만, 다른 관점에서 보면 비겁하기 짝이 없는 변명입니다. 그들이 정말로 자부심을 갖고 싶다면, 그래서 이스라엘의 철책이나 국경을 넘어간다면, 팔레스타인 사람들이 매일 겪는 일을 함께 나누면서 팔레스타인의 현실이 어떤 것인지 몸으로 느껴봐야 할 것입니다.

아랍인들은 이스라엘을 인정하지도 않고 믿지도 않을 겁니다. 반면에 팔레스타인과는 연대감을 과시할 겁니다. 하지만 이스라엘 불도저가 정착을 위한 집들을 파괴할 때, 다수의 이집트 인과 요르단 인이 거기에 함께 있다면, 그리고 팔레스타인 사람들이 매일 겪는 일상의 위협을 몸으로 체험한다면 커다란 변화가 가능하리라 생각합니다.

아랍인들이 팔레스타인에 가지 않는 다른 이유가 있지 않을까요?

— 편협한 파벌주의만은 아닙니다. 게으름도 있습니다. 달리 말하면, 내가 나서지 않아도 다른 사람이 할 것이라고 생각하는 나태함입니다. 솔선수범이라곤 없는 나태함이 우리의 가장 큰 적입니다. 그들은 팔레스타인을 도울 수 있습니다. 이스라엘을 허구적 존재가 아니라, 많은 점에

서 아랍인의 삶에 부정적 영향을 미치고 있는 힘 있는 실체로 인정할 수 있어야 합니다.

내가 알기에 아랍 세계에서는 어떤 대학에도 이스라엘을 연구하는 학과가 없습니다. 히브리 어를 공부하는 사람도 없습니다. 팔레스타인에 있는 대학들도 마찬가지입니다. 이런 현상을, 우리 삶에 일일이 간섭하기 때문에 우리가 어떤 관계도 맺고 싶지 않은 강한 나라에 저항하려는 일종의 자구책으로 이해할 수도 있습니다. 하지만 내 생각은 다릅니다. 유일한 해결책은 정면으로 맞붙는 것입니다. 이스라엘 언어도 배우는 것입니다. 이스라엘을 보십시오! 많은 정치학자와 사회학자, 오리엔탈리스트, 지식인이 아랍 사회를 연구하는 데 얼마나 많은 시간을 투자하고 있습니까! 왜 우리는 그들을 연구하지 않는 겁니까? 적이면서 이웃인 나라, 대체 그 나라가 어떤 나라인지 연구해야 그들을 알 수 있을 것 아닙니까! 그래야 이스라엘이 아랍인을 완벽하게 가둬 넣은 감옥에서 박차고 나올 수 있습니다.

안타깝게도 이런 소극성, 편협한 지역주의가 이스라엘에만 적용되는 것이 아닙니다. 인도, 일본, 중국 등 세계의 다른 문명국에도 눈길을 거의 돌리지 않습니다. 암만의 대학에 가보십시오(암만은 요르단의 수도 —옮긴이). 내가 자신 있게 말하지만, 아프리카나 라틴아메리카는 고사하고 일본을 연구하는 학자도 찾아볼 수 없을 겁니다. 태만의 증거고 우리 약점이기도 합니다. 죽음에 가까운 지적인 침묵입니다. 이처럼 우리는 세계의 다른 지역에 너무나 무관심합니다. 우리가 스스로 만들어낸 이런 편협한 족쇄에서 벗어나, 세계의 다른 곳으로 눈을 돌려야 합니다. 그들도 우리와 똑같은 정도로 다루어야 합니다.

우리는 너무나 자기 방어적입니다. 항상 고통받는 입장에 파묻혀 지냅니다. 이 때문에 민주주의조차 제대로 해낼 수 없는 것입니다. 지배자의 전제정치, 제국주의의 음모, 부패한 정권, 비밀경찰이 그래서 가능한 것입니다. 결국 우리 지식인에게는 시민 정신이 부족합니다. 이런 상황을 변화시킬 수 있는 유일한 방법은 다른 세계에 대한 책을 읽고 질문을 던지며 다른 세계 사람들과 만나는 것입니다. 우리를 옭아매는 감옥을 박차고 나오는 것입니다.

선생님은 이스라엘이 팔레스타인 사람들에 한 짓을 인정해야 한다고 주장해왔습니다. 이스라엘의 인정을 그렇게 중요하게 생각하시는 이유가 무엇입니까?

— 우리 역사의 많은 부분이 가려져 있기 때문입니다. 우리는 보이지 않는 민족입니다. 이스라엘의 민족 설화는 사막에 와서, 이미 그곳에 정착해 도시를 건설하고 사회를 이루어 살고 있던 사람들을 원주민으로 대우하지 않고 언제라도 쫓아낼 수 있는 유목민으로 해석한 개척자들의 영웅적 시각에 전적으로 의존하고 있습니다. 우리는 아주 복잡한 과정을 거쳐서 유목민으로 전락하고 말았습니다. 시오니스트들도 우리를 하나의 종족으로 다룰 때 이런 수법을 흔히 사용했습니다.

이스라엘 어디를 가나 도로 표시판은 영어와 히브리 어로 씌어 있습니다. 아랍어로 쓰인 표시판은 하나도 없습니다. 따라서 영어나 히브리 어를 모르는 아랍인은 길을 잃기 십상입니다. 이런 것도 의도적인 것입니다. 국민의 20퍼센트를 차지하는 아랍인을 쫓아내려는 교묘한 수법입니다. 1950년대와 1960년대 이스라엘의 시민 교육은 팔레스타인 사람들을 이런 식으로 쫓아내려는 의도로 정교하게 짜였습니다.

하기야 이스라엘 사람들이 홀로코스트에서 탈출한 위대하고 영웅적인 사람이기 때문에 거기에 있는 것이 아니라, 다른 민족을 강제로 쫓아내고 죽여서, 요컨대 다른 민족을 희생시킨 대가로 거기에 있다는 생각은 참으로 인정하기 어려웠을 것입니다.

따라서 어떤 형태로든 진정한 정상화를 이뤄내는 것이 무엇보다 중요합니다. 이스라엘이 서구 세계와만 관계를 갖는 소외된 공간이 아니라 중동의 일원이 될 수 있어야 합니다. 팔레스타인을 부정하고 경멸하며 무시해서는 안 됩니다. 이스라엘은 그들에게 주어진 역사적 현실을 지적으로나 도덕적으로 직시해야 합니다. 그래야 진정한 정상화가 가능할 수 있습니다.

이스라엘의 젊은 역사학자들이 요즘 들어 이런 역할을 해내고 있습니다. 하지만 팔레스타인 사람들도 이스라엘 사람들에게 곧장 다가가 "이것이 현실이다!"라고 말할 수 있어야 합니다. 최근 들어, 우리는 팔레스타인과 이스라엘의 역사를 뭉뚱그려 이야기하기 시작했습니다. 물론 별개의 역사지만 복잡하게 뒤엉키고 짝을 이루는 역사기 때문입니다. 이런 시도가 없다면 타자는 언제나 인간성을 상실하고 악마화 되고 말 것입니다. 한마디로 보이지 않는 존재가 되어버릴 것입니다. 이제라도 우리는 그 둘을 결합시키는 길을 찾아내야 합니다.

지식인의 역할, 의식 있는 사람의 역할이 이런 점에서 중요합니다. 타자를 적절히 대하는 방법, 타자의 공간을 실질적 공간으로 인정하는 방법을 찾아내야 합니다. 유토피아를 꿈꾸는 것은 결코 아닙니다. 유토피아는 허구의 공간을 뜻할 뿐입니다. 달리 말하면, 타자를 구체적인 역사와 공간에서 실질적으로 인정하자는 것입니다.

모셰 다얀Moshe Dayan은 1970년대 중반에 영원히 잊히지 않을 유명한 말을 남겼습니다. 그는 이스라엘의 모든 도시와 마을이 과거에는 아랍인의 것이었다고 말했습니다. 그는 진실을 볼 수 있었고, 그래서 진실을 말했습니다. 하지만 그 후의 세대들은 진실을 보는 감수성을 크게 상실하고 말았습니다. 부분적으로는 미국과 미국계 유대인 공동체와 밀착된 관계를 이룬 결과라 할 수 있습니다.

독선과 정통이란 관습, 그리고 권위에서 해방된 사람들이 앞장서서 그곳의 실상을 알리는 것이 중요합니다. 아랍인도 이스라엘의 유대인이 십자군도 아니고 제국주의자도 아니라는 사실을 깨달아야 합니다. 또 내가 항상 주장하듯이, 우리도 이스라엘 사람은 이스라엘 사람일 뿐이라고 주장할 수 있어야 합니다. 이스라엘 사람들은 이스라엘이라 불리는 나라의 시민입니다. 간단히 말해서, 그들은 다시 방랑자가 되거나 유럽으로 되돌아갈 ‘유대인’이 아닙니다. 우리는 이처럼 잠정적이고 일시적인 존재를 뜻하는 단어들부터 단호히 거부해야 합니다.

다니엘 바렌보임은 아르헨티나에서 태어나 이스라엘에서 자란 세계적인 피아니스트이자 지휘자입니다. 선생님은 바렌보임과 두터운 교분을 맺고 있습니다. 그런데 그를 어떻게 알게 되었습니까?

— 우리는 7~8년 전에 처음 만났습니다. 그 후 놀랍게도 우리는 아주 절친한 친구가 되었습니다. 그도 나 못지않게 여행이 잦습니다. 때때로 우리는 여행길에서 마주치기도 했습니다. 우리는 함께 무엇인가를 해보려고 애썼습니다. 그래서 공개 토론회를 여러 차례 가졌습니다. 하지만 정치적 문제는 거의 다루지 않았습니다. 나와 마찬가지로 그도 정치인은 아니니까요. 우리는 음악과 문화와 역사에 대해 이야기를 주로 나눕

니다. 그는 유대계 이스라엘 음악가답게 바그너같이 유대인을 철저히 거부했지만 위대한 작곡가였던 사람들의 작품에 관심이 많습니다. 또 그는 문화와 음악이 화합하면서도 충돌을 일으키는 과정에도 관심이 많습니다. 그래서 우리는 이 주제로 책을 써볼 예정입니다.

그러나 내가 그렇듯이, 그도 자신이 속한 공동체를 짓누르는 근본주의적 종교색에 불만이 큽니다. 그래서 얼마 전부터는 이스라엘에 살지 않습니다. 심지어 이스라엘 건국 50주년을 맞이해서 계획한 이스라엘 교향악단과의 협연조차 거부했습니다. 이스라엘이 웨스트 뱅크와 가자 지구를 점령한 것에도 극렬하게 반대하는 입장입니다. 그는 팔레스타인을 국가라고 공개적으로 말합니다. 한마디로, 그는 용기 있는 사람입니다. 음악이 우리를 이어주는 끈입니다. 하지만 생애에 있어서도 우리는 작은 공통점을 갖습니다. 내 가족이 팔레스타인에서 쫓겨났을 쯤에, 그는 텔아비브에 첫 발을 내딛었습니다.

최근에 나는 웨스트 뱅크에 있는 비르 제이트 대학에서 그의 콘서트를 기획했고, 그는 흔쾌히 내 제안을 받아들였습니다. 그의 입장에서 보면 대단한 희생이 아닐 수 없습니다. 콘서트는 대성공이었습니다. 내가 지금껏 경험한 최고의 행사 중 하나였습니다. 연대감과 우정을 과시한 인도적인 행위였습니다. 세계 모든 연주회장이 비싼 출연료를 제시하면서 모시고 싶어하는 바렌보임은 정성을 다해 연주했습니다. 그는 위대한 피아니스트이자 작곡가로서 음악계에서 최고봉에 있는 사람입니다. 하지만 그곳에서 그는 소박한 연주자의 선을 넘지 않았습니다.

이 모든 것이 하나로 결합되면서 그날 저녁, 비르 제이트 대학의 연주장을 찾은 사람들은 모두가 감동과 문화의 물결에 젖었습니다. 다니엘의 친구, 주빈 메타Zubin Mehta도 그 자리에 있었습니다. 주빈 메타는 이

스라엘 교향악단의 지휘자입니다. 그는 인도인이지만 이스라엘의 광적
인 지지자입니다. 그때까지 웨스트 뱅크에는 발조차 들여놓지 않았던
사람입니다. 그런데 그가 웨스트 뱅크에 왔던 것입니다. 그는 눈물을 하
염없이 쏟았습니다. 정치적 의미가 전혀 없는 연주회였던 까닭에, 바렌
보임의 연주는 더욱 더 중요한 행사였습니다. 누구도 죽음이나 폭력이
란 단어를 생각지 않았습니다.

이스라엘이 계속 존재하려 한다면 아랍인, 즉 무슬림과 동등한 위치
에서 우호적 관계를 맺어야 한다는 것이 바렌보임의 입장입니다. 그는
아랍어를 배우는 데도 열심입니다. 그는 아주 비범한 사람입니다. 그와
같은 사람을 주변에서 만나기는 쉽지 않습니다.

그런데 바렌보임과 요요마가 올 여름에 바이마르에서 중요한 행사를
계획하고 있다는 사실을 미리 알려두고 싶군요. 우리는 18세에서 25세
사이로 재능이 뛰어난 아랍계 음악가와 이스라엘 음악가를 바이마르에
열흘 동안 초대할 생각입니다. 흥미롭게도 바이마르는 강제수용소로 악
명이 높던 부헨발트에서 1시간 밖에 떨어지지 않은 곳에 있습니다. 그
자체로도 하나의 이야기가 꾸며집니다. 게다가 바이마르는 괴테와 실
러, 바그너의 도시입니다. 한마디로, 독일 문화의 극점이라 할 수 있는
곳입니다.

우리는 다니엘과 요요마, 그리고 베를린 시립 오페라 단원들을 중심
으로 음악 교실을 성대하게 열 생각입니다. 다니엘이 베를린 시립 오페
라를 지휘하고, 저녁이면 내가 사회를 맡아 문화, 정치, 역사, 특히 음악
간의 관계를 주제로 토론회를 가질 계획도 있습니다. 우리는 뛰어난 재
능을 지닌 몇몇 젊은 음악가들에게 참석하겠다는 약속을 받았습니다.
우리 모두에게 신선한 경험이 되리라 확신합니다. 특히 흥미로운 점은

정치색을 띤 프로그램이 전혀 없다는 점입니다. 행사가 끝나고 이른바 성명서라는 것에 서명할 필요도 없습니다. 우리는 음악과 토론과 문화의 힘을 확인하고 싶을 뿐입니다. 긴장과 고뇌밖에 없는 중동의 양극화된 삶에서도 문화적 행위를 통해서 평등과 연대감을 고취시킬 수 있다는 사실을 확인하고 싶을 뿐입니다.

1993년 9월에 체결된 오슬로 협정 이후로 선생님은 이른바 '평화과정'을 가차 없이 비판해오셨습니다. 그런데 미국의 주류 언론은 선생님의 비판을 민망할 정도로 무시해버렸습니다. 하지만 최근 들어 선생님이 갑자기 주목받고 있는 듯합니다. 『뉴스위크』와 『뉴욕타임스』에 글을 기고하고 NPR(National Public Radio)과 PBS(Public Broadcasting Service) 등 방송국에도 자주 출연하시니 말입니다. 그럴 만한 이유라도 있습니까?

— 내가 대답하기는 어려운 질문이군요. 미국에는 아직 검열의 잔재가 남아 있습니다. 그만큼 뒤처진 사회라는 뜻이기도 합니다. 당신이나 나 같은 사람은 주류 언론에 얼굴을 내밀기가 어렵습니다. 하지만 내 글은 아랍 국가들에서 먼저 발표되고, 나중에 인터넷을 통해 유포됩니다. 사람들이 인터넷을 통해 내 글을 먼저 읽습니다. 실제로 내가 팔레스타인과 이스라엘을 위해 제시한 '두 민족 한 국가론'이란 해결책에 대해 『뉴욕타임스 매거진』이 글을 써달라고 청탁한 것도, 한 편집 기자가 인터넷에서 내 글을 읽었기 때문입니다. 게다가 그 기자는 내게 "평화과정은 효과가 없었습니다. 시오니즘도 그랬고요"라고 분명히 말했습니다. 이런 이유에서 그들은 내게 눈길을 돌렸던 것입니다.

하지만 그들이 약간 곁눈질한 것일 뿐이라 생각합니다. "우리는 포용력이 있으니까 그것까지 포함시키는 편이 낫다"라고 과시하고 싶었던 겁니다. 그것이 실상이라 생각합니다.

낡디 낡은 생각과 주장이 여전히 그 자리를 지키고 있습니다. 사실과 진실이 밝혀져도 변하지 않습니다. 그저 놀라울 따름입니다. 나는 PBS의 「찰리 로즈쇼」에 출연했습니다. 그런데 그가 과거에나 통할 이야기를 끊임없이 해대면서 내 말문을 막기에 급급했습니다. 내 말이 일반적 생각에서 크게 벗어난다고 생각했는지 내가 마음대로 말하도록 내버려둘 수 없었던 거죠.

콜레스테롤 수치를 정기적으로 검진하는 과정에서 백혈병에 걸린 것을 아신 지 벌써 8년이 흐른 것 같습니다. 선생님의 건강을 걱정하는 사람이 많습니다. 요즘엔 건강이 어떠십니까?

— 힘든 시기를 겪었습니다. 처음 3년 동안에는 어떤 치료도 받지 않았습니다. 그런데 1994년 초봄부터 갑자기 치료받기 시작했습니다. 처음에는 약물치료를 받았고 나중에는 방사선치료까지 받았습니다. 덕분에 갖가지 질병에 감염되었고 몸도 크게 쇠약해졌습니다. 1998년과 1999년은 너무 힘든 시기였습니다. 잠시도 아프지 않은 때가 없었으니까요. 체중도 상당히 줄었습니다. 요즘엔 인도 출신의 훌륭한 의사를 만나 치료받고 있습니다.

치료받는 과정에서, 실망스럽게도 내가 걸린 백혈병이 아주 희귀한 종류로, 지금까지 알려진 어떤 화학요법으로도 치료할 수 없는 '불응성 백혈병'이란 것도 알았습니다. 작년 여름, 나는 '단일클론항체'란 12주간의 실험 치료를 받았습니다. 무척 힘든 과정이었습니다. 12주간 내내 앓았습니다. 1주일에 서너 번은 치료를 받았습니다. 다행히 지금은 '일시적 완화' 단계에 있습니다. 완치는 아닙니다. 백혈병은 재발합니다. 하지만 건강이 썩 좋은 것은 아니지만 특별한 치료를 받지 않고 벌써 6개월을 버티고 있습니다. 요즘엔 컨디션이 좋습니다.

아랍어로 말씀드릴까요? 인샬라! 앞으로도 오랫동안 우리 곁에 있어 주시길 바랍니다.

테일러 브랜치는 퓰리처 상을 받은 「물을 가르다Parting the Water』(1988)의 저자다. 그의 신작, 「불기둥Pillar of Fire』(1998)은 1963년부터 1965년까지

로 공민권 운동을 주제로 한 3부작 중 두 번째 책이다. 그는 「가나안의 끝에서At Canaan's Edge」로 3부작을 마무리할 예정이다. 브랜치는 여러 역사

루터 킹Martin Luther King을 거의 언제나 뜻대로 삼는다. 지난 4월 4일은 마틴 루터 킹이 암살당한 지 정확히 13번째 되는 해였지만 브랜치는 여전히

히 지낸다. 그는 킹 목사의 사사로운 약점까지 세밀하게 캐내지만 그 역사적 인물을 경외한다.

브랜치와 그의 아내, 크리스티나 머시는 대통령 가족과 인연을 갖고 있다. 브랜치는 1972년 클린턴과 친구가 되었다. 둘 모두 텍사스에서 조지 맥거번

참여한 인연 때문이었다. 그 후 브랜치는 클린턴의 취임 연설문을 작성하는 데 도움을 주었고 대통령 보좌관으로 활동하기도 했다. 한편 머시는 힐러리

작성자다.

브랜치는 부드러운 목소리의 소유자지만 그의 글은 명쾌하고 등장인물들에게 생기를 불어넣는다. 「불기둥」을 발표하면서 브랜치는 "9년 동안 자료를

낸 동굴에서 막 나온 듯한 기분"이라고 말했다. 그가 덴버에서 책의 판촉을 위해 사인회와 낭독회를 갖는 틈새에, 나는 그와 인터뷰를 가졌다.

마틴 루터 킹, 폭력의 회오리 속에서 평화의 걸음을 걷다

테일러 브랜치 Taylor Branch

interview date | 1998년 5월

킹 목사는 흑인이 정상적인 삶을 살고 개리 쿠퍼처럼 행동하기를 원한다는 점을 충분히 이해할 수 있다고 말했습니다. 하지만 흑인이 미국에서 가르치는 사람이 되고자 한다면, 미국의 가치가 무엇이 되어야 하는지 가르치는 사람이 되고자 한다면 비폭력을 수단으로 사용해야만 한다고 역설했습니다.

테일러 브랜치는 퓰리처상을 받은 『물을 가르다Parting the Water』(1988)
의 저자다. 그의 신작, 『불기둥Pillar of Fire』(1998)은 1963년부터 1965년까지의
시대 상황을 다룬 것으로 공민권 운동을 주제로 한 3부작 중 두 번째 책이다.
그는 『가나안의 끝에서At Canaan's Edge』로 3부작을 마무리할 예정이다. 브랜치
는 여러 역사적 인물을 다루지만 마틴 루터 킹Martin Luther King을 거의 언제나
푯대로 삼는다. 지난 4월 4일은 마틴 루터 킹이 암살당한 지 정확히 13번째 되
는 해였지만 브랜치는 여전히 그 사내에게 온통 사로잡혀 지낸다. 그는 킹 목사
의 사사로운 약점까지 세밀하게 캐내지만 그 역사적 인물을 경외한다.

브랜치와 그의 아내, 크리스티나 머시는 대통령 가족과 인연을 갖고 있다.
브랜치는 1972년 클린턴과 친구가 되었다. 둘 모두 텍사스에서 조지 맥거번 후
보의 대통령 선거전에 참여한 인연 때문이었다. 그 후 브랜치는 클린턴의 취임
연설문을 작성하는 데 도움을 주었고 대통령 보좌관으로 활동하기도 했다. 한
편 머시는 힐러리 로드햄 클린턴의 연설문 작성자다.

브랜치는 부드러운 목소리의 소유자지만 그의 글은 명쾌하고 등장인물들에

게 생기를 불어넣는다. 『불기둥』을 발표하면서 브랜치는 "9년 동안 자료를 조사하고 글을 쓰면서 지낸 동굴에서 막 나온 듯한 기분"이라고 말했다. 그가 덴버에서 책의 판촉을 위해 사인회와 낭독회를 갖는 틈새에, 나는 그와 인터뷰를 가졌다.

당신은 세탁업자의 아들로 애틀랜타에서 자랐습니다. 역사학자와 같은 글쓰기를 하게 된 특별한 동기가 있습니까?

— 1950년대 인종차별이 심한 애틀랜타에서 자란 건망증 많은 소년이었던 내가 인종 문제에 관심을 가졌던 유일한 이유라면, 내 아버지의 직원 대다수가 흑인이었다는 점일 겁니다. 나는 그들 모두를 잘 알고 지냈습니다. 내 아버지와 직원인 피터 미첼은 애틀랜타 지역 마이너리그 야구팀이던 애틀랜타 크래커스가 경기를 할 때마다 내기를 했습니다.

내가 여덟 살인가 아홉 살이었던 때, 우리 셋은 때때로 야구장을 직접 찾기도 했습니다. 야구장은 인종차별이 심해서 피터는 유색인용 좌석에 앉아야 했습니다. 하루 종일 피터와 웃고 농담하던 아버지는 그런 차별을 불평하며 "옳지 못한 짓이야!"라고 말했습니다. 아버지의 이런 불평은 내 기억에 뚜렷이 새겨져 있지만, 경기가 끝난 후에 우리가 어떤 기분으로 집에 돌아왔는지는 기억나지 않습니다.

아버지는 인종차별에 간혹 불평을 늘어놓았지만 그 문제에 대한 내 생각까지는 묻지 않았습니다. 인종차별은 당시에 날씨와도 같이 자명한 것이었기 때문입니다. 하기야 우리가 무슨 일을 할 수 있다고 생각했겠습니까. 아버지는 내가 인종차별을 없애기 위해 어떤 일을 할 수 있다고 생각하는 것조차 원하지 않았습니다.

내가 열 살 때인가 피터가 죽었습니다. 나는 장례식에 참석했습니다. 그런데 교회 안에는 백인뿐이었습니다. 나는 그때의 장면을 결코 잊지 못할 겁니다. 교회에서 행복을 얻으려는 사람들을 쫓아냈으니까요. 나는 이 모든 것에 놀라지 않을 수 없었습니다. 사람들은 아버지에게 피터의 명복을 비는 기도를 부탁했습니다. 아버지는 기도 중에 눈물을 터뜨렸습니다. 아버지가 우는 것을 그때 처음 보았습니다. 피터의 장례식에서요! 그래서 나는 인종차별에 대한 지워지지 않는 기억을 갖고 있습니다. 정치적 문제로 기억하는 것이 아닙니다. 양쪽 모두의 감정적 실체를 무시한 문화의 단절로 기억합니다. 그처럼 강렬한 감정이 있었는데도 우리가 더 동등한 사회적 관계, 즉 다른 사회적 관계를 갖지 못했느냐는 의문은 한 번도 심도 있게 다뤄지지 않았습니다.

당시 애틀랜타의 저변에 흐르던 정치적 기운을 알고 있었나요?

— 나는 아무것도 몰랐습니다. 공민권 운동이 시작되고 텔레비전에 시위대가 등장해서 "우리는 인종차별을 날씨처럼 생각하지 않는 사람들이다. 모두가 입에 담기조차 꺼리는 감정의 골을 용기 있게 드러내는 사람들이다"라고 소리칠 때까지, 내게는 미식축구와 여자가 전부였습니다.

내가 고등학생일 때였습니다. 텔레비전에서 초등학생들에게 개를 풀어놓고 소방 호스를 난사하는 것을 보았습니다. 말로 표현하기 힘든 충격을 받았습니다. 그런 일이 일어나야 하는 이유를 납득할 수 없었고, 초등학생들까지 분노하며 시위에 참여하게 만든 것이 무엇인지 궁금하기도 했습니다. 나로서는 이해하기 힘든 원시시대의 폭풍과도 같았습니다. 그 아이들은 자유의 노래를 불렀고, 개들이 그 아이들을 공격하고 있었습니다. 하지만 아이들은 조금도 두려워하지 않고 계속 행진했습니다. 아이들은 사나운 개들의 공격과 소방 호스의 물세례에도 굴복하지 않았고, 검은 부츠를 신은 거인 같은 경찰 앞에서도 주눅 들지 않았습니다.

무엇인가 강력한 힘이 그 아이들에게 감춰진 것 같았습니다. 나는 그 힘이 무엇인지 알고 싶었습니다. 나는 그로부터 몇 년 후 의과 대학에 입학했지만 낙제하고 말았습니다. 그 힘이 무엇인지 찾아내고 싶어 정치학 강의를 주로 수강했기 때문입니다. 그 이후로 나는 줄곧 그 힘을 찾는 데 주력하고 있습니다.

킹 목사를 처음 알게 되었을 때를 기억하십니까?

— 1963년 버밍햄 시위가 있은 후에야 킹 목사에게 관심을 갖기 시작했습니다. 그가 살해된 시간에 내가 어디에 있었는지도 뚜렷이 기억합니다. 그날, 나는 체이플힐에 있는 노스캐롤라이나 대학에 있었습니다. 내 어머니도 곁에 있었습니다. 린든 존슨이 대통령 선거에 출마하지 않겠다고 선언한 직후였습니다. 우리가 노스캐롤라이나 대학에서 중국과 서구세계를 주제로 한 심포지엄을 막 끝낸 때였습니다.

그 지역 텔레비전 진행자이던 제시 헬름스Jesse Helms는 나를 중국에 대한 심포지엄을 주최한 공산주의자라고 비난하기도 했습니다. 우리가 중국에 대해 알아야 할 것은 이미 다 알고 있다면서요! 중국이 공산주의 국가라는 것만 알면 된다는 것이었죠. 하여간 세계 곳곳의 학자들이 그 심포지엄에 참석했고, 내 어머니는 적극적인 후원자로 나섰습니다.

대통령 선거에 재출마하지 않겠다는 존슨의 선언으로 시작된 그 주는 그렇게 끝날 듯했습니다. 우리는 식당에 있었습니다. 그런데 한 웨이터가 식당 안을 뛰어다니며 소리쳤습니다. "킹 목사가 멤피스에서 총격을 당했습니다!" 우리는 멈칫하지 않을 수 없었습니다. 하지만 더 많은 정보를 얻으려고 곧바로 식당을 뛰쳐나갔습니다.

책에 성경을 연상시키는 제목을 붙이는 특별한 이유라도 있습니까?

— 출애굽기는 자유를 찾아가는 고난의 이야기입니다. 오늘날까지 대부분의 아프리카 계 미국인 교회가 구약성서에 등장한 장소인 에벤에셀, 실로 등과 같은 이름을 갖는 이유도 그 때문입니다. 흔히 유대인의 경전이라 일컬어지는 구약성서는 노예에서 벗어난 민족이 자유를 찾아가는 행진이라 할 수 있습니다. 불기둥은 그들이 뜨거운 가슴으로 약속의 땅을 찾아가는 것이라 생각하던 시기를 상징합니다. 그런데 그들은 약속의 땅이 아닌 광야로 들어섭니다. 3부작으로 끝나게 될 이 책의 마지막 권에는 '가나안의 끝에서'라는 제목을 붙이려 합니다. 모세는 가나안에서 약속의 땅을 굽어보지만 그 땅에 들어가지 못하지 않습니까.

『물을 가르다』는 '교차 : 악몽과 꿈'이란 제목의 장으로 끝납니다. 여기에서 당신은 "연방 정부의 밀실에서는 킹 목사를 제거하려는 음모의 층들이 차곡차곡 쌓여가고 있었다"라고 말했습니다. 킹 목사는 그 런 사실을 알고 있었을까요?

— 단정적으로 말할 수는 없습니다. 아주 불완전한 수준에서 추측할 수 있을 뿐입니다. 버크 마샬, 존 도어 등 법무부 관리들이 킹 목사와 접촉했습니다. 하지만 그들이 FBI 내에서 진행된 모든 일을 알았다고는 생각하지 않습니다. 아니, 몰랐을 겁니다. 하지만 에드거 후버가 킹 목사와 그의 시민권 운동을 눈엣가시로, 심지어 적의 위협으로도 생각했다는 정도는 알았을 겁니다. 또 로버트 케네디(당시 법무장관 —옮긴이)와 대통령이 남부 유권자들에게 어디까지 양보를 요구해야 할지 정치적 판단을 내리지 못하고 있다는 것도 알았을 겁니다. 민주당 대통령이 남부의 확고한 지지를 받지 못한다면 백악관을 지킬 수 없다고 믿었을 테니까요.

오늘날까지 이런 상황을 연결시키기는 힘들지만 당시의 정치적 현실은 그랬습니다. 따라서 법무부 관리들은 이런 현실을 끊임없이 언급하면서 킹 목사를 조절하려 애썼습니다. "더 이상 말썽을 일으키지 마시오. 이제 시위를 그만 두세요. 후버가 당신의 약점을 잡고 있다고 말하니까"라고 협박하면서 말입니다.

『불기둥』에서 가장 통절한 순간 중 하나는 로버트 케네디와 마틴 루터 킹 간의 대화입니다. 로버트 케네디가 죽은 후에야 공개된 그의 녹취록에 따르면, 그는 공산주의자들과 그들을 어떻게 다루어야 하는지에 대한 문제로만 킹 목사와 대화를 나누었다고 하지 않습니까! 정말 비극이 아닐 수 없습니다. 역사적 인물인 로버트 케네디가 역사와 인종 관계, 평화와 국제 문제 등을 어떻게 인식했고, 역시 한시대를 풍미한 역사적 인물인 마틴 루터 킹과 어떤 관계를 나누었으며, 그들의 대화가 전적으로 킹 목사를 통제하려는 데 초점이 맞춰졌다는 사실을 말해주는 기록입니다.

그래도 로버트 케네디는 심한 갈등을 겪는 것처럼 묘사되었습니다. "케네디의 딜레마에는 정신적 고뇌가 있었다"고 쓰지 않았습니까. 그런데 케네디의 딜레마가 정확히 무엇이었습니까?

— 케네디의 딜레마는 대통령인 형을 감싸줘야 한다는 데 있었습니다. 그의 형은 여자 문제를 비롯해서 언제나 곤란한 처지에 있었으니까요. 에드가 후버는 마틴 루터 킹의 약점을 찾아내는 데 사용한 기법을 대통령의 약점을 찾아내는 데도 사용했습니다. 따라서 로버트 케네디는 협박과 공갈이 판치는 더러운 정치 세계에서 형을 지키기 위해서라도 후버와 손잡을 수밖에 없었습니다. 형을 정치적으로 보호해야 했으니까요.

하지만 로버트 케네디는 후버의 힘을 빌려 자신을 지키고 남부인의 지지를 공고히 해서 형을 지키려면 시민권 운동을 억압할 수밖에 없었습니다. 그야말로 진퇴양난이었습니다. 하지만 그는 후자를 택했습니다. 그 때문에 그는 죄책감에 시달렸고 그런 잘못된 선택을 만회하려고 무엇인가를 하려고 애썼습니다. 가령 감옥에서 시민운동가를 빼내주며 킹 목사에게 화해의 제스처를 보냈습니다. 하지만 그런 행위가 정치적 문제로 비화되고 말았습니다.

따라서 로버트 케네디는 이 시기 내내 외줄타기를 하는 인물로 비춰졌습니다. 나는 로버트 케네디의 이런 처지를 글로 옮기는 것이 즐겁지만 약간 힘들기도 했습니다. 그는 완전히 노출된 사람이었습니다. 어디에서도 보호받지 못한 사람이었습니다. 그는 냉정하지 못했습니다. 그의 형처럼 감정적으로 냉담한 사람도 아니었습니다. 그는 한 길을 걸었습니다. 그리고 그 길이 끝나면 다른 길을 택했습니다.

결국 개인적 행동이 빚어내는 공적인 결과를 관찰한 것입니까? 빌 클린턴, 존 F. 케네디, 마틴 루터 킹에서도 그런 면을 볼 수 있으니까요.

— 내 개인적인 생각에는 요즘 그런 문제를 두고 논의되는 방식이 유치한 것 같습니다. 사람들은 개인적인 사생활과 공적인 삶 사이에는 아무런 관계가 없다고 흔히 말합니다. 그러면서도 사생활에서 저지른 한 번의 실수가 공적인 위치를 한꺼번에 허물어뜨릴 수 있다고도 말합니다. 내게는 어리석은 소리로만 들립니다. 우리는 뛰어난 정치적 설득력을 지녔다는 사람들의 실수를 부지기수로 알고 있습니다. 그렇다고 그런 실수가 우파에서 좌파까지 모든 정치적 설득을 무용지물로 만들었던가요?

당신의 글을 보면, 킹 목사가 존 F. 케네디에게 호감을 가졌던 것으로 그려집니다. 린든 존슨에게는 꼭 그렇지는 않았던 것으로 묘사되고요.

— 케네디는 매력이 넘치고 카리스마를 지닌 사람이었고, 킹 목사는 뛰어난 웅변력의 소유자였습니다. 이런 점에서 킹 목사는 케네디에게 호감을 느꼈으리라 생각합니다. 또 그들이 대중에게 비슷한 사람으로 인지된다고 생각하기도 했습니다. 한편 킹 목사는 존슨을 정치적으로 다룰 수 있다고 생각한 듯합니다. 실제로 킹 목사가 공산주의 문제로 케네디와 겪었던 충돌 같은 것이 존슨과의 사이에서는 없었습니다.

　킹 목사가 존슨을 처음 만났을 때 분위기는 썩 좋았습니다. 킹 목사는 맑은 공기를 시원하게 마신 듯한 기분이었을 겁니다. 그들은 공민권법 Civil Rights Bill을 어떻게 통과시킬 것인가에 대한 문제를 논의했고, 존슨은 킹 목사에게 "킹 목사, 내가 할 수 있는 일이라면 무엇이든 하겠소"라고 약속했으니까요. 존슨은 실제로 약속을 지켰습니다.

킹 목사가 그의 집무실을 찾았을 때 전화가 오면, 누가 전화를 걸었든 간에 킹 목사에게도 들려주었습니다. 존슨은 아무것도 감추지 않았습니다. 케네디와 달리 존슨은 공민권법 통과에 무척 적극적이었습니다. 킹 목사가 케네디의 집무실을 찾았을 때 전화벨이 울리면, 누가 전화를 걸었든 간에 케네디는 킹 목사가 옆에 있다는 걸 알리려 하지 않았습니다. 반면에 존슨은 킹 목사에게도 곧바로 수화기를 건네주었습니다.

케네디가 암살당한 지 닷새 후, 존슨은 공민권법을 반드시 통과시키겠다고 공언했습니다. 실제로 8개월이 지나지 않아 공민권법이 제정되고 서명되었습니다.

— 그렇습니다. 그 과정에서 파트너 역할을 훌륭하게 해낸 마틴 루터 킹과 악수를 나누면서 존슨은 공민권법에 서명했습니다. 로비의 시대였던 까닭에 존슨 행정부 내에도 킹 목사에게 "이제 시위는 그만 두십시오. 우리에게 상처만 줄 뿐입니다. 우리가 알아서 이 법을 통과시키겠소"라고 말하는 사람들이 있었지만, 그때마다 킹 목사는 그들에게 "당신들이 잘못 생각하고 있습니다. 아직도 미국에는 공민권법이 필요없다고 생각하는 사람들이 많습니다"라고 반박했습니다. 그리고 킹 목사는 플로리다의 세인트 어거스틴으로 달려갔습니다. 그곳이 인권 침해가 가장 격심한 도시라며, 공민권법의 필요성을 사람들에게 알리기 위해서라도 그

런 고생을 감수하겠다고 말입니다.

　존슨은 공민권법에 관련한 쟁점에 적극적으로 나섰습니다. 심지어 "우리가 인종차별을 철폐하기 위해서 무엇을 할 것인가? 나는 남부의 유권자들을 걱정하지 않는다. 공민권법을 위해서라면 남부 유권자들의 표를 포기하겠다"고 말하기도 했습니다. 적어도 처음에는 공산주의에 대한 근심, 그리고 "내가 남부의 표를 잃는 것이 아닌가?"라는 근심이 별로 없었습니다.

　『불기둥』은 결정권을 가진 존슨과 연대하는 킹 목사의 정치적 모습에 초점을 맞췄습니다. "이 법을 통과시키려면 우리는 어떻게 해야 하는가? 투표권을 얻자면 우리는 어떻게 해야 하는가?"라는 문제로 고뇌하는 킹 목사의 모습에 중점을 두었습니다. 그리고 킹 목사의 영적인 모습까지 그려내려 했습니다. 이런 식의 접근에서 기대할 수 있는 효과가 훨씬 스릴 있으니까요. 게다가 그 모든 것이 베트남 때문에 허물어지기 때문에 더더욱 안타깝게 생각되기도 하고요.

그런데 후버가 킹 목사를 "지독히도 미워했다"고 썼더군요. 그 증거가 있습니까?

— 처음부터 끝까지 모든 것이 증거입니다. 킹 목사는 나름대로 대응했지만 후버의 관심을 끌기에는 턱없이 부족했습니다. 하기야 후버는 FBI 전체를 장악하고 있던 인물이 아닙니까! 킹 목사가 어떤 식으로 저항하든 그들은 무시해버렸습니다. 추잡한 짓이라고 잘못 해석한 것이라도 찾아내면, 그들은 킹 목사가 기회주의자이고 돈을 탐낸다는 증거라고 떠들어댔습니다. 또한 시중에 떠도는 킹 목사에 대한 비방은 하나도 빼

놓지 않고 FBI의 내부 메모에 기록되었습니다.

마틴 루터 킹을 암살하려는 시도가 있으리란 정보가 FBI에 포착되었습니다. 그런데 후버는 킹 목사를 너무 미워해서, 그런 암살 정보가 있더라도 킹 목사에게 미리 알려주지 말라는 명령을 요원들에게 내렸습니다. 만약 로이 윌킨스Roy Wilkins(1901~1981, 미국의 인권운동가 ─옮긴이)를 암살하려는 정보가 포착되었더라면 FBI는 그에게 전화를 걸어 예의를 깍듯이 차리고 "윌킨스 씨, 당신을 암살하려는 정보를 포착했습니다. 우리가 지켜드리겠습니다. 우리가 할 수 있는 일이라면 뭐든지 하겠습니다. 경찰에는 이미 알렸습니다"라고 말했을 겁니다. 하지만 후버는 마틴 루터 킹을 노리는 암살 계획을 미리 포착하더라도 킹에게 알리지 말라는 명령을 내렸습니다. 개인적인 앙심 때문에 말입니다.

후버는 한 사람에게 50년 동안 권력 기관, 그것도 정보와 통신을 다루는 비밀기관을 맡겨두어서는 안 된다는 매디슨의 교훈을 완벽하게 보여주는 예입니다. 그야말로 재앙으로 치닫는 공식입니다. 우리가 헌법을 조금이라도 더 잘 이해했다면 후버에게 FBI를 그렇게 50년 가까이 맡기지는 않았을 겁니다. 하지만 미국인들은 에드거 후버를 신처럼 떠받들었습니다. 프랭클린 루스벨트보다 더 인기 있는 인물이었습니다.

이런 현상에서 우리는 두 가지 교훈을 얻습니다. 하나는 우리가 경계해야 마땅한 군주제적 성향을 내심에 지니고 있다는 것이며, 다른 하나는 FBI를 정치적으로 이용해서는 안 된다는 교훈입니다. FBI에 관련해서 우리가 이런 문제를 심각하게 다뤄본 적은 없는 것 같습니다.

『불기둥』에서 당신은 말콤 엑스Malcolm X와 '이슬람 연합Nation of Islam'을 다루었습니다. 그 이유가 무엇입니까?

— 말콤 엑스가 문화적 아이콘이 되었기 때문입니다. 말콤은 이제 세계에서 무함마드 알리나 마틴 루터 킹에 버금가는 인지도를 갖고 있습니다. 나는 『물을 가르다』를 쓸 때 그에 대한 충분한 정보를 갖고 있지 못했습니다. 지금은 다릅니다. 그가 언제 암살당했고, 그가 언제부터 실제로 대중의 관심을 끌기 시작했는지 등에 대한 연구가 활발히 진행되고 있습니다. 그래서 『불기둥』을 쓰기 시작하면서 나는 말콤 엑스에 대해 알고 싶었습니다.

그 후 자료 조사를 시작했습니다. 그러자 첫째로 암흑가에서 이상한 전쟁이 있었다는 것이 확인되었습니다. 일부 언론에서 그 사건을 다루기는 했지만 세상에 널리 알려지지는 않았습니다. 하지만 그 전쟁은 종교적 색채를 띠어, 역사적 의미까지 갖습니다.

말콤 엑스는 '이슬람 연합'을 근거로 세력을 확대하려 한 이유로 암살당했습니다. 이슬람 연합은 이슬람교의 대중화, 즉 합리적이면서도 고결하고, 민주적이고 다민족적인 이슬람교를 표방했습니다. 그런 이슬람교를 만드는 것이 말콤 엑스의 목표였습니다. 나는 이런 목표에 매료되었습니다. 말콤의 목표, 어쩌면 그를 죽음으로 몰아간 목표가 우리 시대에 실현되고 있다는 증거가 적잖기 때문입니다. 실제로, 말콤이 지향하던 다양화된 이슬람교를 신봉하는 아프리카 계 미국인 무슬림의 수가 200~300만 명을 헤아립니다. 적어도 미국에서는 장로교 신도나 감독교회(감리교, 성공회 등과 같이 감독을 두어 교회 전반을 관할하는 기독교회 —편집자) 신도보다 무슬림이 더 많습니다.

우리는, 미국 내 무슬림 300명 중 한 명꼴을 겨우 대표하는 루이스 패러칸Louis Farrakhan에게 정신이 팔려서, 이런 현상을 시대에 부응하지 못해 쇠락해가는 작은 얼룩이라 생각하지 않습니다. 패러칸은 부엌에서 우리를 놀라게 만드는 쥐, 그래서 너무나 중요한 종교적 변화가 있었다는 사실을 우리에게 깨닫지 못하게 방해하는 쥐에 불과합니다.

말콤 엑스는 킹 목사를 공개적으로 비판했습니다. 킹 목사를 '엉클 톰'이라 비아냥댔고, 킹 목사의 비폭력주의를 비웃었습니다. 그들의 관계에서 어떤 변화가 있었던 것일까요?

— 그들 사이에는 애초부터 실질적인 친교가 없었습니다. 그들은 협조 관계에 있지도 않았습니다. 그들은 단 한 번 만났을 뿐입니다. 서로에 대한 감정을 암묵적으로 주고받았을 뿐입니다. 킹 목사는 '이슬람 연합'의 분리주의 철학을 달갑게 생각하지 않았습니다. 또 킹 목사는 비폭력을 변화의 도구라 생각했기 때문에 비폭력주의에 대한 말콤의 조롱을 달갑게 여기지 않았습니다. 킹 목사는, 흑인운동이 폭력적으로 변하면 잠시는 기분이 좋겠지만 궁극적으로는 도덕성을 상실하고 가르침의 가능성마저 잃게 될 것이라고 주장했습니다. 따라서 흑인운동은 전반적으로 비폭력적으로 전개되었습니다. 결국 말콤도 암살당하기 직전에, 킹 목사가 감금당해 있던 셀마를 찾았습니다.

비폭력은 말콤에게는 손쉬운 공격 목표였습니다. 말콤의 주장은 "미국인은 비폭력적이지 않다. 영화 주인공들이 한결같이 게리 쿠퍼 같다. 그래서 '나는 폭력을 사용하고 싶지 않아. 하지만 어쩔 수 없을 때는 폭력을 사용할 거야'라고 말하는 사람이 많다"라고 요약할 수 있습니다. 그러나 말콤이 미국의 실정을 그렇게 말했더라도 미국은 펄쩍 뛰면서 말콤이 광기에 빠진 폭력적 인물이라 반박할 겁니다.

킹 목사는 흑인이 정상적인 삶을 살고 게리 쿠퍼처럼 행동하기를 원한다는 점을 충분히 이해할 수 있다고 말했습니다. 하지만 흑인이 미국에서 가르치는 사람이 되고자 한다면, 미국의 가치가 무엇이 되어야 하는지 가르치는 사람이 되고자 한다면 비폭력을 수단으로 사용해야만 한다고 역설했습니다. 흑인은 그런 희생을 기꺼이 각오해야 한다고 주장했습니다. 그러나 말콤은 그런 희생을 달갑게 여기지 않았습니다.

폭력은 『불기둥』의 결론이라고도 말할 수 있습니다. 1965년 2월 말, 린든 존슨은 베트남에 첫 지상군을 파견했고, 말콤 엑스는 암살당하지 않았습니까?

— 지미 리 잭슨Jimmy Lee Jackson(1938~1965, 흑인 인권운동가)이 셀마에서 죽음을 맞았습니다. 셀마의 시위는 거의 두 달 동안 계속되고 있었습니다. 그러나 그보다 2년 전, 인종차별을 반대하던 버밍햄의 시위처럼 실패할 듯이 보였습니다. 그런데 비폭력시위에 가담한 한 젊은 흑인을 주 방위군이 살해하면서, 그에 대한 반발로 시위대는 셀마에서 몽고메리까지 행진하기로 결정했습니다. 따라서 폭력은 거리가 먼 이야기였습니다. 시위대는 지미 리 잭슨에 가해진 폭력에 비폭력으로 대응했습니다. 미국의 가치를 가르치고 역사에 기록될 비폭력 대응이었습니다. 투표권법의 제정을 가능하게 해준 비폭력 시위였습니다. 그런데 베트남 전쟁을 반대하는 비조직화된 시위는 폭력에 더 큰 폭력으로 대응했습니다. 그 결과로 비극만이 남았습니다.

　존슨과 베트남은 여기에서 한 몸이라 할 수 있습니다. 존슨은 '프리덤 섬머Freedom Summer' 시위 중에 목숨을 잃은 민권 운동가들의 시신을 찾아내야 했던 날, 통킹만 사건을 다뤄야 했습니다. 그 후 프리덤 섬머에서 살해당한 한 사람의 추도회에서 밥 모제스Bob Moses는 "제임스 체니가 미시시피에서 자유를 위해 죽었던 것과 같이, 우리가 베트남에서도 자유를 위해 싸우고 있는가?"라고 물었습니다.

존슨이 비밀 기록에 남겨진 대로 결정했다면 베트남 전쟁의 역사는 바뀌었을 겁니다. 베트남 전쟁은 최선의 전쟁도 아니었고 유망한 전쟁도 아니었습니다. 존슨은 베트남 전쟁에 대한 모든 비판을 알고 있었습니다. 우리가 승리하지 못할 전쟁이라는 것도 알고 있었습니다. 우리가 많은 지지를 받지 못한다는 사실도 알고 있었습니다. 그러나 존슨은 전쟁에서 발을 뺄 수 없었습니다. 백악관에서 밀려날까 두려웠던 겁니다. 아니, '겁쟁이'라고 손가락질 받을까 두려웠던 겁니다. 그는 그런 모욕을 견딜 수 없었습니다. 지금은 기밀이 해제된 많은 자료와 전화통화 기록에서 그는 그렇게 말하고 있습니다.

1963년 8월 워싱턴 D. C.의 링컨 메모리얼에서 가진 '나는 꿈이 있습니다I Have a Dream'란 연설이 킹 목사의 가장 유명한 연설로 널리 알려져 있습니다. 그런데 1967년 4월 4일 뉴욕 리버사이드 교회에서의 연설부터 진정한 의미에서 방향 전환이 엿보이는데요.

— 암살당하기 정확히 1년 전이었습니다. 1년 후, 1968년 4월 4일에 암살당했으니까요. 물론 그 연설이 베트남 전쟁을 반대한 첫 연설은 아니었습니다. 킹 목사는 1965년 2월 초부터 베트남에 관련된 연설을 시작했습니다. 그러나 곧 베트남 전쟁을 비난하는 연설을 자제했고, 훗날 그런 판단이 자신의 실수였다고 솔직히 말했습니다.

리버사이드 연설은 공민권 운동의 결과에 상관없이 앞으로 베트남 전쟁을 반대하는 데 주력하겠다고 밝힌 첫 대중 연설이었습니다. 그가 측근들에게만 말했듯이, 예언자가 그의 대의大義를 받아주지 않는다면 공민권 운동이 반드시 성공하리란 보장이 없었으니까요. 운동권 내부에서만 엄청난 반발이 있었던 것이 아닙니다. 『뉴욕타임스』와 『워싱턴 포스트』를 비롯한 주요 언론에서 킹 목사의 방향 전환을 격렬하게 반대했고 신랄한 비난을 퍼부었습니다. 그러나 킹 목사는 "내 조국이 세계에서 가장 큰 폭력을 휘두르는 나라인 것이 한없이 슬프다"며 한 치도 물러서지 않았습니다. 킹 목사는 그의 인종차별운동을 고깝게 보는 사람들과 그의 반전운동을 비난하는 사람들이 모두 그를 증오하게 될 것이고, 그런 증오심이 그의 암살로 발전할 것이란 사실을 알고 있었습니다. 이런 점에서 킹 목사에게 리버사이드 연설은 커다란 분수령이었습니다.

리버사이드 연설은 즉각 전국적인 반향을 불러 일으켰습니다. 정치 조직 전체가 세균에라도 감염된 듯이 킹 목사의 연설을 반박하고 나섰습니다. 로이 윌킨스가 킹 목사를 비난했습니다. 운동권 사람들만이 아니라 언론까지 킹 목사를 비난해댔습니다. 후버 FBI 국장은 "그래? 내가 자네들에게 항상 말했지. 그 친구는 좋은 녀석이 아니라고. 이제 녀석을 없애버릴 때가 된 것 같군" 이라 말했습니다.

리버사이드 연설에 FBI와 연방정부까지 분노했습니다. 편집광적 면모가 있던 존슨은 거의 광적인 반응을 보였습니다. 존슨은 킹 목사를 좋아하면서도 미워했습니다. 존슨은 베트남 전쟁으로 고민하고 있었기 때문에 희생양을 찾아내야만 했습니다. 말하자면, 킹 목사가 베트남 전쟁을 반대하고 나선 이유를 공산주의자와 연계시키려 했습니다. 따라서 존슨은 킹 목사에게도 눈길을 돌렸습니다. 그 때문에 존슨은 말년을 너무 외롭게 살아야 했습니다.

가난과의 전쟁이었던 '위대한 사회Great Society'라는 프로젝트가 베트남 전쟁 때문에 훼손된 것 같습니다. 킹 목사는 베트남 전쟁을 '잔혹한 기만curel hoax'이라 칭하기도 했습니다. 그리고 인종차별, 물질주의, 군국주의가 인류를 괴롭히는 세 쌍둥이라며 비난했습니다.

— 킹 목사는 노벨 평화상 수상 연설에서 그렇게 말했습니다. 안타깝게도 킹 목사의 이 연설은 진지하게 받아들여지지 않았습니다. 사람들은 킹 목사가 노벨상을 받았다는 사실만을 대단하게 생각했습니다. 하기야 킹 목사는 사상가로 대접받지 못했습니다. 지식인들은 킹 목사를 성경의 가르침대로 '다른 뺨까지 돌려주는 사람', 성경의 가르침대로 비폭력 운동을 주도하는 침례교 목사쯤으로 생각했습니다.

하지만 킹 목사는 예언자적 발언을 끊임없이 계속했습니다. 내가 그를 존경하는 이유도 바로 여기에 있습니다. 게다가 깊은 경륜도 있었습니다. 내가 15년 전 그를 처음 연구하기 시작할 때 어렴풋이 생각했던 것보다 그의 경륜은 훨씬 깊었습니다.

킹 목사를 연구하면서, 나는 그가 자신을 스스로 채찍질한 사람이었다는 것을 그의 설교에서 분명히 느낄 수 있었습니다. 사람들이 생각하는 것만큼 그가 개인적으로 뛰어나지 않다는 것도 알았습니다. 그래서 그는 그런 사실을 숨김없이 말했고, 심지어 "우리는 실패한 것을 공개적으로 속죄할 필요가 있습니다. 내가 어찌 완벽한 인간일 수 있겠습니까! 어찌 모든 것을 알 수 있겠습니까! 하지만 이 나라에 문제가 있다는 것은 압니다. 그 문제를 해결하라고 내 목숨을 바쳐야 한다면 나는 기꺼이 그렇게 할 것입니다"라고 말하기도 했습니다. 진정으로 참회하고 속죄하는 인간의 모습이라 생각되지 않습니까?

에크발 아흐마드는 1934년 인도에서 태어났다. 그의 행적은 확실하진 않지만, 1947년에는 형제들과 신생국가인 파키스탄으로 이주한 듯하다. 그 후

가 프린스턴에서 공부했다. 다시 그는 알제리로 가서, 독립전쟁이 한창인 때 프란츠 파농과 알제리에서 활동했다. 다시 미국으로 돌아온 에크발 아흐

베트남 전쟁 운동에도 적극적으로 참여했다. 1971년 그는 헨리 키신저를 납치하려 했다는 조작된 죄목으로 베리건 형제 등과 기소되기도 했다.

아흐마드는 팔레스타인 독립 문제에 오랫동안 관심을 기울여왔고, 이로 인해 에드워드 사이드와 가까운 사이가 되었다. 사이드는 『문화와 제국주의

다. 또한 야시르 아라파트의 눈에도 들어, 그를 여러 번 만나서 개인적인 조언을 아끼지 않았다. 그러나 아흐마드의 말에 따르면, 아라파트

1960년대 아흐마드는 프린스턴, 일리노이, 코넬 대학교에서 가르쳤다. 1967년 이스라엘과 아랍국가 간의 6일전쟁을 주제로 한 집단 강의

는 것보다 훨씬 복잡하다고 주장하면서 학계에서 따돌림을 받았다. 그는 "코넬 대학 교수 대다수가 내 말을 믿지 않았죠. 다음 해부터 나는 점심 외롭

어야 했습니다. 내가 앉은 테이블에는 누구도 앉지 않았습니다"라고 내게 말했다.

아흐마드는 코넬 대학을 떠나 프리랜서로 일하면서, 워싱턴 DC의 '정책문제연구소'와 제휴 관계에 있는 암스테르담의 초국적 연구소Transnational I

숨을 주었다. 1982년부터 1997년까지 매년 매사추세츠 앰허스트에 있는 햄프셔 칼리지에서 한 학기를 가르쳤으며, 지금은 이 대학에 명예교수로 재직

그러나 아흐마드는 대부분의 시간을 파키스탄의 수도, 이슬라마바드에서 보낸다. 여기에서 그는 대안 대학을 설립하는 데 총력을 기울이면서, 파키스

신문인 『새벽Dawn』에 주간 칼럼을 기고하고 있다. 파키스탄에서 그는 카슈미르 지방과 핵무기에 관련해서 인도와의 갈등을 해소하는 데 주력하고 있

핵무기를 실험했지만, 9월에는 양국의 수상들이 포괄적 핵실험 금지조약을 체결할 의지가 있다고 발표했다.

내가 아흐마드와 첫 인터뷰를 가진 때는 1980년대 초였다. 기억에서 잊히지 않는 인터뷰였다. 집으로 돌아가는 길에 나는 '멋진 인터뷰였어!'라고 혼

나 녹취를 하려고 내 책상 앞에 앉았는데 테이프에 아무것도 녹음되지 않은 것이 아닌가! 내가 테이프 리코더를 제대로 조작하지 못한 탓이었다. 난처한

상황을 설명하지 않을 수 없었다. 아흐마드는 흔쾌히 다음날 나를 다시 초대해서 또 한 번의 인터뷰를 가졌다. 나는 이번에는 실수하지 않으려고 '녹음'

여기에 수록된 인터뷰는 앰허스트에 있는 그의 조그만 아파트에서 두 번에 걸친 마라톤 인터뷰를 정리한 것이다. 두 번째 인터뷰는 오후에 시작해서, 자

남아시아의 고통,
그 사회역사적 뿌리

에크발 아흐마드 Eqbal Ahmad

interview date | 1998년 11월

미국 공작원들은 무슬림 세계를 돌아다니며 아프가니스탄의 지하드에
참가할 전사들을 모집했습니다. 지하드가 국제 무장투쟁으로
확대된 현상은 10세기 이후로 무슬림 세계에서 처음 있는 일입니다.
우습게도 미국의 지원 아래 범이슬람적인 지하드가 되살아난 셈입니다.

에크발 아흐마드는 1934년 인도에서 태어났다. 그의 행적은 확실하진 않지만, 1947년에는 형제들과 신생국가인 파키스탄으로 이주한 듯하다. 그후 1950년대에 미국으로 건너가 프린스턴에서 공부했다. 다시 그는 알제리로 가서, 독립전쟁이 한창인 때 프란츠 파농과 알제리에서 활동했다. 다시 미국으로 돌아온 에크발 아흐마드는 공민권 운동과 반反베트남 전쟁 운동에도 적극적으로 참여했다. 1971년 그는 헨리 키신저를 납치하려 했다는 조작된 죄목으로 베리건 형제 등과 기소되기도 했다.

아흐마드는 팔레스타인 독립 문제에 오랫동안 관심을 기울여왔고, 이로 인해 에드워드 사이드와 가까운 사이가 되었다. 사이드는 『문화와 제국주의』를 아흐마드에게 헌정했다. 또한 야시르 아라파트의 눈에도 들어, 그를 여러 번 만나서 개인적인 조언을 아끼지 않았다. 그러나 아흐마드의 말에 따르면, 아라파트는 그의 조언을 받아들이지 않았다.

1960년대 아흐마드는 프린스턴, 일리노이, 코넬 대학교에서 가르쳤다. 1967년 이스라엘과 아랍국가 간의 6일전쟁을 주제로 한 집단 강의에서 갈등의 깊이가 언론에서 주장하는 것보다 훨씬 복잡하다고 주장하면서 학계에서 따돌림을 받았다. 그는 "코넬 대학 교수 대다수가 내 말을 믿지 않았죠. 다음 해부터 나는 점점 외톨이가 되어 점심을 혼자 먹어야 했습니다. 내가 앉은 테이블에는 누구도 앉지 않았습니다"라고 내게 말했다.

아흐마드는 코넬 대학을 떠나 프리랜서로 일하면서, 워싱턴 DC의 '정책문제연구소'와 제휴 관계에 있는 암스테르담의 초국적 연구소Translational Institute

를 창립하는 데 도움을 주었다. 1982년부터 1997년까지 매년 매사추세츠 앰허스트에 있는 햄프셔 칼리지에서 한 학기를 가르쳤으며, 지금은 이 대학에 명예교수로 재직 중이다.

그러나 아흐마드는 대부분의 시간을 파키스탄의 수도, 이슬라마바드에서 보낸다. 여기에서 그는 대안 대학을 설립하는 데 총력을 기울이면서, 파키스탄에서 가장 오래된 영자신문인 『새벽Dawn』에 주간 칼럼을 기고하고 있다. 파키스탄에서 그는 카슈미르 지방과 핵무기에 관련해서 인도와의 갈등을 해소하는 데 주력하고 있다. 두 나라는 지난 5월에 핵무기를 실험했지만, 9월에는 양국의 수상들이 포괄적 핵실험 금지조약을 체결할 의지가 있다고 발표했다.

내가 아흐마드와 첫 인터뷰를 가진 때는 1980년대 초였다. 기억에서 잊히지 않는 인터뷰였다. 집으로 돌아가는 길에 나는 "멋진 인터뷰였어!"라고 혼잣말로 중얼거렸다. 그러나 녹취를 하려고 내 책상 앞에 앉았는데 테이프에 아무것도 녹음되지 않은 것이 아닌가! 내가 테이프 리코더를 제대로 조작하지 못한 탓이었다. 난처했지만 나는 아흐마드에게 상황을 설명하지 않을 수 없었다. 아흐마드는 흔쾌히 다음날 나를 다시 초대해서 또 한 번의 인터뷰를 가졌다. 나는 이번에는 실수하지 않으려고 '녹음' 버튼을 꼭 눌렀다.

여기에 수록된 인터뷰는 앰허스트에 있는 그의 조그만 아파트에서 두 번에 걸친 마라톤 인터뷰를 정리한 것이다. 두 번째 인터뷰는 오후에 시작해서, 새벽 2시경에 우르드 어로 쓰인 시詩로 끝났다. 그 사이에 두 번의 향긋한 식사와 근처 올리요크 산의 산책이 있었지만.

에크발 아흐마드

Eqbal Ahmad

인도가 핵실험을 한 직후에 파키스탄도 핵실험을 감행했습니다. 그때 어떤 생각이 드셨습니까?

— 파키스탄 국민의 입장에서, 나는 그 핵실험이 실수였다고 말해두고 싶습니다. 핵실험은 불필요한 것입니다. 파키스탄과 인도의 지배자들은 아직도 중세 시대의 군국주의적 사고방식에 사로잡혀 있다고 말할 수밖에 없습니다. 힘을 군사력으로 해석하는 클린턴이나 부시처럼 그들도 현대인이라 할 수 없습니다. 결국 우리는 현대를 살면서도 사고방식은 중세의 덫을 벗어나지 못한 셈입니다.

파키스탄이 다른 선택을 할 수도 있었다는 뜻인가요?

— 물론입니다. 인도가 핵실험을 했고, 인도의 지배자들이 자극적인 발

언을 했다고 해서 우리가 자극받을 이유는 없다는 뜻입니다. 나는 핵무기를 믿지 않습니다. 나는 일방적으로라도, 인도와 핵무기 경쟁을 하지 않아야 한다고 믿습니다.

파키스탄이 '이슬람 폭탄'을 만들겠다는 오랜 계획을 이뤄냈다는 『뉴욕타임스』 기자의 주장을 어떻게 생각하십니까?

— 그 기자는 줄피카 알리 부토Zulfikar Ali Bhutto(1970년대 파키스탄 총리)에 대해 말한 것 같은데, 부토 수상은 '이슬람 폭탄'이란 것을 언급한 적이 없습니다. 15~20년 전부터 흘러나오기 시작한 이상한 말입니다. 하여간 그때부터 부토가 이슬람 폭탄이란 것을 말했다는 소문이 줄곧 퍼져 나갔습니다. 일설에 따르면 부토는 모두가 폭탄을 갖고 있다고 말했다는 겁니다.

"유대인도 폭탄을 가졌고 기독교인도 폭탄을 가졌다. 이제 인도도 무기를 개발하고 있다. 그런데 무슬림이 자체의 무기를 개발하지 못할 이유가 어디에 있겠는가?"

이런 뜻으로 말한 것이 '이슬람 폭탄'으로 둔갑한 것입니다.

나는 파키스탄의 폭탄이 이슬람 폭탄이라 생각지 않습니다. 무엇보다 신의 뜻이 아닙니다. 이번 폭탄은 파키스탄의 것이지 이슬람과는 아무런 관계도 없습니다. 파키스탄의 인도에 대한 두려움, 그래서 인도와 경쟁하겠다는 과욕일 뿐입니다. 그밖에는 아무런 의미도 없습니다. 물론 인도가 1974년에 핵폭탄을 실험하지 않았다면 파키스탄도 십중팔구 핵폭탄을 연구하지 않았을 겁니다. 모두가 유치한 짓입니다. 국가 안보를 위한 행위가 아닙니다.

인도가 지난 5월에 지하 핵실험을 감행한 이유가 있었을 텐데요.

— 인도가 핵무기 실험을 감행한 이유는 민족주의의 발호로밖에 설명되지 않습니다. 바라티야 자나타 당과 힌두교 민족주의자가 민족주의를 부추기고 있지 않습니까! 그들은 다른 핵보유국들과 어깨를 나란히 하려고 핵실험을 한 것입니다.

이른바 '핵클럽'이란 멍청한 집단에서 한 자리를 차지할 욕심으로 핵실험을 한 것입니다. 그런 집단에 낀다고 무슨 이득이 있는지는 모르겠습니다. 합리적으로 생각해보면 인도는 그런 실험을 감행할 이유가 없었습니다. 그런데도 멍청한 짓을 하고 말았습니다.

인도의 핵실험을 무분별한 짓이라 주장하는 특별한 이유라도 있습니까?

— 첫째, 1962년 인도와 중국 간에 전쟁이 있은 후 30년 동안은 중국과의 관계 개선이 지지부진했지만 그 후로는 두 나라의 관계가 급속히 개선되었습니다. 어쩌면 지난 10년 동안 인도의 외교정책이 거둔 가장 큰 성과라 말할 수도 있을 정도입니다. 그런데 바라티야 자나타 당이 그런 성과를 하루 만에 물거품으로 만들고 중국을 다시 적으로 돌려버렸습니다. 인도는 중국과 군비경쟁을 할 여유가 없습니다. 중국과의 군비경쟁은 인도에게 재앙으로 닥칠 겁니다. 파키스탄이 인도와 군비경쟁을 할 여유가 없듯이 말입니다.

둘째, 이번 핵실험으로 인도의 경제성장률이 7퍼센트에서 4퍼센트로 떨어질 전망입니다. 현재 인도에게 가장 필요한 정책은 가난한 사람들을 먹여 살리는 겁니다. 약 4억 명이 빈곤선 이하에서 살아가고 있습니다. 이런 상황에서 그들에게 또 다른 상처를 줘야 합니까?

셋째, 인도는 지역 패권국이 되려는 야심을 갖고 있습니다. 지역 패권국이 되려면 이웃 나라들과 더 좋은 관계를 유지해야 되는 것이 아닐까요? 그런데 인도는 핵실험으로 이 지역의 긴장을 고조시키고 이웃 나라들을 겁먹게 했습니다. 만약 남아시아에서 핵전쟁이 일어난다면 그 피해가 인도와 파키스탄에서 그치지 않습니다. 남아시아는 생태적으로 하나의 단위 지역입니다. 바람이 사방으로 불고 거리가 짧기 때문에 핵폭탄 하나만으로도 모두에 피해를 줄 수 있습니다.

당신은 젊었을 때 파키스탄과 인도가 긴장관계로 돌입하는 현장에 있었습니다. 당시 상황은 당신에게 어떤 영향을 주었습니까?

— 인도의 분할은 내게 큰 충격을 주었습니다. 그 충격은 완전히 사라지지 않았습니다. 인간, 그것도 착하기만 하던 인간이 일순간에 야만의 상태로 전락하는 것을 목격했으니까요. 이데올로기, 정치적 이해관계가 인간을 어떻게 바꿔놓는가를 직접 목격했으니까요.

살해당한 아버지의 죽음에 대해서는 어떻게 생각하십니까?

— 내 삶의 지표를 결정하는 데 중요한 역할을 했습니다. 어린 내게 깊은 상처를 준 것도 사실이지만, 그로 인해 삶에 대한 어떤 결론이 내 무의식에 스며든 듯합니다. 즉, 인간은 우정이나 혈연보다 재산을 더 소중하게 생각한다는 것입니다. 심지어 친척까지 아버지의 살해에 가담했으

니까요! 아버지의 정책이 그들의 재산권을 위협할 수 있다는 이유로 말입니다.

아버지가 간디 쪽을 지지했던가요?

— 그렇습니다. 인도국민의회파Indian National Congress에 참여했고, 토지의 일부를 가난한 사람들에게 무상으로 나눠주기도 했습니다.

아버지가 살해당할 때 옆에 있었습니까?

— 나는 아버지와 같은 침대에서 자고 있었습니다. 아버지는 죽으면서까지 나를 지켜주었습니다. 덕분에 내가 지금 이 자리에 앉아 있을 수 있는 겁니다.

인도를 식민 지배에서 해방시키려던 간디의 운동을 돌이켜보실 때, 인도가 두 나라로 분할되는 것을 막을 방법이 없었을까요? 그랬다면 그 후의 대량학살도 없었을 텐데요.

— 나는 인도의 분할을 충분히 막을 수 있었다고 생각합니다. 두 공동체가 700년 동안 공존했는데 그때서야 분할될 이유가 어디에 있었겠습니까! 간디를 비롯해서 인도의 지도자들은 무슬림과 힌두교인이 협력하면서 살아갈 수 있다는 확신을 주는 데 실패했습니다. 물론 두 공동체 간의 관계에서 긴장이 있었던 것은 사실입니다. 하지만 솔직히 말해서 긴장이 없는 관계가 어디에 있습니까. 그런데도 두 공동체는 오랫동안 서

로 협력하면서 살아왔습니다. 그래서 하나의 문명이 새롭게 태어날 수 있었고, 우르두 어가 새롭게 탄생할 수 있었습니다. 또 새로운 예술, 새로운 건축, 새로운 음악, 새로운 문학이 발달할 수 있었습니다.

분할을 피할 수 있었습니다. 인도의 반제국주의 운동이 민족주의라는 헛된 이데올로기에 사로잡히지 않았더라면 분할은 분명히 피할 수 있었습니다. 민족주의는 차별의 이데올로기입니다. 이 부분에서 여느 지도자와 마찬가지로 간디도 인도의 분할에 대한 책임을 모면할 수 없습니다. 파키스탄 민족주의자는 간디를 힌두교 공동체주의자로 평가하지만 나는 그런 평가에 동의하지 않습니다.

내 생각에, 간디는 반제국주의 기회주의자였습니다! 그런 기회주의적 기질 때문에 그는 인도의 정치를 탈속시키면서 당파심을 조장하는 정치를 추구했던 것입니다. 간디는 힌두교의 입장을 대변했습니다. 힌두교인이 다수였고, 더 큰 힘을 가졌으니까요. 이런 과정에서 무슬림 공동체는 분노하고 겁먹지 않을 수 없었습니다. 그들의 문화적 전통이 완전히 따돌림당하고 있었으니까요. 간디는 대중을 동원하는 막강한 힘을 지닌 비폭력 철학으로 어떤 일이라도 할 수 있었습니다.

영국의 역할에 대해서는 어떻게 생각하십니까?

— 2차 대전으로, 제국을 유지하려는 영국의 열의는 크게 떨어졌습니다. 전쟁이 끝나자, 영국은 울며 겨자 먹기로 기존의 구조를 유지하려 했지만, 그 후 갑자기 포기해버렸습니다. 그래도 영국은 신중하게 처신하며 에너지 점유권은 포기하지 않았습니다. 영국은 에너지 자원이 집중된 지역을 끈덕지게 지키려 했습니다. 1차 대전과 2차 대전을 겪으면

서, 석유의 중요성을 처절하게 깨달은 탓입니다. 이런 관점에서 인도는 영국에게 큰 매력이 없는 땅이었습니다. 그들은 석유와 영국민의 행복에만 관심을 쏟았습니다. 따라서 케냐와 같은 식민지에 매달렸습니다. 석유가 있는 식민지에만 전력을 기울였습니다. 그 밖의 식민지는 거의 무책임할 정도로 방치해버렸습니다.

1946년 당시 나는 열두 살이었습니다. 모두 민족주의자였던 형들이, 영국이 조기 철수할 경우에 닥칠 최악의 상황에 대해 이야기하는 말을 들었습니다. 게다가 영국은 순차적인 철수를 계획할 만큼의 힘도 없었습니다. 1947년에 인도에서, 1948년에는 파키스탄에서 다시 목격한 바에 따르면 영국은 무엇인가에 쫓기듯이 서두르며 무책임하게 철수했습니다. 한마디로, 비열한 철수였습니다.

요즘 파키스탄이 세계화 세력, 즉 다국적 기업, 국제통화기금, 세계은행 등에 의해서 다시 식민지가 되고 있다고 주장하는 사람들이 있습니다. 이런 주장에 동의하십니까?

— 그런 주장에는 한 가지 문제가 있습니다. 우리는 오래 전부터 우리를 옭아매고 있는 사슬을 끊임없이 다시 만들고 있습니다. 우리는 탈식민지 과정을 실제로 거치지 않았습니다. 영국은 군대, 관료조직, 봉건적 지주라는 세 가지 제도를 이용해서 인도를 지배했습니다. 군대와 관료조직에서 최상층부는 영국인이었습니다. 문관의 고위직은 거의가 영국인이었습니다. 대다수의 인도인들은 그들을 보좌하는 역할이었습니다. 우리 경제는 서구 경제에 볼모처럼 얽매여 있었습니다. 우리는 영국에 원료를 공급하는 역할에 그쳤습니다. 우리는 유럽에서 대부분의 소비재

를 사들였습니다.

파키스탄의 과거 50년을 돌이켜볼까요? 그 상황이 조금도 다르지 않습니다. 영국이 훈련시킨 군인들, 영국이 훈련시킨 관료들, 봉건적 지주 구조도 똑같습니다. 우리는 미국에서 거의 모든 군수품을 수입합니다. 우리 혼자 힘으로 생산할 수 있는 것이 거의 없습니다. 우리가 흔히 사용하는 상품의 대부분이 산업국가에서 들여온 것입니다. 과거에는 영국에서만 들여왔지만 요즘에는 대부분이 미국, 일본, 독일에서 수입한 것입니다.

세계화는 인도와 파키스탄, 양국에서 판매자와 소비자의 수만 증가시키고 있을 뿐입니다. 그 밖의 것은 하나도 변하지 않았습니다. 경제·정치적 상황은 조금도 변하지 않았습니다. 파키스탄은 독립한 국가가 아닙니다. 결코 탈식민지화를 이룬 국가가 아닙니다.

미국이 아프가니스탄과 수단을 폭격할 때 당신은 파키스탄에 있었습니다. 그때 어떤 심정이었습니까?

— 미국은 심판관과 집행자를 자처하는 초강대국입니다. 개별 국가적 차원에서는 미국의 이런 태도를 용납하지 않습니다. 하지만 세계적 차원에서는 미국의 이런 태도가 용납됩니다. 그런데 왜 미국은 아프가니스탄과 하르툼의 공장을 폭격하기 전에 국제회의에 당당하게 참석해서 빈 라덴의 만행에 대한 증거를 제시하지 않는 걸까요?

하르툼의 공장이 화학무기를 생산하지 않았다는 증거는 많습니다. 나는 1986년에 미국이 아프가니스탄을 공격한 현장을 방문한 적이 있습니다. 그곳은 CIA가 지원한 훈련장이었습니다. 오늘날 빈 라덴과 같은 테러리스트들을 양성하는 데 80억 달러를 쓴 장본인이 바로 미국입니다.

좀더 자세히 설명해주시겠습니까?

— 빈 라덴은 미국, 특히 CIA가 훈련시키고 키워낸 인물입니다. 우리 땅에 외국인이 들어오면 폭력적으로 변해야 한다고 믿도록 말입니다. 빈 라덴은 미국과 전에 약속한 대로 실행하고 있을 뿐입니다. 다만 지금은 미국이 그의 땅을 점령하고 있기 때문에 미국에 화살을 돌리고 있는 것이고요. 그뿐입니다.

빈 라덴은 사우디아라비아가 서구 기업들에게, 서구의 열강들에게 착취당하는 것을 보면서 성장했습니다. 그는 사우디아라비아의 왕자들이 아랍 민족의 석유를 서구 세계에 넘겨주는 것을 보았습니다. 그래도 1991년까지는 그에게 위안을 주는 것이 하나 있었습니다. 그의 나라가 점령당하지는 않았다는 겁니다. 그때까지 사우디아라비아에는 미군도 없었고 프랑스 군도 없었습니다. 영국군도 없었습니다. 그런데 걸프 전과 그 여파가 그 작은 위안까지 그에게서 빼앗아가고 말았습니다.

아프가니스탄에서 CIA는 무슨 역할을 했습니까?

— 소련이 아프가니스탄에 개입하자, 파키스탄의 지도자로 이슬람 근본주의자인 지아 울하크는 CIA의 도움을 받아 무자헤딘의 저항을 지원했습니다. 이슬람 근본주의로 무장한 강경파가 '악의 제국'을 상대했습니다. 그들은 미국에서만 80억 달러어치의 무기를 제공받았습니다. 또 미국의 독려로 사우디아라비아에서도 20억 달러를 추가로 제공받았습니

다. 게다가 미국 공작원들은 무슬림 세계를 돌아다니며 아프가니스탄의 지하드에 참가할 전사들을 모집했습니다. 지하드가 국제 무장투쟁으로 확대된 현상은 10세기 이후로 무슬림 세계에서 처음 있는 일입니다. 우습게도 미국의 지원 아래 범이슬람적인 지하드가 되살아난 셈입니다.

미국은 무슬림 세계를 동원해서 공산주의에 대항하는 기회를 아프가니스탄 전쟁에서 엿보았습니다. 따라서 미국은 무슬림 세계 전역에서 무자헤딘을 모집했습니다. 알제리, 수단, 사우디아라비아, 이집트, 요르단, 팔레스타인 등에서 무자헤딘이 비행기를 타고 몰려오는 모습을 내 눈으로 직접 보았습니다. 그들에게는 무장투쟁이 신성한 사명이라는 이데올로기가 주입되었습니다. 범이슬람적 국제 테러인 '지하드'라는 개념은 실제로 이렇게 탄생되었습니다.

CIA가 그들을 훈련시키고 무장시켰습니다. 세계 곳곳에서 활약하는 이슬람 전사들은 아프가니스탄에서 훈련받았다고 말해도 과언이 아닙니다. 그래서 CIA는 요즘의 현상을 '이슬람의 역풍'이라 부르고 있습니다.

그런데 서구 세계가 요즘 들어 이슬람을 적으로 생각하는 이유가 무엇이라 생각하십니까?

— 냉전이 끝난 후, 서구 세계는 그들의 정책을 실행하는 데 별다른 위협을 받지 않았습니다. 모든 강대국, 특히 민주주의를 표방하면서도 제국주의적 성향을 띤 강대국들은 탐욕만으로는 무력 사용을 합리화하기 힘들었습니다. 어떤 나라도 그들의 탐욕을 순순히 받아들이지 않았으니까요. 따라서 두 가지가 더 필요했습니다. 유령과 사명입니다!

영국은 '백인의 짐'을 사명으로 떠안았고, 프랑스는 '문명화의 사명'

을 천명했습니다. 미국은 처음엔 고립주의를 택했지만 나중엔 존 F. 케네디의 단호한 표현대로 '세계 자유의 성벽을 지키는 파수꾼' 역할을 자임했습니다. 그들은 타도해야 할 검은 피부의 적, 노란 피부의 적, 그리고 붉은 적을 만들어냈습니다. 유령을! 그리고 그런 유령을 경계해야 한다는 사명감에 불탔습니다. 많은 사람이 이런 조작에 속아 넘어갔습니다.

그런데 냉전이 끝나면서 유령도 사라지자 사명도 위태롭게 되었습니다. 미국은 대혼돈에 빠졌습니다. 그래서 인권이란 사명이 새롭게 떠올랐습니다. 거의 100년 동안 처음에는 라틴아메리카에서, 나중에는 세계 전역에서 독재 정권을 지원해주던 나라가 인권을 운운하다니…. 앞뒤가 맞지 않는 이상한 사명입니다.

또 미국은 위협거리를 찾아 나섰고 이슬람에게 눈을 돌렸습니다. 서구 세계가 이슬람 세계에 진출하면서 저항에 부딪쳤기 때문에 이슬람 세계를 유령으로 조작하기엔 쉬웠습니다. 알제리, 이집트, 팔레스타인, 그리고 이란 혁명… 특히 이란은 전략적인 위치에 있습니다. 서구 세계의 석유 공급원이니까요.

아프가니스탄의 탈레반에 대해서는 어떻게 생각하십니까?

— 탈레반은 과거로 역행하는 집단입니다. 작년에 나는 아프가니스탄에서 보름을 보냈습니다. 그런데 어느 날, 내가 신세를 지던 집에서 북소리와 웅성대는 소리가 들렸습니다. 나는 무슨 일인가 싶어 밖으로 뛰쳐나갔습니다. 열두 살 남짓해 보이는 소년이 눈에 띄더군요. 머리를 빡빡 깎고 목에는 밧줄이 둘러져 있었습니다. 아니, 밧줄에 매달려 있었습니다. 소년의 뒤에서는 한 사람이 북을 천천히 치고 있었고요. 나는 깜짝

놀라 물었습니다.

"대체 저 소년에게 무슨 짓을 하는 겁니까?"

소년이 현행범으로 붙잡혔다고 사람들이 대답하더군요.

"무슨 짓을 했는데요?"

"테니스 공을 갖고 놀았습니다."

나는 황급히 탈레반 지도자 중 한 명을 찾아가서 항의했습니다. 그런데 그 사람은 "우리는 남자 아이들에게 공을 갖고 놀지 말라고 했습니다. 공은 남자들에게 부적절한 유혹거리니까요"라고 대답했습니다. 남자 아이들이 공을 갖고 노는 것을 금지한 것과 같은 논리로, 여자는 베일을 쓰지 않고는 바깥에 나올 수 없습니다.

한마디로 미친 짓이 아닐 수 없습니다. 탈레반은 여성, 음악, 심지어 생명까지 적으로 여기는 집단입니다. 미국의 최고위급 관리들이 그들을 방문해서 웃으면서 이야기를 나눕니다. 그런데도 미국이 그들을 지원한다고 생각하지 않을 수 있겠습니까?

왜 미국이 탈레반을 지원할까요?

— 소련이 붕괴된 후, 소련연방에 속했던 나라들이 독립했습니다. 대다수가 무슬림이었던 중앙아시아의 국가들은 석유와 천연가스가 풍부합니다. 과거에는 이곳의 천연가스와 석유가 소련연방 내에서 소비되었습니다. 하지만 소련연방이 해체된 후 '이곳의 석유와 천연가스를 어떻게 바깥 세계로 빼돌리느냐?'라는 새로운 게임이 시작되었습니다.

미국 기업들이 신속하게 끼어들었습니다. 텍사코, 아모코, 유노칼, 델타 오일 등이 유전 및 천연가스전을 확보하려고 중앙아시아로 진출 중에 있습니다. 그들은 파이프라인이 이란 쪽으로 연결되기를 바라지 않습니다. 이란은 미국의 적입니다. 따라서 미국 석유회사들은 아프가니스탄과 파키스탄을 통과하는 파이프라인을 설치하고 싶어 합니다. 러시아는 당연히 배제합니다. 클린턴 대통령이 우즈베키스탄, 카자흐스탄, 타지키스탄, 아제르바이잔의 대통령들에게 직접 전화를 걸어 파이프라인 계약을 독촉했다고 합니다. 그 파이프라인은 아프가니스탄을 통과할 수밖에 없습니다. 이 게임에서 파키스탄과 미국은 파이프라인의 안전을 확보하는 데 누가 가장 믿음직한 친구인지 상의했습니다. 그리고 가장 잔인하고, 가장 광적인 이슬람 근본주의자 집단인 탈레반을 선택했습니다.

즉 미국은 누가 근본주의자고 누가 진보주의자인지, 누가 여성을 인간답게 대우하는지에 대해서는 신경쓰지 않습니다. 원유와 천연가스의 안전을 가장 확실하게 보장해줄 사람이 누구인지가 중요할 뿐입니다.

이슬람 세계에서는 물론이고 미국, 이스라엘, 스리랑카에서도 근본주의가 발호하고 있습니다. 요즘에 근본주의가 발호하는 이유가 무엇이라 생각하십니까?

— 많은 요인이 있습니다. 첫째는 동질화에 대한 두려움, 혹은 반발입니다. 경제가 세계화되고 첨단 테크놀로지로 지리적 공간이 줄어들며, 미디어가 동일한 취향을 강요하면서 모두가 맥도널드 햄버거를 먹고 블루진을 입습니다. 이처럼 고유한 생활방식과 동떨어진 삶을 강요하는 분위기에 많은 사람이 불안해합니다. 이런 불안감을 이용해서 우익 보수주의자들이 "우리에게 와라. 옛날의 종교로 되돌려줄 테니까. 우리에게 와라. 그럼 옛날 방식으로 살게 해줄 테니까"라고 꼬드깁니다. 희망을

상실한 사람들이 그런 달콤한 유혹을 어찌 견딜 수 있겠습니까!

둘째는 현대성에 대한 실망감입니다. 달리 말하면, 지금과 같은 삶에 대한 환멸입니다. 공허하고 의미가 없는 삶인 듯합니다. 가족이 와해되고 있습니다. 하지만 가족의 따뜻함과 안전함을 대체해줄 것은 없습니다. 테크놀로지의 발달, 삶의 곳곳에 스며든 자본주의의 폐해에서 비롯된 변화입니다. 게다가 선전에 혹해서 모두가 똑같은 색의 셔츠를 입고, 아내와 애인에게 똑같은 행위를 요구합니다. 이런 변화가 시작되면서 많은 사람이 개성의 상실을 호소합니다. 개성을 되찾기 위해서 자신을 특별하고 독특하게 드러낼 수 있는 방법을 찾습니다. 그런 실마리를 근본주의가 제공하고 있습니다. 옛날 종교가 틈새를 제공하고, 신생 종교도 그런 가능성을 보여줍니다.

그런데 근본주의에 대한 언론의 비판이 편향적인 듯합니다. 사우디아라비아에 대해 어떻게 생각하십니까?

― 아주 흥미로운 문제를 제기하셨습니다. 탈레반이 등장하기 전까지 이슬람 역사상 사우디아라비아의 이슬람 정부만큼 근본주의적 색채가 짙었던 정권은 없었습니다. 예를 들어 비교해볼까요? 이란에서는 여자도 운전할 수 있지만 사우디아라비아에서 여자는 운전할 수 없습니다. 이란에서는 남자와 여자가 한 사무실에서 함께 일하고 있지만 사우디아라비아에서는 그렇지 못합니다.

사우디아라비아의 상황이 이란보다 훨씬 열악합니다. 하지만 사우디아라비아는 1932년부터 미국의 우방이었기 때문에 누구도 감히 딴죽을 걸지 않았습니다. 하지만 여기에는 그보다 더 큰 의미가 감춰져 있습니다. 1945년 냉전이 시작되면서 미국은 전투적인 이슬람 세력을 앞세워 무슬림 세계에서 공산주의자들을 견제했습니다.

조금 전에 이란 혁명을 거론하셨습니다. 난공불락의 미국 요새처럼 보이던 1970년대의 이란과 1990년대의 사우디아라비아를 비교해주시겠습니까?

— 1981년인가 1982년에, CIA에서 은퇴했던가요? 하여간 은퇴를 앞둔 한 고위 관리가 『Armed Force Journal』에 아주 흥미로운 글을 기고했습니다. '사우디아라비아를 위협하는 미국'이란 제목의 글이었습니다. 그의 주장에 따르면, 미국 정부와 기업이 탐욕스레 추진하는 정책들 때문에 사우디아라비아가 현대판 이란, 즉 지나치게 미국에 종속되어 혁명에 극도로 취약한 나라로 전락하고 있다는 것입니다.

오사마 빈 라덴이 그 증거 중 하나입니다. 엄격하게 말해서 미국이 사우디아라비아에 군을 주둔시킨 이유는 착취와 탐욕 때문입니다. 우리가 알기에 사우디아라비아는 어떤 나라에도 침략의 위협을 받지 않고 있습니다. 과거에는 사담 후세인이 침략할 가능성이 있었지만 지금은 그럴 역량을 완전히 상실한 상태입니다.

게다가 미국은 중동의 우방이 침략당하면 언제라도 개입할 수 있다는 증거를 1991년에 보여주기도 했습니다. 따라서 미국이 사우디아라비아에 군과 정보기관을 주둔시키고 그 밖에 온갖 분야에도 많은 사람을 심어두는 이유를 어떻게 정당화할 수 있을까요? 실제로 사우디아라비아의 모든 정부 부처에 미국인이 고문이란 자격으로 침투해 있습니다. 여기에서 깊은 불만이 싹트고 있습니다.

문제는 돈입니다. 사우디아라비아의 석유는 미국의 이해관계에 따라 조작되고, 사우디아라비아의 국부는 미국과 유럽에 투자됩니다. 1980년대 초부터 사우디아라비아는 무기 시장의 최대 고객이 되었고, 덕분에 미국은 사우디아라비아에만 거의 1000억 달러 상당의 군수품을 팔았습니다.

사우디아라비아 사람들의 불만이 점점 커져가고 있습니다. 그러나 사우디아라비아의 불만을 사우디아라비아에 국한된 것으로 해석해서는 안 됩니다. 이란과 달리, 사우디아라비아는 아랍 국가, 즉 아랍 세계의 일원입니다. 사우디아라비아는 무슬림 성지가 있는 곳입니다. 그런데 아랍 세계에서는 사우디아라비아가 그런 성지를 제대로 지키고 있지 못하다는 인식이 팽배합니다.

그 때문에 아랍인들은 굴욕감과 좌절감을 느낍니다. 아랍의 관점에서 현 상황을 보면, 2억 명의 민중이 성지를 제대로 지켜내지 못하고 있다는 자괴감에 젖어 있습니다. 지금 그들을 하나로 결집시키는 힘이 바로 공통된 상실감, 공통된 굴욕감입니다.

아랍인들에게는 이제 두 가지 선택 방향밖에 없습니다. 하나는 싸워서 죽더라도 잃어버린 권위, 잃어버린 주권, 잃어버린 땅을 되찾는 것이고, 다른 하나는 그런 시도가 실패하면 기꺼이 노예가 되겠다는 비장함입니다. 테러에도 역사가 있습니다. 모든 사회적 현상에는 역사적 뿌리가 있습니다. 그런데 여기에서는 누구도 테러의 역사적 뿌리에는 관심을 기울이지 않습니다.

이스라엘의 미래는 어떻게 되리라 생각하십니까?

— 단기적 관점에서 보면, 적어도 외견상으로는 장밋빛이라 할 수 있습

니다. 하지만 장기적 관점에서 보면 이스라엘의 미래는 무척 어둡습니다. 이스라엘은 이웃한 아랍 국가들과 화해할 기회를 스스로 저버리고 있습니다. 지난 수십 년 동안 이스라엘 관리들은 하나의 독립된 국가로 인정받기를 원한다고 말해왔습니다. 이제 PLO(팔레스타인 해방기구)를 비롯해 모든 아랍 국가가 이스라엘의 존립 권리를 인정하고 있습니다.

하지만 이스라엘은 계속해서 팔레스타인 땅을 차지해서 정착지를 건설하고, 레바논과 시리아까지 점령하고 있습니다. 이스라엘의 이런 정책 때문에, 아랍인들은 이스라엘에게 기꺼이 많은 것을 양보하더라도 이스라엘은 자기들 방식의 평화를 원한다고 생각할 수밖에 없습니다.

달리 말하면, 이스라엘은 아랍인들에게 굴욕감을 안겨주면서까지 더 많은 땅을 차지하려 한다는 것입니다. 이런 긴장 관계가 오랫동안 지속될 수는 없습니다. 이스라엘은 인구가 550만밖에 되지 않는 작은 나라입니다. 아랍 세계와는 비교할 바가 아닙니다.

지금은 아랍 국가들이 약하고 타락하고 지리멸렬한 지경인 것이 사실입니다. 지도자들이 나라를 팔아먹는 무리인 것이 사실입니다. 하지만 이런 상태가 영원히 지속되지는 않을 겁니다. 언젠가 아랍인들이 똘똘 뭉칠 때가 올 겁니다. 그날이 오면, 다른 역사가 시작될 겁니다. 그때는 지금과 같지 않을 겁니다. 사실 나는 그날이 두렵습니다.

팔레스타인 해방기구와 야시르 아라파트에 대해서는 어떻게 생각하십니까?

— 아라파트 일당은 이스라엘과 결탁한 살인자들입니다. 그들이 악랄한 살인극을 벌여도, 서구 언론은 그들에게 대해 한마디도 하지 않습니다.

오히려 그들은 좋은 사람들로 미화되고 있습니다.

당신의 인도 귀환에 대한 다큐멘터리가 BBC에서 방영되었고, 이때 당신은 파이즈 아흐메드 파이즈Faiz Ahmed Faiz(1911~1984)의 시를 소개했습니다. 특별한 이유라도 있었습니까?

— 내가 알기에, 제3세계 시인들 중에서 파이즈만큼 식민 시대 이후의 환멸적 분위기를 예견한 시인은 없었습니다. 인도와 파키스탄이 분리되고 6개월이 지났을 때 그는 이런 시를 썼습니다.

> 광택을 잃은 빛, 밤에 더럽혀진 빛,
> 자유를 갈망하던
> 우리가 저 사막 어딘가에
> 저 하늘에 별들을 위한 최후의 안식처가 있고
> 우리는 그 안식처를 찾아내리라
> 확신하며 달려간 새벽은 아니었다
> 아침에 산들바람이라도 불었는가?
> 그 바람은 어디로 가버렸는가?
> 밤이 우리를 짓누른다
> 밤이 아직도 우리를 짓누른다
> 친구여, 이 거짓된 빛에 속지 말고
> 나와 함께 약속된 새벽을 찾아 나서자

당신은 지리적으로나 지적으로나 엄청나게 긴 여행을 해왔습니다. 지금까지의 여정을 돌이켜 보신다면요?

— 결국 내가 어떤 길을 선택해서 살았냐는 질문이군요. 내게는 두 방향의 선택이 가능했습니다. 학자나 기업의 경영자로 편안하고 조용한 삶을 살 수도 있었습니다. 따분하고 이기적인 삶이었겠지만요. 그러나 나는 물질적으로는 가난하더라도 영적으로나 지적으로나 풍요로운 삶을 살기로 했습니다.

그래도 캘커타에서 카사블랑카까지, 알제(알제리의 수도 —편집자)에서 샌프란시스코까지 친구가 있습니다. 물론 제자도 있고요. 어쨌든 변화가 필요한 곳에 우리가 변화를 일으키려고 노력해왔다는 사실, 요컨대 우리가 최선을 다하고 항상 성공하는 것은 아니지만 그래도 노력한다는 사실 자체만으로도 나는 만족합니다.

반다나 시바는 창조적 에너지와 지적인 힘으로 가득한 사람이다. 1952년 인도에서 태어난 반다나 시바는 제3세계에서 환경, 여성인권, 지속가능한 발

이고 열정적인 목소리를 내는 행동주의자 중 한 명이다. 그녀는 뉴델리에서 '과학과 테크놀로지 및 생태 연구재단'을 운영하고 있으며, 1993년에는

'바른 생활상Right Livelihood Award'을 수상했다.

물리학을 정통으로 공부한 시바는 양자이론으로 박사학위를 받았지만 학자의 길을 포기하고 행동주의자가 되었다. 사회적 문제를 해결하려는 노력은

는 것 만큼이나 흥미진진하다고 말하지만 "성취감은 훨씬 크다. 만족감도 더 크다. 환갑이 되면 물리학을 다시 시작하려는데 지금처럼 열정적일 수는

했다.

시바는 인도를 비롯한 세계 각지에서 숲의 남벌, 대규모 댐의 건설, 양식업의 산업화, 다국적 농기업의 침입 등에 저항하는 풀뿌리 조직들을 지원해왔

조직적인 운동은 시민불복종행위로 숲을 지키려 한 여성들의 '칩코 운동Chipko movement'이었다. 최근에 그녀는 인도에서 농부가 종자種子를 소유

하고 있다.

그녀는 세계화를 반대하는 첨병이기도 하다. 그녀의 주장에 따르면, 세계화는 북반구가 남반구를 종속시키려는 집요한 정복 과정의 마지막 단계다.

시바는 말레이시아에서 발간되는 유력한 대안 잡지인 '제3세계의 부활Third World Resurgence'의 객원편집자다. 지금까지 '살아남기Staying Alive

배Monocultures of the Mind』(1993) 이외에 많은 책을 발표했고, 얼마 전에는 사우스엔드 출판사에서 '자연과 지식의 약탈자들Biopiracy: The

Knowledge』(1997)을 발표했다. 나는 지난 4월에 불더에서 그녀와 첫 인터뷰를 가졌고, 6월 덴버에서 열린 '대안경제정상회의'에 그녀가 주요 연사로

뷰를 가질 수 있었다.

세상을 지키는 여성들의 힘

반다나 시바 Vandana Shiva

interview date | 1997년 9월

한 마을에서는 이장이 벌목을 주도했는데, 벌목에 반대하는
시위는 이장 부인인 바슈니 데비가 주도하는
기현상이 벌어졌습니다. 대단한 갈등이 있었습니다.
여자들은 "벌목은 숲의 파괴일 뿐이다. 누가 도끼를 들었냐는 중요하지 않다.
우리는 이 나무들과 함께 살고 싶다!"고 주장했습니다.

{ 반다나 시바는 창조적 에너지와 지적인 힘으로 가득한 사람이다. 1952년 인도에서 태어난 반다나 시바는 제3세계에서 환경, 여성인권, 지속가능한 발전을 주제로 가장 웅변적이고 열정적인 목소리를 내는 행동주의자 중 한 명이다. 그녀는 뉴델리에서 '과학과 테크놀로지 및 생태 연구재단'을 운영하고 있으며, 1993년에는 대안 노벨상으로 알려진 '바른생활상Right Livelihood Award'을 수상했다.

물리학을 정통으로 공부한 시바는 양자이론으로 박사학위를 받았지만 학자의 길을 포기하고 행동주의자가 되었다. 사회적 문제를 해결하려는 노력은 '입자물리학 방정식을 푸는 것'만큼이나 흥미진진하다고 말하지만 "성취감은 훨씬 크다. 만족감도 더 크다. 환갑이 되면 물리학을 다시 시작하려는데 지금처럼 열정적일 수는 없을 것"이라고 내게 말했다.

시바는 인도를 비롯한 세계 각지에서 숲의 남벌, 대규모 댐의 건설, 양식업의 산업화, 다국적 농기업의 침입 등에 저항하는 풀뿌리 조직들을 지원해왔다. 그녀가 참여한 최초의 조직적인 운동은 시민불복종행위로 숲을 지키려 한 여성들의 '칩코 운동Chipko movement'이었다. 최근에 그녀는 인도에서 농부가 종자種子를 소유할 권리를 지키는 데 주력하고 있다.

그녀는 세계화를 반대하는 첨병이기도 하다. 그녀의 주장에 따르면, 세계화는 북반구가 남반구를 종속시키려는 집요한 정복 과정의 마지막 단계다.

시바는 말레이시아에서 발간되는 유력한 대안 잡지인 『제3세계의 부활Third World Resurgence』의 객원편집자다. 지금까지 『살아남기Staying Alive』(1988)와 『정신의 단종재배Monocultures of the Mind』(1993) 이외에 많은 책을 발표했고, 얼마 전에는 사우스엔드 출판사에서 『자연과 지식의 약탈자들Biopiracy: The Plunder of Nature and Knowledge』(1997)을 발표했다. 나는 지난 4월에 불더에서 그녀와 첫 인터뷰를 가졌고, 6월 덴버에서 열린 '대안경제정상회의'에 그녀가 주요 연사로 참여한 덕분에 다시 인터뷰를 가질 수 있었다.

어떻게 행동주의자가 되셨습니까?

— 내 개인적인 배경은 내가 선택한 길과 아무런 상관이 없습니다. 지금 껏 사회운동을 하면서 물리학을 공부한 사람을 만난 적이 없습니다. 나 는 히말라야 삼림지역에서 자랐습니다. 아버지는 숲 관리자였습니다. 그래서 학교에 입학하기 전까지 아버지를 따라 숲을 돌아다니곤 했습니 다. 내가 생태에 관심을 갖게 된 계기가 여기에 있는 것 같습니다.

내가 캐나다에서 대학원 공부를 시작하기 전에 아버지가 우리를 자 주 데려가던 곳을 찾았습니다. 그런데 내가 헤엄치던 냇물이 사라진 것 을 보고 깜짝 놀랐습니다. 주변의 숲도 세계은행에서 자금을 지원받는 사과밭으로 변해 있었습니다. 그 지역 전체가 상전벽해桑田碧海 지경으 로 달라져 있었습니다. 이런 인위적 변화도 내가 행동주의의 길을 택한 계기가 되었다고 할 수 있습니다.

두 번째 요인은 내가 사회임업social forestry에 대해 공부할 때에서 찾을 수 있습니다. 세계은행이 식량생산을 위한 땅을 목재와 펄프를 생산하기 위한 땅으로 전환시키는 데 막대한 자금을 지원하고 있다는 사실이 밝혀졌습니다. 농부들이 크게 반발했습니다. 그들은 유칼립투스를 뿌리째 뽑아내기 시작했습니다. 임업의 산업화에 대한 대대적인 토론도 벌어졌습니다. 인도에서 시행하던 세계은행의 프로젝트가 그때 처음으로 큰 도전에 부딪쳤습니다. 1981년에 있었던 일입니다.

당시 내가 일하던 연구소에 세계은행 관리들이 방문해서, 그런 연구 결과를 무작정 발표하면 우리 연구소가 세계은행의 프로젝트를 얻는 데 곤란할 것이라고 엄포를 놓았고, 우리 연구소 소장은 젊고 열정적인 연구진들을 대신해서 사과하는 사태가 벌어졌습니다. 그날, 나는 사표를 쓰기로 결심했습니다. 내 정신과 마음에 따라 행동하기로 결심했습니다. 내 양심에 따라 행동한 일 때문에 사과하고 변명하는 보스를 위해서는 일할 수가 없었습니다.

나는 집으로 돌아갔습니다. 그리고 '과학과 테크놀로지 및 생태 연구 재단'을 발족시켰습니다. 어머니의 외양간에서 시작한 자그마한 연구소였지만 그 이름만은 머리를 짜내 정성스레 지은 것입니다. 어머니와 아버지는 내게 재산을 물려주며 "모든 사람을 위한 일에 쓰거라!"라고 말씀했습니다. 덕분에 나는 지금까지 살아남을 수 있었습니다.

칩코 운동과는 어떻게 관계를 맺게 되었습니까?

— 칩코에서 활동하는 운동가들이 내 부모와 무척 가까웠습니다. 아버지가 삼림을 관리하는 공무원이었지만 그들을 적극 지지했으니까요. 나

는 학생시절부터 칩코 운동과 관계를 맺었습니다. 칩코 운동은 처음에 히말라야 기슭에 있는 알라카난다 계곡에서 시작되었습니다. 여자들이 그들의 연료와 꼴을 파괴하는 벌목에 항의하면서 시작된 저항운동입니다. 벌목으로 샘까지 사라지자 여자들은 물을 길러 먼 거리를 걸어다녀야 했습니다. 게다가 산사태가 빈발하고 홍수까지 겹치면서 그들의 생존까지 위협받게 되었습니다. 1970년대 그 지역 여자들이 수백 명씩, 수천 명씩 모여서 "우리 목을 베고 나서 이 나무를 잘라라!" 하며 항의하기 시작했고, 그런 저항은 마을에서 마을로 확대되어 나갔습니다.

1978년 엄청난 홍수가 있었습니다. 산 하나가 완전히 무너지면서 갠지스 강으로 흘러내렸고, 6.5킬로미터의 호수가 생겼습니다. 그 호수가 터지자 엄청난 물이 갠지스 지역의 분지를 덮쳤고, 대다수의 집이 수면보다 30~60센티미터 아래에 지어진 캘커타까지 밀려왔습니다. 이런 결과를 낳은 어리석은 짓에 항의하고 나선 여인들은 결코 무지한 시골 여자들이 아니었습니다. 델리의 중앙정부도 그 여자들의 주장에 타당성이 있다고 인정하지 않을 수 없었습니다. 그 결과로 산악지대에서 벌목을 금지하는 법안이 제정되었습니다.

당신은 칩코 운동이 카리스마 리더십이란 전통적 전형을 뒤엎은 대표적 사례라 말씀하셨는데요.

— 맞습니다. 이 독창적 전략을 창안해낸 사람들은 평범한 여성들이었습니다. 그들은 "나무를 부둥켜 안아서라도 벌목을 막겠다!" 며 숲을 지켜냈습니다. 그 메시지는 마을에서 마을로 퍼져나갔습니다. 문자 그대로 입에서 입으로 전해졌습니다. 조직화 된 외부의 리더십이 칩코 운동

을 지도한 것이 아니었습니다. 그 평범한 여자들이 분명한 방향을 설정하고 한참이 지난 후에야 나와 같은 사람들이 그 운동을 지원하러 나섰을 뿐입니다.

하나의 사건이 아직도 내 기억에 뚜렷이 남아 있습니다. 정부는 여자들이 너무 강경하게 변해가고 있다고 판단했습니다. 여자들이 "왜 모든 이익이 벌목업자와 목재 판매자에게 돌아가는가?"라는 의문까지 제기했으니까요. 정부 관리들은 지역인들로 구성된 벌목 협동조합을 발족시키고, 그 수입을 정부가 관리하는 계획을 세웠습니다. 그리고 "우리는 벌목사업을 협동조합화해 국유화하려 한다. 어떤 민간 기업에도 벌목을 허락하지 않을 것이다"라고 말했습니다.

그 후 정부는 벌목팀을 파견했습니다. 한 마을에서는 이장이 벌목을 주도했는데, 벌목에 반대하는 시위는 이장 부인인 바슈니 데비가 주도하는 기현상이 벌어졌습니다. 대단한 갈등이 있었습니다. 여자들은 "벌목은 숲의 파괴일 뿐이다. 누가 도끼를 들었냐는 중요하지 않다. 우리는 이 나무들과 함께 살고 싶다!"고 주장했습니다.

1980년대 말, 당신은 독일의 사회학자 마리아 미스Maria Mies와 『에코페미니즘』이란 책을 썼습니다. 아직도 그 용어를 사용하십니까?

— 에코페미니즘ecofeminism은 생태적인 페미니즘과 극단적으로 관료화되어버린 페미니즘과 구분해주는 적절한 용어입니다. 나는 관료화된 페미니즘을 가부장적 구조를 띤다고 비난한 적도 있습니다.

실제로 일부 여성은 복제양 돌리에게 박수를 보내면서, 여자가 남자 없이도 자식을 가질 수 있게 된 쾌거라고 주장하기도 했습니다. 하지만 복제의 가능성이 자본과 지배 권력을 가진 소수의 남자에게, 궁극적으로 여성, 즉 태아와 난자와 몸을 완전히 넘겨주는 것이란 사실을 올바로 이해하지 못한 주장일 뿐입니다. 달리 말하면, 복제는 남자로부터의 해방이 아니라 남자에 의한 완전한 지배를 뜻할 뿐입니다.

당신은 '스트리 샤크티' 즉 여성의 힘을 유독 강조합니다. '여성의 힘'이 무엇인지 구체적으로 말씀해주시겠습니까?

— 칩코의 여성들이 보여준 힘이라 생각하면 됩니다. 나르마다 계곡의 여성들이 "나르마다 강은 우리 어머니다. 우리는 댐 건설을 반대하며, 이 땅을 끝까지 지키리라!"고 외치면서 보여준 힘을 뜻합니다. 인도의 해안지대에서 새우 양식 산업을 억제하는 것도 여성의 샤크티입니다. 그 놀라운 힘은 전제적 힘에 두려워하지 않고 과감히 맞서는 용기입니다. 그런 것이 바로 '스트리 샤크티'입니다.

당신 어머니에 대해 말씀해주십시오.

— 어머니는 대단한 여자였습니다. 언제가 낡은 가방을 정리하면서, 어머니가 전쟁을 겪던 1940년에 읽은 듯한 책을 발견했습니다. 여백에는 어머니가 쓴 글로 가득했습니다. 어머니는 지금은 파키스탄 땅이 된 라호르에서 학교를 다녔습니다. 어머니는 여성만의 힘으로 세계를 평화롭게 만들어갈 수 있는 방법에 대한 글을 썼습니다. 남자는 탐욕과 자아로 가득해서 긴장과 폭력을 낳을 뿐이라고 말입니다.
　내가 알기에 어머니는 시대를 앞서 간 페미니스트였습니다. 어머니

는 우리를 그런 식으로 키웠습니다. 우리가 여자기 때문에 위축될 이유
가 없다고 가르쳤습니다. 어머니는 평생을 이러저러한 압박감을 벗어나
는 데에 보냈기 때문에 우리에게 어떤 압박감도 주지 않았습니다. 그 시
대의 기준에 따르면 어머니는 고등교육을 받은 분이었습니다. 대학까지
졸업했으니까요. 어머니는 교육부의 장학관을 지냈습니다.

1947년 인도가 파키스탄과 분리되었을 때 어머니는 인도를 택하면서
그 좋은 직업을 포기하고 농부가 되기로 결심했습니다. 어머니는 한동
안 취미삼아 정치에 참여해서 새로운 인도를 건설하는 데 동참하기도
했습니다. 그러나 1960년대에 어머니는 정치에 신물을 느끼고, 자연에
깃든 영성을 주제로 한 글을 쓰는 데 주력했습니다.

내게 어머니는 언제나 든든한 후원자였습니다. 내게 여자로 태어났
기 때문에 열등한 사람이라고 생각하지 말고, 어떤 상황에서도 두려워
하지 말라고 가르쳤습니다. 하기야 나는 어머니가 두려워하는 모습을
본 기억이 없습니다. 하지만 어머니는 무척 인정 많은 분이었습니다. 누
군가 내게 도움을 청하면 발 벗고 나서 도와주라고 가르쳤습니다.

마하트마 간디도 종종 언급하시는 걸 알고 있습니다. 간디는 당신에
게 어떤 영향을 주었습니까?

— 간디와는 깊은 인연이 있습니다. 내 어머니가 간디의 충직한 지지자
였고 우리를 그런 식으로 키웠습니다. 내가 여섯 살이었을 때 여자아이
들은 한결같이 나일론 옷을 갖고 싶어 했습니다. 나도 생일선물로 나일
론 옷을 받고 싶었습니다. 그때 어머니는 "나일론 옷을 사주는 건 문제
가 아니란다. 하지만 네가 어떻게 살고, 무엇을 먹고, 무엇을 입는지 생

각해 보거라. 그럼 먹을 것이 직공의 손에 들어가는 게 낫겠니? 이익이 산업자본주의자의 손에 들어가는 게 낫겠니?"라고 말했습니다.

그 후, 그 말은 내 삶에서 모든 것을 결정하는 기준이 되었습니다. 우리는 어렸을 때 주로 '카디'(손으로 짠 옷감)로 옷을 지어 입었습니다. 내가 아직도 수공예품을 아름답다고 생각하는 이유는 수공예품을 단순히 제품으로만 보지 말고 인간의 창조력과 노동으로 빚어진 산물로 생각하라는 어머니의 가르침 때문입니다.

간디와 나의 관계는 정치적인 관계입니다. 20세기 후반, 즉 전체주의와 시장경제가 맞물린 시대에 다른 형태의 정치는 존재하지 않는다고 생각하기 때문입니다. 그가 되살려낸 수단이 없다면 우리가 정치적 행위를 하며 인간에게 자유를 안겨줄 방법도 없다고 생각합니다. 시민 불복종! 영원한 민주주의, 영구히 존속할 민주주의, 직접 민주주의를 만들어갈 수 있는 방법이 바로 시민 불복종 운동입니다.

간디가 주장한 '스와데시' 운동(지역 사회는 자체의 자원과 역량을 사용해서 자유의 기본적인 요건인 욕구를 충족시켜야 한다는 운동)은 여전히 유효합니다. 특히 요즘과 같은 세계화 시대에 자치自治의 중요성을 잠시도 잊어서는 안 됩니다.

생물학적 다양성biodiversity에 관련한 글도 많이 발표한 것으로 알고 있습니다. 생물학적 다양성이란 개념을 좀 자세히 설명해주십시오.

— 우리 주변의 온갖 생명체들은 무척 다양한 형태를 띠고 있습니다. 식물, 동물, 미생물, 재배되는 것이나 야생의 것이나 모두 다양하기 이를 데 없습니다. 우리는 오래 전부터 자연보호 운동을 전개해왔습니다. 특

히 미국에서의 자연보호 운동은 본받을 만합니다. 하지만 자연보호 운동은 멸종 위기에 빠진 종種들, 가령 점박이 올빼미나 오래된 원시림을 보호하는 데 중점을 두었습니다. 대부분의 자연보호 운동이 거기에서 한 걸음도 더 나아가지 못하고 있습니다.

내 생각에는 생물학적 다양성의 보호가 궁극적 목표가 되어야 합니다. 종의 보호는 야생성의 보호이기도 하지만, 인간이 다른 종과 맺어온 지배적 관계를 변화시키는 동시에 인간의 삶을 지키는 것이기도 합니다. 인도에서 종의 보호는 경제적 쟁점에서 그칠 뿐 생태적 문제로까지 확대되지 못하고 있습니다.

세계화가 인도에 어떤 영향을 미치고 있습니까?

— 미국 영화는 지속 가능하지 않은 시스템을 양산하고 있습니다. 인도의 엘리트들에게 미국식의 에너지 소비자가 되라고 강요하고 있습니다. 세계화를 간단히 정의한다면 '시장이 될 만한 곳을 찾아내라!'는 것입니다. 중국에 시장이 있다면 중국으로 달려갑니다. 인도가 수백만의 새로운 소비자를 지닌 떠오르는 시장이라면 인도 사람들에게 볼보 자동차를 팔라는 것입니다. 팔 수 있는 것이면 무엇이든 팔라는 것입니다. 햄버거도 좋고 KFC도 좋습니다. 무엇이든 팔아야 합니다. 중산층이면 자가용과 냉장고를 가져야 한다고 부추깁니다. 제너럴일렉트릭 냉장고가 어떤 회사의 냉장고보다 뛰어나고, 볼보 자동차가 인도산 앰버서더보다 훨씬 멋지다고 선전해댑니다. 이런 것이 세계화입니다.

외국에서 수입한 새로운 모델의 자동차들 때문에 델리의 거리에서 소달구지와 자전거가 사라지고 있습니다. 인도에서 한때 최고의 운송도

구로 성스럽게 여겨지던 소가 이제는 거추장스런 동물로 전락할 지경까지 이르렀습니다. 소가 자동차에 부딪쳐 다치는 모습도 간혹 눈에 띱니다. 과거에는 상상조차 할 수 없던 모습입니다. 소가 길에 앉아 있어도 운전자들은 개의치 않고 그냥 지나갑니다. 하지만 대다수는 성스런 소보다 성스런 자동차를 가질 여유가 아직 없습니다.

게다가 운전자들은 자전거까지 불법화하려고 안간힘을 다합니다. 길가에 좌판을 벌여놓고 채소를 파는 가난한 사람들을 포함해서 자전거 부대가 자동차의 진행을 방해한다는 이유로 말입니다. 우리보다 훨씬 생태적으로 살아가며, 우리 모두를 위해 적절한 기후를 유지하는 데 큰 역할을 하는 수백만의 사람들에게 삶의 터전을 빼앗아가는 짓입니다. 두 달 후에라도 나는 델리의 거리에서 불법화 되어 쫓겨 다니는 신세가 된 노점상인들과 자전거 부대와 손잡고 시위라도 벌이고 싶은 심정입니다.

세계 인구의 3퍼센트에 불과한 미국이 자원의 25퍼센트 가량을 소비하고 있습니다. 그런데 아무도 이런 소비 패턴이나 경제 시스템의 재구조화에 대해서 목소리를 내지 않는 이유가 무엇일까요?

— 아모리 로빈스Amory Lovins의 주장에 따르면, 미국인이 효율적으로 보이는 유일한 이유는 1인당 300배의 에너지를 소비하기 때문입니다. 그런데 인도의 엘리트 집단이 이런 식으로 에너지를 소비할 듯한 조짐을 보여주고 있습니다.

가난한 사람, 가난한 아이가 세계에서 가장 큰 농기업들의 성장에 큰 역할을 하고 있습니다. 자유무역으로 가난한 농부는 몬산토와 같은 대규모 농기업들에게 종자 사용료까지 지불해야 할 처지에 빠졌습니다.

그렇다고 몬산토가 정당하게 돈을 버는 것이 아닙니다. 공짜여야 하는 것에 돈을 내라고 문자 그대로 농부들에게 강요하면서 돈을 벌고 있는 것입니다. 물을 예로 들어볼까요. 물은 지금까지 당연히 공짜로 여겨져 왔습니다. 우리는 마시는 물에 돈을 내본 적이 없습니다. 그런데 세계은행은 물이 공짜기 때문에 남용된다고 주장합니다. 하지만 물이 남용되는 진짜 이유는 물을 대규모로 사용하는 산업체가 물을 알뜰하게 사용하지 않기 때문입니다. 게다가 물을 오염까지 시키고요.

"먹을 것을 살 돈이 없는 사람도 마시는 물값은 내야 한다!" 이처럼 우리는 이상한 원칙이 적용되는 세상에 살고 있습니다. 따라서 미성년 노동의 공급이 증가하는 상황이 도래할 것이고, 여성에 대한 착취도 극심해질 것입니다. 삶이 아주 기본적인 수준을 넘지 않아야 자본 축적이 가능하고 기업이 성장할 수 있기 때문에 착취 경제는 불을 보듯 뻔합니다. 인도의 코카콜라 대표는 "인도를 코카콜라의 큰 시장이라 말하는 이유는 우리에게 마실 물이 남아있지 않다는 현실 때문이다. 사람들이 코카콜라를 사마시지 않을 수 없을 것이다"라고 말했습니다.

사람들이 물을 마실 수 없는 지경에 이르렀다면 무엇인가가 잘못되어도 크게 잘못된 것입니다. 코카콜라는 이런 물부족 덕분에 성장을 거듭할 수 있는 것입니다. 종자, 약품 공장, 물, 토지 등 모든 것이 사유화되었습니다. 인도에서는 무역의 자유화를 계기로 토지 개혁이 일어나고 있습니다. 그래서 나는 이런 현상을 '반反개혁적 개혁'이라 칭합니다.

방금 미국에 본사를 둔 다국적 기업인 몬산토를 언급하셨습니다. 그리고 "몬산토가 콩 종자와 목화 종자를 독점하고 있다"고 주장하기도 했습니다. 어떻게 이런 일이 벌어졌을까요?

— 월스트리트에 나도는 보고서들을 읽어보면 아시겠지만, 콩의 원산지가 중국이라는 사실은 어디에서도 찾아볼 수 없습니다. 월스트리트의 보고서들은 콩을 콩이라 말하지도 않습니다. 몬산토 콩이라 말합니다. 몬산토 콩은 특허권으로 보호받습니다. 특허번호까지 갖고 있습니다. 따라서 몬산토 콩은 몬산토의 발명품, 즉 몬산토가 혁신적으로 개발해낸 상품이라 여겨집니다.

몬산토는 농부에게 라운드업 레디 소야Roundup Ready Soya의 사용 계약을 강요합니다. 그 콩은 제초제에도 견디도록 유전자 조작되어 농부들은 자연스레 라운드업이란 제초제를 사용할 수밖에 없기 때문입니다. 요컨대 그 콩은 전반적으로 제초제의 사용을 감소시키지만 라운드업의 사용은 증가시킵니다. 몬산토가 이렇게 하는 이유는 간단합니다. 몇 년 후에 라운드업에 허락된 특허기간이 만료되기 때문입니다.

라운드업은 연간 10억 달러의 매출을 기록하면서 현재 몬산토에서 가장 큰 비중을 차지하는 상품입니다. 그래서 몬산토는 농부들과 계약할 때 라운드업만을 사용하라고 강요합니다. 농부들은 다른 제초제를 사용할 수 없습니다. 게다가 농부가 씨를 뿌리고 3년이 지나면, 몬산토는 농가를 직접 찾아다니면서 농부들이 씨를 몰래 보관해두었는지 조사합니다. 농부의 집에서 씨가 한 알이라도 발견되면 몬산토의 재산권을 침해한 범죄로 여겨집니다.

이처럼 재산권이 삶의 기초 자원까지 침범한 요즘의 자본주의는 본연의 자본주의가 아닙니다. 완전히 다른, 새로운 차원의 자본주의입니다. 이런 자본주의는 지속 가능성이나 민주주의와 완전히 배치됩니다. 자본이 전세계를 지배하면서, 권리만 있을 뿐 책임은 없는 세상으로 변해가고 있습니다. 자유는 마음껏 향유하면서 책임은 눈곱만도 떠안지

않는 이런 새로운 자본주의는 구조적으로 반反생명적이고 반反자유적
인 것입니다.

미국 국민의 과반수가 북미자유무역협정NAFTA과 GATT를 반대했습
니다. 그런데도 미국 정부는 두 협정의 체결을 강행했습니다. 그 이유
가 무엇이라 생각하십니까?

— 우리 세계가 맞이한 가장 중대한 위기가 아닐 수 없습니다. 정부와
정치계가 기업계에게 장악당한 탓입니다. 기업계는 다섯 시간 내에 미
국 의회에 침투해서 투표의 결과를 바꿔놓을 수 있습니다. 인도 의회도
예외가 아닙니다. 기업계가 인도 의회를 좌지우지한다고 말해도 과언이
아닙니다. 정부에게 권력을 양도한 국민의 의도는 거의 고려되지 않습
니다. 따라서 나는 이런 국가를 국민에게 책임지지 않는 국가라는 뜻에
게 '전도된 국가inverted state'라 칭합니다. 국가는 기업의 이익을 보장할
뿐입니다.

　정부는 국민에게 '내핍lean and mean'이란 말을 즐겨 사용합니다. 하
지만 정부는 기업의 이익을 위해서는 발 벗고 나섭니다. 특허청의 규모
가 얼마나 커졌는지 보십시오. 특허청은 정부의 첨병입니다. 규모가 작
아지기는커녕 점점 커져갑니다. 실제로 기업을 보호하기 위해서 세계의
모든 정부가 예전보다 비대해지고 있습니다. 그런데도 국민의 보호자라
는 입장에서는 허리띠를 지나치게 졸라매서 허리가 끊어질 지경입니다.
　GATT는 유럽의 세계 정복을 합리화한 1493년 교황칙서Papal Bull의
현대판이라 할 수 있습니다. GATT를 모태로 탄생한 세계무역기구WTO
의 사무총장 레나토 루지에로Renato Ruggiero의 발언을 요약해보면

GATT는 세계 헌법입니다. 그런데 세계 어느 나라 국민도 그 헌법을 작성하는 데 관여하지 않았습니다. 사회적 책임, 노동자의 권리, 자원의 이용이나 독극물의 방출에 대한 제한 등에 대해서는 아무런 대책도 없이 자본과 무역만 자유화하는 세계 헌법에 찬성하는 사람이 있을까요? 현재의 자유무역협정은 이 땅에서 생명을 고갈시키려는 협정입니다. 따라서 하루라도 빨리, 범세계적으로 정치와 경제의 지향점을 바꿔가야 합니다.

'세계적으로 생각하고 지역적으로 행동하라!'는 슬로건도 당신에게는 마땅찮은 듯합니다. 그 이유는 무엇입니까?

— 생각과 행동 모두가 언제나 지역적이고 국가적이고 동시에 세계적이어야 합니다. 이런 이유에서 나는 전세계를 여행하면서 비행기를 놓치고 공항에 우두커니 앉아 시간을 죽이기도 합니다. 현재의 세계화를 대체할 수 있는 유일한 방법은 지역적인 것을 되살려내고 국가적인 것을 회복시키는 새로운 형태의 국제주의internationalism밖에 없다고 생각하기 때문입니다.

당신은 살인적인 스케줄을 소화하면서도 흥겹게 지내는 듯합니다.

— 나는 즐겁게 살려고 합니다. 투쟁을 할 때는 그 투쟁을 즐기려 합니다. 두 가지 이유가 있습니다. 첫째로, 우리가 소중하게 생각하는 것만큼 기분을 돋궈주는 것은 없다고 생각하기 때문입니다. 둘째로는, 인간의 권리를 위해 싸우고, 자연을 보호하며, 생물학적 다양성을 지키는 일

은 내게 생명의 소중함을 일깨워주기 때문입니다. 이런 일은 나를 재충전시켜주는 활력소입니다.

하지만 솔직히 말해서, 대기업들과 싸우면서 그들이 겉으로는 막강한 힘을 지닌 것처럼 보이지만 안으로 한없이 공허한 존재라는 사실을 깨달을 때마다 짜릿한 전율감마저 느낍니다. 나는 앞으로도 이 길을 꾸준히 걸을 것입니다. 그 풍선들을 하나씩 터뜨릴 것입니다. 지금까지도 많은 풍선을 터뜨렸습니다.

하워드 진은 행동주의 학자의 모델이다. 그의 고전적인 저서 『미국 민중저항사A People's History of the United States』는 지금까지 50만 부 이상이

서 널리 읽히고 있다. 이 책을 텔레비전 시리즈로 개발하려는 계획이 현재 진행 중이다.

진은 가난한 이민자로 일찍부터 계급의 차이를 의식하며 자랐다. 그는 어린시절을 회고하며 "우리는 지주보다 언제나 한 걸음 앞에 있었다"라고 말하

고 읽을 만한 책조차 없었다. 그가 처음 읽은 책은 『타잔과 오파르의 보석』이었다. 그는 길에 떨어진 그 책을 주워, 처음 열 페이지를 뜯어냈다. 하지만

없었다. 아들이 책을 좋아하는 것을 알게 된 부모는 아들을 위해 신문을 구독하고, 찰스 디킨스 전집을 구입했다. 나중에는 중고 언더우드 타이프라이

이야기는 널리 알려진 사실이다.

하워드 진은 콜롬비아 대학교에서 박사학위를 취득했지만 우디 거스리Woody Guthrie의 노래를 듣고서야 콜로라도의 러들로 학살사건을 알게 되었

사건이 전혀 언급되지 않는다는 사실에서 하워드 진은 많은 것을 깨달았다.

진은 기억의 발굴자인 동시에 기억을 회복시키는 사람이다. 그는 과거의 감춰진 소중한 부분들을 되살려낸다. 그의 강의는 우리에게 많은 정보를 주며

에 참여하라고 독려한다.

진은 예술에도 관심이 많다. 엠마 골드먼Emma Glodman의 생애를 다룬 그의 희곡 『엠마』는 뉴욕, 보스턴, 런던, 에든버러, 동경에서 공연되기도 했

『마르크스, 뉴욕에 가다Marx in Soho』가 있다.

현재 75세인 하워드 진(1922년 생이다)은 예전과 다름없이 정력적으로 활동하고 있다. 보스턴 대학교 명예교수로 재직하면서 전국에서 빗발치는 강연

그러나 성격 탓에 강연하는 데만 만족하지 않고 참여 행동까지 서슴지 않는다. 최근에는 커튼 공장에서 일하는 엘살바도르 출신의 여성 노동자들을 위

유로 매사추세츠 에버렛에서 체포되는 수모를 겪기도 했다.

하워드 진은 진보운동 진영에서 가장 사랑받는 인물 중 하나다. 또한 그는 급진적 사상을 지니면서도 유머 감각을 가질 수 있다는 사실을 보여주는 삶

브리지에 있는 하버드 노동조합 연구실에서 그와 인터뷰를 가졌다.

세상을 바꾸려고
끊임없이 행동하는 학자

하워드 진 Howard Zinn

interview date | 1997년 7월

미국은 세계에서 가장 부유한 나라입니다. 모두가 그런 혜택을
받을 수 있어야 합니다. 우리에게는 풍부한 자원이 있지만 그 자원이 허튼 곳에
낭비되고 있습니다. 소수의 손에 넘어가고 있습니다.

{ 하워드 진은 행동주의 학자의 모델이다. 그의 고전적인 저서 『미국 민중 저항사A People's History of the United States』는 지금까지 50만 부 이상이 팔렸으며, 지금도 각 대학에서 널리 읽히고 있다. 이 책을 텔레비전 시리즈로 개발하려는 계획이 현재 진행 중이다.

진은 가난한 이민자로 일찍부터 계급의 차이를 의식하며 자랐다. 그는 어린 시절을 회고하며 "우리는 지주보다 언제나 한 걸음 앞에 있었다"라고 말했다. 집에는 잡지는 고사하고 읽을 만한 책조차 없었다. 그가 처음 읽은 책은 『타잔과 오파르의 보석』이었다. 그는 길에 떨어진 그 책을 주워, 처음 열 페이지를 뜯어냈다. 하지만 진은 그것으로 만족할 수 없었다.

아들이 책을 좋아하는 것을 알게 된 부모는 아들을 위해 신문을 구독하고, 찰스 디킨스 전집을 구입했다. 나중에는 중고 언더우드 타이프라이터까지 사주었다. 그 후의 이야기는 널리 알려진 사실이다.

하워드 진은 콜롬비아 대학교에서 박사학위를 취득했지만 우디 거스리Woody Guthrie의 노래를 듣고서야 콜로라도의 러들로 학살사건을 알게 되었다. 정통 교육에서는 이런 사건이 전혀 언급되지 않는다는 사실에서 하워드 진은 많은 것을 깨달았다.

진은 기억의 발굴자인 동시에 기억을 회복시키는 사람이다. 그는 과거의 감춰진 소중한 부분들을 되살려낸다. 그의 강의는 우리에게 많은 정보를 주며, 우리에게 행동으로 사회에 참여하라고 독려한다.

진은 예술에도 관심이 많다. 엠마 골드먼Emma Glodman의 생애를 다룬 그의 희곡 『엠마』는 뉴욕, 보스턴, 런던, 에든버러, 동경에서 공연되기도 했다. 최근에 쓴 희곡으로는 『마르크스, 뉴욕에 가다Marx in Soho』가 있다.

현재 75세인 하워드 진(1922년 생)은 예전과 다름없이 정력적으로 활동하고 있다. 보스턴 대학교 명예교수로 재직하면서 전국에서 빗발치는 강연 요구를 소화해내고 있다. 그러나 성격 탓에 강연하는 데만 만족하지 않고 참여 행동까지 서슴지 않는다. 최근에는 커튼 공장에서 일하는 엘살바도르 출신의 여성 노동자들을 위한 시위에 참여했다는 이유로 매사추세츠 에버렛에서 체포되는 수모를 겪기도 했다.

하워드 진은 진보운동 진영에서 가장 사랑받는 인물 중 하나다. 또한 그는 급진적 사상을 지니면서도 유머 감각을 가질 수 있다는 사실을 보여주는 살아 있는 증거다. 나는 케임브리지에 있는 하버드 노동조합 연구실에서 그와 인터뷰를 가졌다.

하워드 진 }

Howard Zinn

회고록에서, 타임스 스퀘어에서 일어난 사건이 선생님에게 정치적으로 큰 영향을 미쳤다고 말씀했습니다. 무슨 사건이었습니까?

— 당시 나는 브루클린 슬럼가에서 살고 있던 17세의 청년이었습니다. 같은 동네에, 나보다 나이가 많고 아주 정치적인 젊은 공산주의자들이 살고 있었습니다. 그들은 내게 타임스 스퀘어의 시위에 참가하라고 권했습니다. 그때까지 나는 시위에 참여한 적이 없어서, 타임스 스퀘어 시위에 참여하면 무척 재미있을 것 같았습니다. 그래서 그들을 따라 나섰습니다.

처음엔 아무런 일도 벌어질 것 같지 않았습니다. 하지만 내 친구가 "잠깐만 기다려봐!"라고 말하더군요. 『뉴욕타임스』 건물의 벽시계가 10시를 가리키자, 갑자기 깃발이 사방에서 나타났습니다. 그리고 군중이 거리를 행진하기 시작했습니다. 가슴이 두근거렸습니다. 나는 정신을 차릴 수 없었지만 반전시위라는 것을 어렴풋이 짐작할 수 있었습니다.

내 앞에 깃발을 든 두 여자가 걷고 있었습니다. 당시는 페미니스트 의식이 거의 없던 시기였습니다. 좌파에서도 페미니즘이란 단어가 생소하던 때였으니까요. 내 친구가 "깃발을 저 두 여자에게 맡겨둘 수는 없어! 네가 하나를 맡아. 내가 다른 쪽을 맡을 테니까"라고 말했습니다. 찰리 채플린이 철로 신호용 깃발인 붉은 깃발을 집어 들자 갑자기 그의 뒤로 실업자들이 줄줄이 늘어선 듯한 장면이 떠올랐습니다.

그때 사이렌 소리가 들렸습니다. 나는 부근에 불이 난 것이라 생각했습니다. 하지만 그게 아니었습니다. 기마경찰대가 도착한 것이었습니다. 말을 탄 채 군중 틈으로 들어와 군중을 무차별적으로 구타하기 시작했습니다. 그야말로 폭력의 현장이었습니다. 그리고 내가 미처 눈치를 채기도 전에 누군가 내 어깨를 돌리더니 내 머리를 내리쳤고, 나는 쓰러져 의식을 잃었습니다. 얼마나 시간이 흘렀는지는 모르지만 정신을 차리고 보니 어떤 집 현관 앞에 쓰러져 있더군요. 타임스 스퀘어는 예전의 모습으로 돌아가 있었습니다. 아무 일도 없었던 것처럼 을씨년스런 모습이었습니다. 내 친구도 어디론가 사라지고 없었습니다. 시위도 끝났습니다. 경찰도 없었습니다.

머리의 상처를 치료하면서, 이 나라에 대한 실망감도 치료해야 했습니다. 그 급진주의자들이 주장한 것은 모두 사실이었습니다. 정부는 중립적이지 않으며 힘 있는 사람의 편이었습니다. 그렇습니다, 이 나라는 급진주의자에게 표현의 자유를 허락하지 않습니다! 그 사건을 계기로 나는 절실히 깨달았습니다. 그 사람들은 비폭력 시위를 벌였습니다. 헌법에 보장된 시위였습니다. 그런데도 경찰은 우리 머리를 때리면서 시위대를 해산시켰습니다.

선생님은 회고록에 '달리는 기차 위에 중립은 없다 You Can't be Neutral on a Moving Train'라는 제목을 붙였습니다. 특별한 이유라도 있었습니까?

― 사람들에게 당혹감을 안겨주려고요. 그래서 강연을 갈 때마다 나를 소개하는 사람은 한결같이 "중립인 곳에서 훈련받을 수 없다 You Can't Be Training in a Neutral Place"고 잘못 말합니다.

사실 그 제목은 강의실에서 나온 것입니다. 나는 새 강의를 시작할 때마다 학생들에게, 나는 가능한 한 모든 입장을 취해보려 한다고 말했습니다. 학생들을 속이고 싶지 않았으니까요. 강의에서 학생들은 내 관점을 듣지만, 그 관점이 중립적일 수는 없었습니다. 내 강의가 중립적이기란 사실상 불가능하다고 학생들에게 거듭 말했습니다. 따라서 '달리는 기차 위에 중립은 없다'는 제목은 우리 세상이 이미 일정한 방향으로 움직이고 있다는 뜻입니다.

이러저러한 사태가 벌어지고, 전쟁이 일어나고 있습니다. 아이들이 굶주리고 있습니다. 이런 세상에서, 달리 말하면 생각하기도 끔찍한 방향으로 움직이고 있는 세상에서, 중립적이 된다거나 방관자적 자세를 취하는 것은 현 상황을 인정하는 것입니다. 세상을 지금처럼 끌어가는 사람들에게 협조하는 것입니다. 나는 그런 협력자가 되고 싶지 않았습니다. 나는 학생들이 그런 협력자가 되도록 방치하고 싶지 않았습니다.

애틀란타 스펠먼 대학에서의 재직 기간은 그야말로 급진주의적 삶이었던 것으로 알고 있습니다. 게다가 선생님은 학교 근처의 흑인가에서 사셨던 것으로 알고 있습니다만….

— 정확히 말하면, 내가 그곳에 부임한 첫 해, 그러니까 1956년에 우리는 애틀랜타 외곽에 있는 백인 노동자 계급촌에서 살았습니다. 그 자체로도 흥미로운 경험이었습니다. KKK단의 집결지인 스톤 마운틴에서 멀리 떨어진 곳이 아니었으니까요. 어느날, 길에서 시끌벅적한 소리가 들리더군요. 우리는 밖으로 뛰어나갔습니다. 우리 집에서 한 블록만 나가면 대로였습니다. 하얀 두건을 뒤집어쓴 사람들이 행진하고 있었습니다. 말로만 듣던 KKK단이 스톤 마운틴을 향해 행진하고 있었습니다.

그 후 우리는 스펠먼 대학 캠퍼스 안의 사택으로 이주했습니다. 사방이 흑인 공동체로 둘러싸인 곳이었습니다. 그 후 6년 동안 흑인들과 어울려 살았습니다. 스펠먼 대학에서 보낸 시간은 내 삶에서 가장 집약적으로 배운 때였습니다. 사회 변화요? 나는 사방에서 사회적 변혁이 일어나는 것을 보았습니다. 나는 그런 변화를 내 눈으로 목격했고, 그 변화에 대해 글을 쓰며 그 변화에 동참했습니다.

스펠먼 대학의 학생들, 특히 젊은 흑인 여대생들은 순종적 자세를 취하도록 교육받고 있었습니다. 차를 따르고 흰 장갑을 끼며, 교회에 들어갈 때나 교회에서 나갈 때는 줄을 맞춰 걸어야 한다고 교육받고 있었습니다. 그런데 갑자기 그들이 그런 관습을 과감히 깨는 것을 보았습니다. 그린스보로, 록힐, 내슈빌에서 일어난 인종차별 철폐 시위를 보고 난 후의 변화였습니다. 그들이 함께 모여서, 인종차별 철폐 시위를 계획하는 모습을 지켜보았습니다. 그리고 1960년 봄에 애틀랜타에서는 처음으로 인종차별을 철폐하라는 항의 시위가 있었습니다.

놀라운 변화였습니다. 체포당해 감옥에 갈 수 있었지만 그들은 용기를 끌어 모았습니다. 내 학생들이 스펠먼 대학 캠퍼스를 둘러싼 돌담을 넘어서, 결코 해서는 안 될 짓이라 배웠던 것을 과감히 해내는 용기 있는 모습을 나는 보았습니다. 나는 스펠먼 대학의 제자 마리언 라이트 에 델먼이 체포되어 교도소로 끌려가는 것을 보았습니다. 다음날 그 여학 생의 사진이 신문에 실렸습니다. 언제나 학구적이었던 그 학생은 쇠창 살 뒤에서 책을 읽고 있었습니다. 교도소에 갇혔다는 이유로 숙제를 미 루지 않겠다며 경찰에 끌려갈 때 가져간 책이었습니다.

나는 인종차별 철폐 시위에 참여했습니다. 나와 아내, 그리고 스펠먼 대학의 두 흑인 제자가 리치 백화점 안의 식당으로 점심식사를 하러 갔 습니다. 두 흑인과 두 백인이 자리를 잡고 앉았고 조금 전까지 화기애애 하던 분위기가 순식간에 싸늘하게 변했습니다. 폭탄이라도 떨어지고, 전염병이라도 퍼진 듯한 분위기였습니다. 우리 주변에 있던 사람들이 고함을 치고 욕설을 내뱉었습니다.

나는 흑인의 운명이 어떤 것인지 어렴풋이 눈치챌 수 있었습니다. 선 밖으로 한 걸음이라도 나가면 그를 위협하는 사람들에게 포위당할 것이 란 생각에 사로잡힌 가엾은 사람들의 운명도 짐작할 수 있었습니다. 그 래도 나는 남부 지역이 변해가는 것을 지켜보았습니다. 남부의 백인들 도 남부가 변해가고 있다는 생각에 익숙해져가며 그런 생각을 받아들였 습니다.

그때 나는 어떻게 가르쳐야 하는가에 대해서도 많은 것을 배웠습니 다. 가장 중요한 것은 강의실 안이 아니라 강의실 밖에서 가르치는 것이 란 사실도 배웠습니다. 교수가 직접 강의실 밖으로 뛰쳐나가고, 학생들 을 강의실 밖으로 데리고 나가야 합니다. 아니면 학생들이 교수를 강의 실 밖으로 끌고 나가도록 해야 합니다. 학생들이 먼저 나서면 교수는 "그래 나도 머뭇거릴 순 없어. 나는 그들의 선생이야. 그들과 함께 있어 야 해!"라고 말할 수 있어야 합니다. 최고의 가르침은 사회적 행위social action(사회 개혁을 목표로 하는 조직적 활동 —옮긴이)와 책에 담긴 지식을 접목시키는 데 있기 때문입니다.

가르치던 시절이 그립습니까?

— 강의실이 그립고, 학생들과 만나던 시간이 그립습니다. 하지만 내가 가르치는 일을 완전히 그만둔 것은 아닙니다. 이제 정식으로 가르치지는 않지만 전국을 돌아다니면서 젊은이들에게 강연하고 있으니까요. 이런 것도 가르치는 행위라 할 수 있겠죠. 나는 고등학생들에게 강의하기를 좋아합니다. 내가 가르치는 일에서 완전히 손을 떼고 테니스나 치고 있다면 그 시절이 한없이 그립겠지만, 다른 식으로 강의하고 있으니 그 시절이 생각만큼 그립지는 않습니다.

대다수의 교수가 사회적 참여보다는 학문에 전념해서 논문을 써내고 학회에 참석하는 데 열중하는 이유는 무엇이라고 생각하십니까? 그렇다고 그들의 학문적 행위가 무가치하다고 말하는 것은 아닙니다. 하지만 바깥에 나가야 할 때, 즉 우리 사회에서, 길거리에서 일어나는 일에 관심을 가져야 할 때 그들은 그런 참여가 적절하지 않다고 생각하는 것 같습니다.

— 우리 사회에는 안전에 대한 강력한 욕구가 있습니다. 우리 모두가 힘의 계급구조에서 한 부분을 차지하고 있기 때문에 모두가 취약합니다. 그 구조에서 최정상에 있지 않다면, 억만장자가 아니라면, 미국 대통령이 아니라면, 보스가 아니라면, 게다가 극소수만이 보스이기 때문에 나

머지는 계급구조에서 아래 단계에 있게 마련입니다. 우리를 지배하는 사람은 언제라도 우리를 해고할 힘을 갖고 있습니다. 거꾸로 승진시켜 줄 힘도 갖지만 어떤 식으로든 응징할 힘도 갖습니다.

미국과 같은 부유한 나라에서, 남다른 경제 시스템을 가진 나라에서, 우리가 분명히 말할 수 있는 것은 모두가 불안정하다는 것입니다. 모두가 불안합니다. 뛰어난 성적을 거두어도 불안감을 떨쳐낼 수 없습니다. 어떤 일이 닥칠지 모르기 때문입니다. 뭐든지 훌륭하게 해내는 사람들, 중산층이 하층민보다 더 불안해합니다. 하층민이야 기대할 것이 거의 없기 때문입니다.

학문 세계는 순응과 전문화라는 독특한 문화를 갖고 있습니다. 그러나 전문가가 된다고 해서 온몸을 불사르는 헌신적인 사람이 된다는 뜻은 아닙니다. 피켓 라인에 서 있는 교사는 전문가가 아닙니다. 학생들에게 시위에 참가하라고 독려하는 선생은 전문가가 아닙니다. 학생들에게 "멕시코 전쟁 때 대통령이 누구였는지 선다식으로 묻는 기말시험 대신에, 강의실 밖으로 나가서 믿을 만한 단체와 땀 흘려 일하고 그 결과를 리포트로 제출하라"고 말하는 선생은 전문가가 아닙니다.

강의실 밖으로 나가야 합니다. 우리가 학술 저널을 위해 글을 쓰는 것이 아니라 모두를 위해 글을 쓰는 것이라면 도중에 굽혀서는 안 됩니다. 학술 저널에 기고한 글은 애초부터 극소수의 전문가를 대상으로 쓰인 글입니다. 따라서 보통사람을 위해서 글을 쓰면 우리는 의혹의 눈총을 받습니다. 그들은 우리에게 학자가 아니라 저널리스트라고 말합니다. 아니, 하나의 관점을 전개했다는 이유로 프로파간디스트라고 매도까지 합니다. 물론 학술논문도 하나의 관점을 갖습니다. 그런데 그들은 어떤 아젠다에 사로잡혀 있습니다. 하지만 그들은 그런 아젠다에 사로잡혀 있다는 사실조차 모릅니다. 그 아젠다는 순종이고 침묵입니다. 그 아젠다는 안전입니다. 그 아젠다는 '평지풍파를 일으키지 말라!'는 것입니다.

선생님의 전공 분야, 즉 역사에서는 변화의 조짐이 있지 않습니까?

— 물론입니다. 변화가 있다는 것은 분명한 사실입니다. 역사 교육이 바뀌었다고 말할 정도의 변화는 아닙니다. 그러나 이 나라의 우익에게 경종을 울리고, 재향군인회를 놀라게 만들 정도의 변화가 있었습니다. 또린 체니, 로베트 돌, 윌리엄 베네트, 거트루드 힘멜파브 및 상원의원들에게 경고를 보내고, 과거의 역사를 부둥켜안고 있는 모든 사람을 놀라게 할 정도의 변화는 있었습니다.

콜럼버스의 이야기도 이제는 바뀌었습니다. 물론 대다수의 학교에서는 옛날의 역사를 가르치지만 적어도 수천 곳의 학교에서는 바뀌었습니다. 이것만으로도 놀라운 변화입니다. 이제 어린 아이들은 콜럼버스를 모험가로만 배우지 않습니다. 약탈자였고 납치자였으며 고문자였다고 배웁니다. 한마디로, 나쁜 사람이었다고도 배웁니다. 따라서 정복과 영토 확장은 좋은 것이 아니며, 황금을 찾아나서는 모험이 반드시 환영받을 일만은 아니라고 생각할 수 있지 않겠습니까? 이제야 아이들에게 제대로 된 역사를 가르치기 시작했습니다!

콜럼버스가 우연히 만난 인디언 사회가 어땠는지 잠깐 살펴볼까요. 그들은 어떻게 살았습니까? 그들은 서로 어떤 관계를 맺고 살았을까요? 학교에서 가르치는 콜럼버스 이야기에서는 당시 인디언들이 이 대륙에서 어떻게 살았는지에 대해서는 거의 언급하지 않습니다.

언젠가 윌리엄 브랜든William Brandon(1914~2002, 미국의 역사학자)을 내게 떠올려주는 익명의 편지를 받았습니다. 브랜든은 콜럼버스가 이 대륙에 도래한 전후의 인디언과 그들의 공동체를 연구하는 데 거의 평생을 바쳤습니다. 그리고 놀라운 이야기를 찾아냈습니다. 자본주의, 탐욕, 경쟁, 계급구조에 의문을 품게 만드는 이야기를 찾아냈습니다. 완전히 새로운 콜럼버스 이야기, 완전히 다른 아메리카 원주민 이야기는 기존의 인식을 완전히 뒤집어 버리는 이야기였습니다.

남북전쟁 후 남부의 재통합 시기도 새로운 방식으로 이야기되고 있습니다. 에릭 포너Eric Foner의 『재통합Reconstrction』은 정말 읽을 만합니다. 내가 1950년대 대학원에 진학할 때와는 남부의 재통합 시기를 다루는 분위기가 무척 달라졌습니다. 그때만 해도, 에릭 포너 책의 전신前身이라 할 수 있는 두보이스Du Bois의 『흑인의 통합Black Reconstruction』은 참고문헌에 언급조차 되지 않았으니까요. 요컨대 역사 교육에서도 많은 변화가 있기는 했지만 충분한 정도는 아닙니다. 그러나 옛 역사를 부둥켜안고 지키려는 사람을 깜짝 놀라게 할 정도의 변화는 있었습니다.

몇 년 전, 대학 총장들의 모임에서 보스턴 대학교 존 실버 총장은 '학문의 샘을 더럽히는' 교수들이 있다면서 노암 촘스키와 하워드 진을 예로 들었습니다.

— 실버 총장은 대학에 맑은 샘이 있는데, 촘스키나 나와 같은 사람이 와서 더럽힌다고 착각한 모양입니다. 넓은 의미에서 보면, 이 나라의 우익이 도맡고 있는 교육에 대한 자기비판이라 할 수도 있습니다. 우익의 주장에 따르면, 다문화주의가 유입되기 전까지, 우리가 페미니즘과 흑인, 아메리카 원주민과 멕시코 계 미국인을 연구하기 전까지는 교육은

괜찮았다고 하지 않습니까. 요컨대 학생들이 토마스 하디(영국의 소설가) 이외에 『말콤 엑스 자서전』을 읽기 시작하면서, 또 톨스토이와 장 자크 루소 이외에 『나, 리고베르타 멘추I, Rigoberta Menchu』가 학생들에게 권장도서로 추천되면서 맑은 샘이 더러워졌다는 것입니다.

하지만 그 샘은 애초부터 맑은 샘이 아니었습니다. 파시스트 정권 하에서 자주 언급되던 표현을 빌면, 인종적 순수성이란 의미에서는 맑은 샘이었을지 모르겠습니다. 하지만 그런 샘은 그 자체로 이미 더럽혀진 샘입니다. 세계인의 대다수를 배제시킨 교육을 고집해왔으니까요.

이번에 쉬운 질문을 하나 드리겠습니다. 사회적 변화는 어떻게 일어 납니까?

— 고맙군요, 데이비드. 30초면 대답할 수 있을 것 같습니다. 하여간 나는 역사적 상황을 정밀하게 분석해서 어떤 결론을 끌어내려 합니다. 불만이 누적되어 비등점에 이르면 변화가 일어나게 마련입니다.

1950년대와 1960년대에 남부에서 어떤 일이 있었습니까? 흑인들이 갑자기 노예상태로 되돌아간 것은 아니었습니다. 흑인들을 갑자기 몰아 친 화급한 일이 있었던 것도 아닙니다. 남부의 백인들이 말하듯이, 흑인 은 조금씩 앞으로 전진해가고 있었습니다. 더딘, 아주 느린 변화였습니 다. 하지만 변해가고 있었습니다. 그러나 흑인들이 마음속에 품은 이상 은 '우리는 평등해야 한다. 우리는 평등한 대우를 받아야 한다'는 것이 었습니다. 그런데 남부에서의 변화는 이런 이상과 너무 동떨어져 있었 습니다. 당위와 현실 간에 괴리가 있다는 인식이 오랫동안 존재했지만, 불꽃이 점화될 순간을 기다리고 있었습니다.

어떤 불꽃이 큰 불로 발전할지는 아무도 모릅니다. 예컨대 몽고메리에서 버스 승차 거부가 있기 전에 다른 곳에서도 승차 거부가 있었습니다. 1960년대에 연좌농성이 있기 전에 1955년부터 16곳의 도시에서 연좌농성이 있었지만 아무도 관심을 기울이지 않았습니다. 그래서 대대적인 시위로 발전하지 못한 것입니다. 하지만 1960년 2월 1일 그린스보로에서 네 명의 대학생이 연좌농성을 시작하자, 모든 곳에서 불길이 활활 타올랐습니다. 그러자 사태가 예전과 전혀 다른 양상으로 발전했습니다.

이 사건은 어떤 구체적인 결과를 기대하지 않은 채 뭔가를 하는 사람들에게 큰 용기를 주었습니다. 우리는 뭔가를 해야 합니다. 어떤 변화가 일어나지 않아도, 우리의 행동을 멈춰서는 안 됩니다. 뭔가를 꾸준히, 반복해서 해야만 합니다. 도화선에 불을 붙여야 합니다. 그렇게 하기를 반복해야 합니다. 바지직대고 꺼지더라도 실망해서 행동을 멈춰서는 안 됩니다. 불이 확실하게 켜질 때까지 계속해서 불을 붙여야 합니다. 공민권 운동을 비롯해서 모든 운동이 이런 식으로 시작되었습니다. 오랜 시간이 걸릴 수도 있습니다. 인내심이 필요합니다. 하지만 소극적 인내여서는 안 됩니다. 적극적 행동을 중단하지 않는 인내심이 필요합니다.

1982년 나는 남아프리카공화국을 방문했습니다. 그곳에서 나는 아주 흥미로운 경험을 했습니다. 금서禁書라는 이야기는 흔히 들었지만, 그 나라에서는 사람에게도 금족령이 내려지더군요. 그들은 말도 할 수 없었고, 한 발짝도 움직일 수 없었습니다. 비밀경찰이 어디에나 있었습니다. 내가 케이프타운 대학교에 도착하기 직전에는 그 대학교 학생신문사에 비밀경찰이 들이닥쳐서 온갖 서류를 압수하는 사건이 벌어지기도 했습니다. 그런 일은 다반사였습니다. 한마디로, 공포 분위기였습니다.

대부분이 그런 곳에서는 어떤 일도 일어날 수 없다고 생각할 것입니다. 하지만 남부에서 이미 경험했기 때문에 나는 억압된 표면 아래에서 분노가 부글부글 끓고 있다는 것을 알고 있었습니다. 그 분노는 결코 사그라지지 않습니다. 그 분노가 언제 폭발할지는 몰랐습니다. 하지만 그 분노는 마침내 폭발하고 말았습니다. 만델라가 로벤 섬에서 갑자기 나타나, 새로운 남아프리카공화국의 대통령이 되었습니다.

우리는 사회적 변화를 보여준 역사적 사례에서 용기를 얻어야 합니다. 변화는 갑자기, 전혀 예기치 않았던 순간에 일어나는 법입니다. 그렇다고 하늘에서 내린 기적은 아닙니다. 민중이 오랫동안 인내하고 고통받은 결과입니다.

무엇인가를 했는데 아무런 변화가 일어나지 않았다고 실망해서는 안 됩니다. 즉각적 성공이라는 기대감을 버릴 때 작은 결실이라도 맺을 수 있다는 사실을 인식해야 합니다. 즉각적 성공이란 기대감을 버리고 끈기 있게 버틸 때 우리는 뭔가를 이뤄낼 수 있습니다.

미국의 좌파와 그 가치에 대해 말씀을 해주십시오. 좌파의 가치가 무엇이라 생각하십니까?

— 좌파의 가치는 사회주의라 할 수 있습니다. 물론 소비에트적 의미에서, 관료주의적 의미에서, 볼셰비키적 의미에서의 사회주의가 아닙니다. 내가 말하는 사회주의는 유진 뎁스Eugene Debs, 마더 존스Mother Jones, 엠마 골드먼 등 아나키스트 사회주의자들이 지향하던 사회주의를 뜻합니다. 좌파의 가치는 근본에서 평등주의입니다.

내게 좌파가 핵심 가치로 어떤 목표를 가져야 하느냐고 묻는다면, 모두가 삶에서 필요한 것을 충족시키며 쾌적한 삶을 누리는 기본권을 확보하고, 세계의 불균형을 없애는 것이라 대답하겠습니다.

그렇다고 완전한 평등을 주장하는 것은 아닙니다. 그런 평등은 결코 이뤄낼 수 없습니다. 당신의 스웨터가 내 스웨터보다 좋은 것입니다. 하지만 우리 둘 모두가 스웨터를 입고 있다는 사실이 중요합니다.

모두가 생명과 자유를 누릴 동등한 권리와 행복 추구권을 갖는다고 써 있는 독립선언문은 좌파의 가치를 고스란히 담고 있는 선언문입니다. 물론 독립선언문에는 모든 주체가 '맨man'입니다. 따라서 1848년 페미니스트들이 '맨'에 '우먼women'을 덧붙여 새로운 독립선언문을 만들었듯이 그 주체가 확대되어야 합니다. 또한 그 가치가 세계적으로도 확대되어야 합니다.

좌파가 포용해야 할 중요한 가치 중 하나는 국경을 초월한 국제 연대와 평등입니다. 아주 중요한 가치입니다. 다른 나라의 아이들도 우리나라의 아이들과 똑같이 행복하게 살아야 할 권리가 있다고 생각한다면 이런 가치가 모든 것을 바꿔놓을 것이기 때문입니다. 그렇게 된다면 전쟁도 사라질 것입니다.

전국을 돌아다니면서 내가 생각하는 좌파의 가치에 대해 강연할 때마다 나는 독립선언문에 나열된 권리를 모두가 똑같이 갖고 있으며, 그 원칙을 이제는 전세계로 확대할 때가 되었다고 역설합니다. 흥미롭게도 모두가 내 주장에 고개를 끄덕입니다. 그렇다고 청중이 좌파인 것만은 아닙니다. 다양한 이념을 지닌 사람들이고, 강제로 동원된 고등학생들입니다. 그렇다면 내 주장이 타당성을 갖는다는 뜻이 아니겠습니까. 내 주장이 맞고 도덕적이란 뜻이 아니겠습니까.

게다가 그들은 예전엔 인정하지 않았던 것, 예컨대 히로시마 원폭 투하가 우리 사회에서 일반화된 토론의 틀 안에서도 논쟁적 쟁점이 될 수 있다는 사실을 기꺼이 인정합니다. 따라서 일본 아이들도 미국 아이들과 똑같이 삶을 영위할 권리가 있다는 생각을 제시하면서 토론의 틀을 바꾼다면, 뉴욕의 아이들에게 원자폭탄을 떨어뜨려서는 안 되듯이 히로시마에도 원자폭탄을 떨어뜨려서는 안 되었습니다. 원자폭탄의 투하로 2차 대전이 좀더 빨리 끝나기는 했지만 말입니다.

기회의 평등에 대해 말씀해주십시오. 조건이나 결과의 평등에 비해서 상당히 중요한 문제인 듯합니다.

― 보수주의자들, 때로는 자유주의자들도 "우리는 국민에게 동등한 기회를 주고 싶다. 국민에게 교육의 기회를 줄 것이고, 국민을 세계로 내보내서 다른 나라에서는 어떤 일이 일어나고 있는지 볼 기회를 주려 한다"라고 떠벌려댑니다. 따지고 보면, "우리는 최선을 다했다. 그러니 살아남을 자만 살아남아라!"는 뜻이기도 합니다.

다윈의 철학인 셈이죠. 하지만 국민 모두가 건강관리를 받고, 주택을 소유하며, 일거리를 갖고, 먹을 것을 걱정하지 않으며, 교육받을 수 있게 하는 것, 요컨대 국민이 기본적인 삶을 유지하는 데 필요한 것을 보장해줘야 한다는 것이 우리 가치관이 되어야 합니다.

국민에게 기회를 준다고 말하는 것은 예컨대 돈버는 기술이나 지능, 달리 말하면 백만장자가 될 수 있는 능력을 갖지 못한 사람들이 가난한 이유를 그들 탓으로 돌리는 것입니다. 그 사람들은 시인일 수도 있고 음악가일 수도 있습니다. 물론 능력 있는 사람일 수도 있지만 목수일 수도 있습니다. 하지만 운이 따라주지 않을 수 있습니다. 따라서 국민에게 기회의 평등을 준 것으로 충분하다는 생각은 버려야 합니다.

선생님은 "현재와 같은 부와 가난의 양극화가 지속될 수는 없다"고 말씀하셨습니다. 그 이유를 말씀해주십시오.

— 현재와 같은 양극화가 언제까지 계속될지는 모르겠습니다. 하지만 무한정 계속될 수 없다는 것만은 압니다. 빈부 간의 심화되는 격차가 온갖 걱정과 재앙, 갈등의 원인입니다. 다우존스 평균지수는 천정부지로 올라갑니다. 지난 15년 동안 다우존스 평균지수는 400퍼센트 이상 상승했습니다. 반면에 같은 기간에 노동자의 임금은 15퍼센트나 떨어졌습니다. 최상층의 1퍼센트가 부의 43~44퍼센트를 차지하고 있습니다. 미국 역사에서 보편적인 수치였던 28, 30, 32퍼센트를 훨씬 상회하는 수치입니다. 학자들이 17세기 보스턴의 과세대장을 면밀히 연구해서 국민의 1퍼센트가 부의 33퍼센트를 소유했다는 결론을 끌어낸 적이 있습니다. 미국 역사에서 이에 관련된 통계자료를 살펴보면 그 수치가 약간의 변동은 있지만 거의 똑같습니다. 그런데 요즘에는 그 편차가 점점 악화되고 있습니다. 심각한 상황입니다. 결단을 내려할 때가 되었습니다.

많은 학자가 국민이 소극적이고 수동적으로 변해간다고 말하고 있습니다. 선생님 생각은 어떻습니까? 현 사회에 반발하는 사람들이 있다고 생각하십니까?

— 물론입니다. 미네소타 덜루스에서는 500명이 내 강연을 들으려고 찾아왔습니다. 그들은 열성적인 좌파도 아니었고, 급진적 메시지를 듣고 싶어하는 사람들이 아니었습니다. 그저 호기심에 찾아온 사람들이었습니다. 신문 등에서 내 강연이 있다는 소식을 듣고 호기심에 참석한 사람

들이었습니다.

당연히 나는 급진적 메시지가 담긴 강연을 했습니다. 우리 경제 시스템에 문제가 있다. 우리 정치 시스템이 잘못되어도 한참 잘못되었다. 근본적인 문제가 있다. 우리는 부를 재분배해야 한다. 부를 합리적 방법으로 사용해야 한다. 엄청난 규모의 국방비를 손봐야 한다. 약간 삭감할 것이 아니라 완전히 없애버려야 한다. 더 이상 전쟁을 하지 않겠다고 결심하면 된다. 더 이상 남의 나라에 군사적으로 개입하지 않겠다고 결심하면 된다. 우리가 전쟁을 하지 않겠다고 결심하는 순간 무려 2500억 달러의 여윳돈이 생긴다. 이 돈이면 노인의료보험, 사회보장제도, 아동 보호, 전국민 의료보험, 교육 등을 걱정할 필요가 없다. 우리는 더 좋은 사회를 만들 수 있다! 이런 식으로 말입니다.

만약 「짐 래러의 뉴스아워」에서 당신이 이런 발언을 한다면 프로그램 제작자들은 "시청자들이 무슨 말인지 이해하지 못할 것 같은데요"라고 말할지도 모릅니다. 하지만 그렇지 않습니다. 당신은 국민에게 상식을 말한 것입니다. 명색이 세계에서 가장 부유한 나라에서 밥을 굶는 사람이 있어야 되겠습니까? 굶주리는 사람도 없고, 집 없는 사람도 없고, 건강관리를 받지 못하는 사람이 없어야 합니다. 그것이 상식입니다.

미국은 세계에서 가장 부유한 나라입니다. 모두가 그런 혜택을 받을 수 있어야 합니다. 우리에게는 풍부한 자원이 있지만 그 자원이 허튼 곳에 낭비되고 있습니다. 소수의 손에 넘어가고 있습니다. 이것도 상식입니다. 따라서 우리나라 전역에 급진적 메시지를 듣고 "맞아, 맞아!"라며 무릎을 치는 수백만의 민중이 있습니다.

벤 바그디키언은 거의 모든 것을 이루었다. 그는 퓰리처상을 비롯해서, 미국 언론계의 권위 있는 상을 거의 모두 수상했다. 기자로 시작해서 편집주

을 언론계에 종사한 사람이다. '워싱턴 포스트'에서 바그디키언은 이른바 '펜타곤 페이퍼Pentagon Papers'(베트남 전쟁에 관련한 비밀문서 —옮

역할을 했다. 그 후 바그디키언은 신문사 편집실을 떠나 학계로 진출해서 캘리포니아 대학교 버클리 분교의 언론대학원 원장을 역임했다. 지금은 은퇴

카로운 필봉을 휘두르고 있다.

바그디키언은 1983년에 첫 출간된 '언론 독점The Media Monopoly,'의 저자로 널리 알려져 있다. 이 책에서 바그디키언은 언론의 소유권 집중을 과

데없는 걱정으로 민심을 어지럽히고 시장의 자체 교정 능력을 믿지 않는다고 비난을 퍼부었다. 그러나 바그디키언은 이런 비난에도 물러서지 않고,

전부터 가속화되고 있으며, 1996년의 통신법이 기업 합병의 열기를 더욱 부추겼다고 공격했다.

바그디키언은 1921년, 터키가 아르메니아 인을 대량으로 학살하던 참극을 끝내던 시기에 아르메니아 인의 아들로 태어났다. 어렸을 때 미국으로 달

록 '이중의 비전Double Vision,'에서 감동적으로 소개된다.

바그디키언은 버클리 힐스에 있는 그의 집 부근 지하철 역까지 나를 마중 나와 주었다. 우리는 거실 소파에 앉아 가볍게 이야기를 나누기 시작했다.

거리를 추적할 때 내 이름을 별명으로 사용한 적이 있다고 털어놓았다. 우리는 운명적으로 인터뷰를 할 수밖에 없는 사이였던 모양이다.

올바른 언론이란 무엇인가

벤 바그디키언 Ben Bagdikian

interview date | 1997년 4월

어쩌면 언론인에게는 유명인사가 되는 것이 최악일 수 있습니다.
타락으로 가는 지름길이거든요. 자기 파멸을 재촉할 수도 있는 길입니다.
정직한 언론인이라면 끊임없이 관찰하고 귀담아 듣고 배워야 합니다.
하지만 유명인사가 되는 순간부터는 관찰자가 아니라 관찰의 대상이 됩니다.

벤 바그디키언은 거의 모든 것을 이루었다. 그는 퓰리처상을 비롯해서, 미국 언론계의 권위 있는 상을 거의 모두 수상했다. 기자로 시작해서 편집 주간에 이르기까지 50년 이상을 언론계에 종사한 사람이다. 『워싱턴 포스트』에서 바그디키언은 이른바 '펜타곤 페이퍼Pentagon Papers'(베트남 전쟁에 관련한 비밀문서 -옮긴이)를 폭로하는 데 결정적 역할을 했다. 그 후 바그디키언은 신문사 편집실을 떠나 학계로 진출해서 캘리포니아 대학교 버클리 분교의 언론대학원 원장을 역임했다. 지금은 은퇴해서, 언론을 비판하는 날카로운 필봉을 휘두르고 있다.

바그디키언은 1983년에 첫 출간된 『언론 독점The Media Monopoly』의 저자로 널리 알려져 있다. 이 책에서 바그디키언은 언론의 소유권 집중을 파헤쳤다. 서평가들은 그가 쓸데없는 걱정으로 민심을 어지럽히고 시장의 자체 교정 능력을 믿지 않는다고 비난을 퍼부었다. 그러나 바그디키언은 이런 비난에도 물러서지 않고, 언론의 대기업화가 10여 년 전부터 가속화되고 있으며, 1996년의 통신법이 기업 합병의 열기를 더욱 부추겼다고 공격했다.

바그디키언은 1921년, 터키가 아르메니아 인을 대량으로 학살하던 참극을 끝내던 시기에 아르메니아 인의 아들로 태어났다. 어렸을 때 미국으로 탈출하는 이야기가 그의 회고록 『이중의 비전Double Vision』에서 감동적으로 소개된다.

바그디키언은 버클리 힐스에 있는 그의 집 부근 지하철 역까지 나를 마중 나와 주었다. 우리는 거실 소파에 앉아 가볍게 이야기를 나누기 시작했다. 그는 기자이던 시절에 기사거리를 추적할 때 내 이름을 별명으로 사용한 적이 있다고 털어놓았다. 우리는 운명적으로 인터뷰를 할 수밖에 없는 사이였던 모양이다.

『언론 독점』 초판에서, 당신은 미국 언론계를 지배하는 50개 기업을 지목했습니다. 현재의 상황은 어떻다고 생각하십니까?

— 새롭게 등장한 주역들의 덩치가 훨씬 커서, 옛 주역들 중 일부를 집어삼키기도 했습니다. 지금은 기업체 수가 예전에 비해 줄어들었습니다. 하지만 각 기업의 힘은 훨씬 커졌습니다. 예컨대 디즈니-ABC는 주요 신문사, 텔레비전 방송국, 영화, 촬영장, 출판사 등을 소유하고 있습니다. 또한 내용을 포함해서 제작의 전 과정을 통제합니다. 또한 전국의 가정에 프로그램을 전송하는 시스템까지 통제합니다. 이른바 폐쇄회로라는 것입니다.

이런 현상이 수정헌법 제1조(의회는 표현의 자유, 출판의 자유를 제한하는 어떤 법률도 제정할 수 없다 —옮긴이)에 어떤 영향을 미친다고 생각하십니까?

— 수정헌법 제1조는 누구라도 마을 광장에서 자유롭게 말할 수 있고, 인쇄업자에게 돈을 주고 포스터를 인쇄해서 술집이나 동네 나무에 자유롭게 게시할 수 있다는 전제에 바탕을 두고 있습니다. 예컨대 누군가 당신의 발언에 동의하지 않는다면 공원의 반대편에서 궤짝에 올라가 다른 생각을 말할 수 있었습니다.

이제는 대부분의 주민이 한곳에 모여 사는 아담한 마을은 없습니다. 대신 우리는 거대한 복합단지에서 살아가고 있습니다. 따라서 주민이 공회당에 모여 찬반토론을 벌여 모든 일을 결정할 여지가 없습니다.

수정헌법 제1조에 따르면, 당신이나 나, 혹은 이웃집 여자라도 자유롭게 1억 달러의 신문사, 500억 달러의 텔레비전 방송국, 국제적 규모의 출판사를 차릴 수 있습니다. 무한정의 돈과 신용만 있으면 됩니다.

많은 도시에서 대안 신문사가 사라지고 있습니다. 이런 현상이 나중에 어떤 영향을 미칠까요?

— 현재 미국에서는 약 1500개의 도시에서 일간지를 읽을 수 있습니다. 대부분의 도시에 하나의 신문밖에 없습니다. 따라서 계산상으로는 하나의 도시에 하나의 신문이 있는 셈이지만 실제로는 일간지가 없는 도시가 점점 증가하는 추세입니다. 직경 160킬로미터로 10~12개의 구역으로 나눈 지역의 한 구역에 사는 주민은 반대편 구역에서 발행되는 신문을 봐야 할 수도 있습니다. 그런 신문에 실린 뉴스는 값싸게 얻을 수 있지만 균질화된 뉴스입니다.

지역 뉴스를 구하려면 많은 비용을 지불해야 합니다. 기자에게 적절한 봉급과 연금을 보장해야 하니까요. 오락거리 기사나 배급회사가 나눠주는 기사를 충분히 확보한다면 저렴한 비용으로 신문을 만들 수도 있겠죠. 그러나 대안 라디오와 대안 주간지가 없다면 내용에서 별 차이가 없는 목소리만을 듣게 될 것입니다.

신문사가 비용을 절감해야 한다는 말이 계속해서 들리고 있습니다. 그 이유가 무엇이라 생각하십니까?

— 진수성찬이 차려진 식탁에 앉아 비프스테이크가 다양한 종류로 준비되지 않았다고 투덜대는 뚱보의 경제학이라 할 수 있습니다. 호경기에는 일간신문사의 평균 이익이 모든 제조업체의 평균 이익보다 4배나 높습니다. 불경기에도 2~3배는 높습니다.

월스트리트에서도 편집실이 점점 좁아지고 있지 않나요?

— 맞습니다. 고객의 만족도는 신경 쓰지 않겠다는 짓입니다. 월스트리트 분석가들이 행복해 하면 그만이고, 주가의 동향에만 관심 있다는 증거입니다. 과거에는 편집자들이 결정을 내렸지만 요즘에는 월스트리트의 분석가들이 결정권을 갖고 있습니다. 지역신문 발행인이 스톡옵션을 갖는다면 대개 편집장도 스톡옵션을 갖습니다. 뉴스를 팔아 번 돈은 그들의 돈입니다. 지역 주민들에게 가능한 실질적인 뉴스를 제공한 대가로 받는 보상입니다.

기업 변호사들이 편집실에 미치는 영향력이 점점 드세지고 있습니다. 작년에는 「60분」과 담배회사인 브라운 앤 윌리암슨이 관련된 사고까지 있었습니다. CBS가 인터뷰를 방송하려 했을 때 담배회사 변호사가 "취소해!"라고 말했다는 겁니다. 이런 사건에 대해 어떻게 생각하십니까?

— 부끄러운 일이었습니다. CBS는 구태여 법정소송까지 벌이면서, 담배회사들이 거짓말했다는 증거를 제시한 증인을 방송에 출연시킨 것을 변호하려 하지 않았습니다. CBS는 법정에 나가 "우리를 고소한 회사가 사람들을 죽이고 있습니다"라고 말하려 하지 않았습니다. CBS 입장에서는 나쁠 것이 없습니다. 법정소송에는 돈이 드니까요.

담배회사들은 사업을 다각화했습니다. 그들은 텔레비전 광고를 중단하고, 대형 식품회사를 소유해서 그 이름으로 광고를 합니다. 그들은 엄청난 광고비를 동원해서 우리를 죽이고 있습니다.

미국의 뉴스에서 건드려서는 안 되는 신성한 영역이 있다면 기업 시스템입니다. 하기야 특정 기업을 건드릴 필요는 없습니다. 그런 기업은 소송에 휘말려, 찬란한 악행이 폭로되어 각광을 받게 마련이니까요. 하지만 그런 악행을 보상하고, 그런 악행을 거의 당연한 것으로 여기는 시스템을 건드리면, 그런 기사는 인쇄되기도 어렵고 방송되기는 거의 불가능합니다.

언론 통제라는 형식으로 권력에 접근하는 방법에 대해 말씀해주십시오. 『프로그레시브』의 전임 편집자로 지금은 세상을 떠난 어윈 놀Erwin Knoll은 한 기자회견에서 린든 존슨에게 무척 비판적인 질문을 한 후로 다시는 기자회견에서 지명을 받지 못했다고 하더군요. 가령 당신의 출입처가 백악관이나 주 의사당인데 대통령이나 주지사가 당

신 전화에 답신을 주지 않는다거나 당신 질문을 묵살해버린다면 편집
장은 그다지 달가워하지 않을 것이고, 따라서 당신은 다른 일자리를
찾아야 할 것입니다.

— 그것은 편집장의 성실성에 달린 문제입니다. 기자가 까다로운 질문
을 많이 해서 기자회견에서 지명을 받지 못하더라도 나는 별 상관이 없
다고 생각합니다. 지금도 검사처럼 질문을 해대는 기자들이 적지 않습
니다. 힐난조의 질문을 해대는 샘 도널드슨Sam Donaldson이 대표적인
예입니다. 대단한 내용이 담긴 질문은 아닙니다. 결국 내용보다는 어투
의 문제라 할 수 있습니다.

　존 F. 케네디의 첫 기자회견이 아직도 내 기억에 생생합니다. 피그스
만 사건이 있었던 직후였습니다. 여느 때와 마찬가지로 출입기자들의
전략에 대한 질문이 있었습니다. 그렇게 많은 공중엄호가 있었어야 했
느냐? 상륙에 다른 선박이 동원되었어야 했느냐? 다른 신빙성 있는 정보
는 없었느냐? 이런 질문들이 있은 후, 딕 더드먼이 지명을 받았습니다.

　더드먼은 "각하, 쿠바를 애초부터 침략했어야만 했습니까? 반대할 수
도 있지 않았습니까?"라고 물었습니다. 그 무례한 질문에 모두가 못마
땅한 표정을 지었습니다. 중요한 질문이기는 했지만 그들은 평소처럼
핵심적인 질문보다 전략과 전술 등 주변적 문제에만 관심을 가졌던 것
입니다. 하기야 대통령 기자회견에서 암묵적으로 무시된 중요한 질문만
기록해도 책 한 권을 만들 수 있을 것입니다.

요즘에는 많은 언론인, 특히 뉴스 앵커가 유명세를 얻고 있습니다. 이
런 현상에 대해 어떻게 생각하십니까?

― '앵커병anchoritis'은 무서운 병입니다. 어쩌면 언론인에게는 유명인사가 되는 것이 최악일 수 있습니다. 타락으로 가는 지름길이거든요. 자기 파멸을 재촉할 수도 있는 길입니다. 정직한 언론인이라면 끊임없이 관찰하고 귀담아 듣고 배워야 합니다. 하지만 유명인사가 되는 순간부터는 관찰자가 아니라 관찰의 대상이 됩니다. 관심의 대상이 되어 남들이 그를 보고 배우게 만듭니다.

가든파티를 열어 그런 언론인을 초대해 워싱턴의 뒷이야기라도 들으려면 그들에게 5000~1만 달러, 심지어 2만 달러를 줘야 합니다. 유명 언론인이 지방에 불려 다니면서 말을 퍼뜨립니다. 하잘것 없는 정보를 내뱉으면서 거만하기는 이를 데가 없습니다. 언론인은 몸뚱이를 보여주는 것이 아닙니다. 글로 말하는 사람이 되어야 합니다.

텔레비전과 라디오에서 토크쇼의 인기가 나날이 높아지고, 토크쇼 프로그램이 우후죽순처럼 생기는 현상을 어떻게 설명하시겠습니까? 토크쇼에 출연하는 사람들이 마치 누가 큰소리로 외치나 경쟁이라도 하는 듯합니다.

― 토크쇼는 기본적으로 광고에 바탕을 두고 있습니다. 영리를 목적으로 하는 민영 텔레비전에서의 제1원칙은 화면을 2~3초 이내에 바꾸라는 것입니다. 따라서 화면이 끊임없이 바뀌어야 합니다. 그래야 시청자가 적절한 방취제를 사용하면 멋진 침실을 꾸밀 수 있고, 펩시콜라를 마셔야 젊음을 영원히 유지할 수 있다고 말하는 상업 광고를 무비판적으로 받아들일 가능성이 훨씬 커집니다. 물론 그런 광고는 합리적 근거가 없는 거짓말에 가깝습니다. 하지만 그런 부조리한 광고를 무비판적으로

받아들이는 분위기에서는 거짓말도 거짓말처럼 들리지 않는 법입니다.

알렉스 헤일리의 소설 『뿌리Roots』를 원작으로 한 미니시리즈가 시청자들의 뜨거운 반응에도 불구하고 많은 돈을 벌지 못하는 이유가 바로 여기에 있습니다. 대부분의 광고주가 이 프로그램에 광고를 주려 하지 않기 때문입니다. 왜 그럴까요? 시청자들이 너무 진지해서, "이런 화장품을 사용하세요" "이 방취제를 사용하면 최고의 침실을 꾸밀 수 있습니다"라고 말할 분위기가 아니라는 것입니다. 그런 광고를 해보았자 시청자들이 콧방귀를 뀌기 십상이란 것입니다.

따라서 텔레비전에 광고하는 광고주들은 광고하기에 '적합한 분위기'를 요구합니다. 요컨대 광고주의 요구에 따라 프로그램 성격이 결정된다고 말할 수 있습니다. 이처럼 프로그램 내용 전체가 광고주의 압력을 받기 때문에 내용이 사회적으로나 지적으로, 아니 모든 부분에서 부실해지게 마련입니다.

여론조사를 보면, 공공기관을 평가해달라는 질문에 미국인들은 미디어를 별로 탐탁지 않게 생각합니다. 어찌 보면 평판이 가장 좋지 못한 공공기관이 미디어입니다. 그 이유가 무엇이라 생각하십니까?

— 당연한 결과라 할 수 있습니다. 하지만 묵묵히 본연의 역할을 다하는 언론인에게는 억울한 평가입니다. 가령 섹스 스캔들이나 O. J. 심슨 사건과 같이 시끌벅적한 사건에 관련된 인물이 법정에서 나오면 피라냐들이 벌떼처럼 달려듭니다. 모두가 그의 얼굴에 마이크와 카메라를 들이밉니다. 진정한 정보를 얻기 위한 취재 경쟁이 아니라, 그 혼란스런 상황을 화면에 담아내고 노골적인 질문을 던지기 위한 몸부림일 뿐입니

다. 답변을 얻기 위한 질문이 아니라 질문을 위한 질문일 뿐입니다. 보기에도 역겨운 장면이 아닐 수 없습니다. 따라서 대중이 그런 모습을 보고 "저런 모습이 저널리즘이라면 무엇을 기대할 수 있겠나!"라고 말할 것입니다.

세월이 흐르면서, 머리카락 아래에서 무슨 생각을 하느냐 하는 것보다 머리카락이 얼마나 멋지게 보이느냐가 더 중요한 것이 되어버렸습니다. 상황에 걸맞는 적절한 질문을 던져서 명쾌한 대답을 받아내는 능력보다 개성을 드러내는 요령이 더 중요한 것이 되었습니다.

방송국을 운영하는 사주社主는 프로그램을 융통성 있고 신속하게 제작하기를 바랍니다. 물론 의지의 문제입니다. 살벌하고 잔혹한 사건을 다른 방송국보다 더 빨리 방영하면 돈을 벌 수 있습니다. 따라서 텔레비전의 난맥상은 능력 부족 때문이 아니라 탐욕의 증거입니다.

현 저널리즘에서 가장 큰 문제는 관계자들이 진지한 문제에 관심을 갖지 않는다는 점입니다. 난센스가 아닐 수 없습니다. 그들은 개인의 삶에 중대한 영향을 미치는 사건에 더 큰 관심을 갖습니다. 그런데 이처럼 언론 본연의 자리에서 일탈된 행위에 아무런 의문도 갖지 않는다는 점이 더 큰 문제입니다.

단추를 만드는 공장에서 일하는 사람도 일자리를 잃을까 두려워, 그들의 산업에서 어떤 변화가 일어나고 있는지 공부합니다. 관련된 책을 읽고 정보를 구합니다. 일자리를 잃고 신용이 바닥나면 은행 이자를 내지 못할까 걱정하는 사람들은 이자율에도 관심을 갖습니다. 초등학교에서 아이들을 즐겁게 가르치는 선생님들도 갑자기 강의의 절반이 줄어들면 교육정책 변화에 지대한 관심을 기울입니다.

따라서 대중이 원하는 것을 안다면, 대중의 욕구를 존중한다면 언론인은 좋은 라디오 프로그램을 만들고, 좋은 신문을 만들어야 합니다. 진지한 문제를 다뤄야 합니다. 물론 모든 프로그램과 모든 기사를 무거운 내용으로 채울 수는 없습니다. 하지만 대중의 삶에 의미 있는 변화를 꾀할 수 있고, 대중이 진정으로 관심을 가질 만한 프로그램이나 기사를 내보낼 수 있어야 합니다.

당신은 언론인으로서 오랫동안 현장에 근무했고 대학에서 저널리즘을 가르치기도 했습니다. 객관성과 균형이란 개념을 학생들에게 어떻게 가르쳤습니까?

— 나는 객관성objectivity이란 단어를 사용하지 않습니다. 객관성이란 단어는 오해의 여지가 많습니다. 저널리즘은 애초부터 객관적일 수 없습니다. 저널리즘은 사회·정치·경제적 현상 및 인간의 모습을 관찰해서, 그 복잡다단한 현상에서 무엇을 보도할 것인지 결정해야 합니다. 객관성은 엄격하게 따지면 획일성이라 할 수 있습니다. 따라서 나는 객관성이란 개념보다 공정성과 균형이란 개념을 더 좋아합니다. 물론 사회적 의미도 고려해야겠지요.

아르메니아처럼 당신의 마음속에 감춰진 주제에 대해 묻겠습니다. 집단학살이 터키에서 벌어졌다는 사실 자체를 끈질기게 부인하는 학자들이 있습니다. 당신이라면 이런 주장을, 이런 면을 어떻게 보도하겠습니까?

— 그런 학자들이 주장하는 바를 그대로 보도해도 상관없습니다. 하지

만 증거까지 제시해야겠지요. 미국은 터키 편에 서서 진실을 덮는 데 급급합니다. 미국 정부가 터키에게 완충국 역할을 해주길 바라고, 특히 터키가 담배 시장으로서만이 아니라 담배 원료의 공급자로도 안성맞춤이어서 미국의 담배 회사들이 터키에 큰 관심을 갖고 있기 때문입니다. 하지만 기본적으로는 터키의 지정학적 위치 때문입니다. 과거에 터키가 소련을 견제하는 보루였듯이, 지금은 반反서구세력, 즉 이슬람 근본주의 세력을 견제하는 보루로 여기기 때문입니다.

따라서 터키는 학살을 저지르고도, 학살의 역사를 갖고서도 그런 사실을 부인할 수 있습니다. 기껏해야 아르메니아 인과 터키 인 간의 내전이 있었다고 인정하는 정도입니다. 물론 그 내전에서 죽은 사람은 대부분 아르메니아 인이었습니다. 내전이 아니라 전쟁이었습니다!

그래서 그 모든 정보를 보도하겠다는 뜻입니까?

— 나라면 터키의 주장만이 아니라 변명까지 보도할 것입니다. 나는 "다른 주장은 싸움을 붙여라!"라는 존 스튜어트 밀의 가르침을 철석같이 믿습니다. 그래야 논쟁을 거듭해서 결론이 나올 테니까요. 그런데 아르메니아 건은 아직도 싸움 중입니다.

결국 양쪽 모두의 입장을 보도함으로써 토론의 적법성을 더할 수 있지 않을까요?

— 그렇게 한다면, 지금까지 제대로 거론되지 않았던 해결책을 찾아낼 수 있습니다. 터키는 자기 나라에서 뭐든지 마음대로 할 수 있습니다.

게다가 미국은 터키 편입니다. 터키가 집단학살에 개입했다는 것을 알면서도 미국 정부는 터키를 비난하지 않습니다. 결국 기자가 존재하지도 않는 터키 편을 만들어내는 것이 아닙니다. 터키는 선전 수단도 갖고 있습니다. 미국 대학들에는 친親터키 교수들이 포진해 있습니다. 그래서 반대의 목소리는 거의 들리지 않습니다. 또한 아르메니아 계는 미국에서 소수일 뿐입니다. 내가 터키의 주장을 선전하는 데 앞장설 수야 없는 노릇입니다. 나라면 터키의 주장에 반박하는 목소리를 알리는 데 주력할 것입니다.

가령 '평평한 지구학회'를 창립한다고 해보죠. 그럼 관련자들이 모임을 갖고 학술적인 책과 잡지도 발간하며, 텔레비전과 라디오에도 출연해서 지구가 평평하다고 주장할 것입니다. 당신은 '평평한 지구학회'의 활동을 보도할 거고요. 그럼 뉴스의 소비자인 나는 그들의 이상한 주장을 듣고 '아, 지금까지 나는 지구가 둥글다고 생각했는데!'라며 기존의 지식에 의문을 품을 수도 있습니다. 하여간 다른 관점이 있다는 것을 알게 됩니다.

— 이렇게 생각해봅시다. '평평한 지구학회'와 같은 것이 정말로 존재한다면 결국 당신은 "많은 권위자가 지구를 평평하다고 주장한다. 그들의 주장은 틀렸다. 내가 너희에게 그들의 주장이 틀린 이유와 그들의 주장이 틀렸다는 것을 우리가 어떻게 아는지 말해주겠다. 저 멀리 수평선을 향해 나아가는 배를 봐라. 그 배는 절대 갑자기 사라지지 않는다. 먼저 뭐가 사라지는가? 앞머리부터 사라진다. 그 후 돛대의 아랫부분이 사라지고 돛대의 윗부분은 가장 나중에 사라진다"고 말할 수 있어야 합니다.

나는 어떤 세대나 일종의 환상을 깨고 현실을 재창조해야 한다고 굳게 믿습니다. 앞으로도 환상은 있을 것입니다. 환상은 인간사에 대한 순진한 생각에서 나오는 것이니까요. 또 인간의 이기적인 생각에서 나오는 것이니까요. 언론인은 이런 환상을 깨주는 사람이어야 합니다. 잘못된 환상을 산산이 부숴버리는 직업입니다. 언론인은 합리성과 휴머니즘, 요컨대 인간의 역사에서 배운 것을 알리는 데 주력해야 합니다. 이런 일은 결코 끝나지 않습니다. 따라서 환상을 깨는 일은 모든 세대의 언론인에게 주어진 임무기도 합니다.

미디어의 환경을 개선하기 위해서 어떤 조치가 필요하다고 생각하십니까?

— 무엇보다 통신법을 언급하지 않을 수 없습니다. 통신법은 대기업에게 안긴 터무니없는 혜택일 뿐, 기본적인 문제는 해결할 의지조차 보이지 않는 법입니다. 통신법이 발효되면서, 전화 회사와 케이블 텔레비전이 무한 경쟁을 벌일 수 있게 되었습니다. 하지만 그들은 경쟁은커녕 합병과 합작을 통해서 독점기업화되고 있습니다.

내 작은 바람이 있다면, 방송 허가권을 가진 사람들이 공동체 구성원의 욕구를 반영하는 데 방송 시간의 상당 부분을 할애하는 것입니다. 나라면 저출력의 동네 텔레비전을 운영하고 싶습니다. 무슨 뜻이냐고요? 지방 방송국은 지방의 문제를 다룰 수 있지 않습니까. 학교, 쓰레기 문제, 운동장 문제…, 작은 세탁소, 작은 약국 등이 광고를 할 수 있을 테고요.

또 선거가 있기 두 달 전부터 모든 주요 후보자에게 프라임 타임에 소견을 발표하는 시간을 할당해줄 수도 있을 것입니다. 그것도 1~2분이 아니라 15분 정도 넉넉하게요. 주요 후보자를 어떻게 결정하느냐는 문제가 있을 수 있지만 그 문제는 어렵지 않게 해결될 수 있습니다. 가령 예전 선거에서 5퍼센트 이상을 득표했거나 처음 출마하지만 충분한 서명을 확보한 사람을 주요 후보자로 분류해서 무료로 소견 발표시간을 할당해주면 됩니다. 이렇게 한다면 요즘 미국 텔레비전 방송에서 주로 사용하는 유료 정치 광고를 없앨 수 있을 것입니다. 실현 불가능한 일이 결코 아닙니다. 다른 나라에서는 이미 시행되고 있는 방식입니다. 예컨대 서유럽의 민주국가들이나 일본에서는 이미 이런 제도가 시행되고 있습니다.

나는 다른 일도 하고 싶습니다. 하나의 공영 방송국 이외에도 여러 채널의 비영리 방송국도 개설하고 싶습니다. 아마추어 같은 방송이어도 상관없습니다. 대중의 관심을 방송한다면 아마추어 냄새가 풍겨도 대중은 개의치 않을 테니까요. 가령 학교 옆에 공장을 지어야 하느냐는 문제를 다루면서 배경을 멋지게 한다거나 목소리가 멋진 앵커를 동원할 필요는 없지 않습니까. 지역 문제를 다루면 분장이나 의상에 신경 쓸 필요도 없습니다. 감미로운 목소리를 지닌 아나운서를 고용할 필요도 없습니다. 보통 시민이라면 지역의 관심사에 충분히 설득력 있는 목소리를 낼 수 있습니다. 요즘의 텔레비전에서 아쉬운 부분이 바로 이런 점입니다. 라디오의 경우도 예외가 아닙니다.

자원이 부족해서 우리가 그런 일을 못해내는 것이 아닙니다. 기본적인 시스템을 바꿔가야 합니다. 요즘의 미디어는 상업적으로 타락한 시스템입니다. 밑에서부터, 즉 지역에서부터 바꿔가야 합니다. 그럼 현재 여론과 무관하게 모든 문제를 결정하는 최상층부, 더 구체적으로 말하면 대기업의 로비로 모든 결정이 내려지는 최상층부도 바뀌어갈 것입니다.

전파의 주인은 국민이라는 말을 들어본 지 오래일 것입니다. 방송 허가권을 가진 국민이 방송인들의 태도를 평가해서 허가권을 내줘야 합니다. 그런데 요즘 방송은 결코 바람직하지 않은 방향으로 진행되고 있습니다. 따라서 언론인이 국민의 눈을 뜨게 해줘야 합니다. 물론 쉬운 일은 아닙니다.

그럼 미디어가 앞으로 어떻게 변해갈 것이라 생각하십니까?

— 미디어는 내부적 요인보다 외부적 요인에 더 큰 영향을 받을 것입니다. 내 작은 바람이 있다면, 그 외부적 요인이 사회적 의식을 지닌 진보적인 정당들의 출현이면 좋겠습니다. 풀뿌리 조직도 필요합니다. 실제로 전국에서 그런 변화의 조짐이 눈에 띕니다. '새 정당New Party'(미국에서 1990년대 초에 창당된 혁신정당)이라 불리는 정당이 활동하고 있습니다. 10년이나 15년 후에는 미디어를 변화시킬 수 있는 정치세력이 나타날 수 있기를 바랍니다. 미디어는 혼자 힘으로는 바뀌지 않는 집단이기 때문입니다.

우리가 귀담아 들어야 할 소리들

우리는 온갖 소리가 난무하는 세상에서 살아가고 있다. 내 관심에 따라 귀를 여는 소리도 있지만 낯선 소리여서 두려운 마음에 귀를 닫아버리는 소리도 있다. 또 유난히 커서 듣기 싫어도 들어야 하는 소리가 있는 반면에 너무나 작은 소리여서 큰 소리에 묻혀버리는 소리도 있다. 어떤 경우든 한 소리만 듣는다면 편식과 같다. 결국 균형의 상실이다.

인간이 사는 세상에서, 더구나 그 사회가 진정한 민주와 자유가 보장된 곳이라면 만장일치란 있을 수 없다. 다른 목소리, 너무 낮아 들리지 않는 목소리에도 귀를 기울여야 한다. 그래야 진정으로 인간다운 사회를 만들어갈 수 있을 테니까.

다른 목소리에도 귀를 기울이고, 낮은 목소리까지 찾아내려면 어떻게 해야 할까? 다른 것도 포용하려는 열린 가슴을 가져야 하고, 부지런함과 진지함이 있어야 한다. 좁은 소견을 관점의 차이라고 미화시켜서는 안 된다. 좀더 부지런하고 진지해지면 우리에게 편견을 버리게 해줄 다른 목소리를 발견할 수 있다.

요즘 들어 '진보'와 '보수'라는 단어가 자주 쓰인다. 과연 진보가 무엇이고 보수는 무엇일까? 보수는 그렇다손 치더라도 진보는 무엇일까? 변화를 도모한다고 무조건 진보일까? 그런데 그 변화는 궁극적으로 누구를 위한 변화일까? 변화를 거부하고 전통을 고수하려 한다고 진보를 거부하는 것일까?

또 하나, 요즘 우리 사회는 진보와 보수의 갈등으로 몸살을 앓고 있다. 그들이 충돌하면서 이른바 지식인들은 사회적 대통합을 이룰 모델이 필요하다고 말한다. 멋지게 들리고 옳은 말이기도 하다. 그런데 문제는 '어떻게?'다. 그에 대한 속 시원한 대답은 없다.

대개의 해법은 뜬구름 잡는 식이다. 한마디로 구체적이지 못하다. 모두가 큼직하게만, 유식하게 거시적으로만 말한다. 여기에 미시적 해법이 끼어들면 거시와 미시를 구분하지 못한다는 눈총이 쏟아진다. 하지만 언어적 현상은 작은 것에 방향을 찾아 일반화한다. 이제는 멋진 말보다 구체적인 대안을 제시해야 할 때다.

이런 의문들에 대한 답을 이 책에 담았다. 약 20명의 진보적인 작가와 학자와 행동주의자의 인터뷰를 모은 책이다. 그들의 인터뷰에서 찾을 수 있는 그들의 작은 행위들이 바로 구체적 대안일 수 있다. 그 행위들을 사회 전반으로 확대시켜 나아갈 때 우리는 진정으로 민주적이고 인간다운 사회를 만들어가는 모델을 고안해낼 수 있으리라 믿는다.

이런 의미에서 이 책의 원제 '폭탄보다 큰 소리Louder Than Bombs'는 시사하는 바가 크다.

충주에서   강주헌

더 나은 세상을 위해 우리는 무엇을 할 수 있는가?

Noam Chomsky
The Common Good

정치·경제·언론권력의 추악한 범죄행위를 고발하다 –
촘스키와의 대화

미국이 세계 각국을 상대로 저지른 범죄에 대해선 예외 없이 관대한 반면, 북한의 핵개발 의혹에 대해선 증오심에서 기인한 전쟁불사를 서슴지 않겠다고 외치는 미국의 보수우익들-. 우리 시대의 대표적인 좌파 지식인 촘스키가, 구조화된 거짓말로 진실을 은폐하고 있는 수구 보수세력들의 범죄행위를 낱낱이 까발린다!

데이비드 바사미언이 인터뷰하고 김용민 화백이 삽화를 그리고 강주헌이 옮기다

시대의창